本书获得

陕西师范大学人文社会科学高等研究院
陕西师范大学文学院
出版资助

项目主持

陕西师范大学女性研究中心

乾·坤

性别研究文史文献集萃系列丛书
李小江 主编

华夏性别制度滥觞考

王小健 著

陕西师范大学出版总社

图书代号：SK20N0926

图书在版编目（CIP）数据

华夏性别制度滥觞考 / 王小健著．—西安：陕西师范大学出版总社有限公司，2019.12

（"乾·坤"：性别研究文史文献集萃系列丛书 / 李小江主编）

ISBN 978-7-5695-0768-3

Ⅰ．①华… Ⅱ．①王… Ⅲ．①性别—制度—研究—中国—先秦时代 Ⅳ．① D669.1

中国版本图书馆 CIP 数据核字（2019）第 289183 号

华夏性别制度滥觞考
HUAXIA XINGBIEZHIDU LANSHANGKAO

王小健 著

出 版 人 /	刘东风
出版统筹 /	侯海英　曹联养
责任编辑 /	王　森
责任校对 /	王　森　宋　兵
封面剪纸 /	张晓梅
封面设计 /	安　梁
出版发行 /	陕西师范大学出版总社
	（西安市长安南路 199 号　邮编 710062）
网　　址 /	http://www.snupg.com
印　　刷 /	陕西博文印务有限责任公司
开　　本 /	710mm×1000mm　　1/16
印　　张 /	17.5
插　　页 /	2
字　　数 /	230 千
版　　次 /	2019 年 12 月第 1 版
印　　次 /	2019 年 12 月第 1 次印刷
书　　号 /	ISBN 978-7-5695-0768-3
定　　价 /	68.00 元

读者购书、书店添货或发现印刷装订问题，请与本社营销部联系、调换。
电　　话：（029）85307864　85303629　　传真：（029）85303879

总序

"乾·坤"——性别研究文史文献集萃系列丛书

乾坤,相互对应的两极构成一个概念,成为中国哲学体系中的基本范畴。乾为天,主阳;坤为地,主阴。出处与《易经》有关:以自然运行的宇宙观解释世间万物人事,将天地依存的同构范式推及人类社会,由"天/地""阴/阳"派生出"社稷""男女"——如此一来,天地与社稷呼应,阴阳与男女对接,乾坤与家国同义,成为人世间难以超越的至高境界。

在"乾·坤"名下做文史研究的念头由来已久,旨在将历史元素有效地纳入中国特色的哲学范畴,既可还原它的原初含义,也有创新的意图:朗朗晴空下,为长久隐身于私密处的"女性/性别"辟出开放的话语空间。"乾坤一元",比肩而行;"阴阳相倚"，各为主体；"性别研究文史文献集萃"因此有三重含义：

一为饮食男女，性别是基本议题。让"天地/阴阳"走进人间生活，袅袅炊烟，衣食住行，寻常生活中窥见的也是"乾坤/社稷"。

二为文史文献，以文载史，文史同道。入丛书者，有专著，有论文集；可以是历代文学作品的史学解构，也可以对图片（如壁画、纹饰、照片、影视作品、墓志铭等）做文献辑录或文史阐释……无论形式，无不承载着历史的信息（而非白口说道），能够从不同方向展现历史遗存（而非凭空想象）。

三是集萃，会聚珠玑，萃取精华。女人作为群体，长久未载史册；女性的历史信息，碎片般地散落在"史记"的缝隙里或散失在"社稷"的偏僻角落。编撰这套丛书的一个主要目的是拾遗补阙：但凡透露出性别制度的古老讯息，或承载着女性文化遗存的历史印记，在这里都被视若珍馐，不厌其碎，汇集在"乾坤"名下，想人间男女俗事，与天地共一血脉。

这套丛书以"乾·坤"为名，图借大千宇宙磅礴气势，生成学界正道三气：开放多元，任恣肆的思路拓展包容的心胸，是谓"大气"；在亘古不变的天地呼应中讨一份冷静客观的治学态度，是谓"学术气"；让家国社稷落实到寻常人生，在绵延不绝的生民文化中找回两性平等相处的对话平台，是谓"接地气"——大气、学术气、接地气，是"乾·坤"系列丛书的起点，也是它努力的方向；它于女性的生存状态是一个提升，与性别研究的跨学科性质正相吻合。但是，在选题设置上，入选文章不避琐细，作者不问辈分，形式不拘一格，国籍无计内外，看重的是基础性文献收集、整理和分析的学术品质。因此借"序"向学界公开征稿：期待各学术领域中的领军者赐稿，也欢迎各院校同仁提供在性别研究中有建树的学位论文。有文稿者，可与丛书的编撰统筹侯海英女士直接联系（E-mail: houhaiying@snnu.edu.com）。

说来，我的编书历史自20世纪80年代中期至今，三十年有余。已经出版的有文集《西方女权运动文选》（中国妇女出版社，1986）、《华夏女性之谜》（三联书店，1988）等，也有"妇女研究丛书"（河南人民出版社，1987—1992）、"性别与中国"辑丛（三联书店，1995—2000）、"20世纪中国妇女口述史丛书"（三联书店，2003）等，计数十部，绵续拓展，无不关乎女性/性别研究。21世纪以来，女性/性别研究已成显学，相关专著、译著和博士论文日渐热络，因此不断有出版商寻来洽商，希望在更新的学术环境上推出新的研究成果。多年斟酌，实地考察，最终选择陕西师范大学，是因为这里已经搭建起了"四位一体"的坚实平台：一支以教授领衔、项目引导、跨学科合作、可持续发展的教研梯队（1995年起步）；一座具有普及教育性质、学生自愿参与、自行管理的"妇女文化博物馆"（2003年建馆）；一个学术型、多元化、开放性的"女性/性别研究文献资料馆"

（2018年揭牌），以及正在筹建中的地方文史与女性个体生命合二而一的档案库"女方志馆"——陕西师范大学女性研究中心集课程建设、学术研究、文化资源积蓄、志愿者活动和社会服务为一体，在中国学界和女性/性别研究领域中独树一帜，已经为女性的知识积累和精神传承建起了一个难以替代的学术基地。"乾·坤"在这里落脚，可谓水到渠成。女性研究中心与陕西师范大学出版总社互为近水楼台，正好相互扶持。希冀我们共同努力，为已成气候的女性/性别研究继续贡献绵力。

李小江
2019年9月18日 古都西安

前言

20世纪的中国妇女史研究一开始是配合反封建运动展开的，学者们通过妇女在历史上屈辱生活的描写、通过妇女反抗性别歧视斗争的叙述，激励女性积极参加到社会革命中，谋求人身的解放。中华人民共和国成立以后妇女社会地位已得到举世瞩目的提高，当两性对立退居社会矛盾的从属地位时，妇女史渐渐变得更具学术色彩，人们往往采用一种世界历史的普遍模式讲述妇女社会地位的沉浮，从而丰富历史知识。然而伴随着经济社会的转型，妇女发展又面临着很多新的挑战，这说明妇女解放事业并不是一劳永逸的。有些问题表面上看起来是由某些新因素引发的，但未必不是植根于文化的历史因素之上。

本书以华夏族为研究对象,华夏族是指西周至战国时期,在中原地区以农业生产和礼乐文明为主要特征而形成的民族共同体;在研究文献上以华夏族经典的经书及反映思想文化的诸子书为主,并兼及《左传》《国语》等先秦史书,同时采用文化人类学理论增加分析的维度;在研究内容上以性别制度为主题,从性别分工、性别角色、性别地位、性别规范、性别观念等几个方面,分析早期华夏性别制度的表现方式;在研究性质上更多地属于社会学意义的探讨。

本书由以下几部分组成:

首先是绪论。概括叙述了中华人民共和国成立后的妇女发展状况,并补充了2019年9月19日国务院发布的《平等 发展 共享:新中国70年妇女事业的发展与进步》白皮书的相关内容;之后分析了中国妇女史的研究状况,以及性别理论对妇女史研究的意义。

第一章是劳动生产中的性别分化。首先通过周代礼俗,分析早期中国存在的男狩猎和女采集的性别分工;之后利用考古学资料分析中国自新石器时代晚期起出现的男耕女织的基本分工;最后根据恩格斯的两种生产理论,分析生活资料的生产和人的生产对性别分工的影响以及由此产生的性别分化。

第二章是婚姻家庭中的性别关系。婚姻家庭是为了保护人的繁衍而建立的社会制度，中国的血缘继嗣，以及相应的财产、权利都是以父系继承为主要原则，由此决定了婚姻家庭中男子的主体性和妇女的依附性。虽然周礼也强调夫妻的对等地位和一体性，但对等不是平等，一体也是妇附于夫的一体。

第三章是公共领域中的性别分化。公共领域指宗教活动、政治活动、军事活动和其他社会活动空间。本章主要分析了两性在宗教、军事和政治活动中的分化，并以云南摩梭社会由传统向现代社会转型的一个个案，分析家庭领域与公共领域的力量对比对性别关系的影响。

第四章是性别角色的社会化。性别角色的社会化过程包括社会力量对个人的外部灌输和个人对性别角色的自觉内化两个方面。本章首先分析教育、礼俗、规范等外部灌输手段，这是性别角色社会化的主要方式，也是本章的主要内容；之后从孝母和母亲的情感需要方面，分析文化激励机制对妇女性别角色认同的重要作用。

第五章是性别哲学与性别观念。首先分析了《周易》的乾坤之道所体现的性别哲学，以及卦象中包含的男尊女卑、男主女从、男外女内等性别观念；之后比较了《周易》的性别观念与《圣经》性别观念的异同；最后分析社会观念中的两性形象、两极化的女性形象，以及妇女的物化表现。

  以上是本书的主要内容。受学识所限，加之学术也在不断发展，书中难免存在不足之处，诚请专家学者批评指正！

作　者
2019年11月3日

目录

绪 论 1

　　一、中华人民共和国成立五十年来妇女地位的提高 2
　　二、党的十八大以来妇女事业的发展 7
　　三、妇女史研究的缘起和发展 11
　　四、性别制度的研究方法 15

第一章　劳动生产中的性别分化 19

第一节　劳动生产中的两性分工 20

　　一、狩猎和采集的劳动分工 21
　　二、与狩猎采集相关的性别礼俗 28
　　三、农业经济中男耕和女织的分工 30

第二节　劳动分工与性别分化 37

　　一、两种生产与两性分工的关系 37
　　二、狩猎与采集的劳动价值比较 39
　　三、男耕女织模式下的妇女劳动 42
　　四、土地占有权的性别不对称 46

五、两种生产与杀女婴的关系 49
　　六、社会分工与性别分化 53

第二章　婚姻家庭中的性别关系 55

第一节　三从——夫妇关系的核心 56

第二节　聘娶婚——妇女人身权的转移方式 60
　　一、聘娶婚 60
　　二、嫁娶用语 64

第三节　妻子从属于丈夫的表现 67
　　一、妻冠夫姓 67
　　二、夫妇齐体 68
　　三、夫主妇从 70

第四节　丈夫对妻子的权利 74
　　一、性权利 74
　　二、生育权 78
　　三、劳动权 80

第五节　丈夫家庭对妻子的权利 84
　　一、夫死从子 84
　　二、财产继承权和所有权 89
　　三、妇顺 93

第六节　婚姻的社会意义 95
　　一、婚姻制度对妇女的保护 95
　　二、婚姻是建立兄弟关系的主要方式 97

三、婚姻是男人建立联盟的重要方式 99

第三章　公共领域中的性别分化 105

第一节　宗教活动中的两性区分 106
　　　一、两性劳动分工与宗教活动 106
　　　二、男巫、女巫及其社会地位 113
　　　三、妇女禁忌 129

第二节　男性政治团体对妇女的排斥 131
　　　一、男子会社与我国考古学上的聚落形态 132
　　　二、男性年龄级群的政治作用 138

第三节　家庭领域与公共领域的力量对比
　　　　　对性别关系的影响 148

第四章　性别角色的社会化 153

第一节　教育与性别角色社会化 154
　　　一、教育内容 155
　　　二、教育手段 161
　　　三、社会教化 164

第二节　礼仪与性别角色的社会化 171
　　　一、求子礼、出生礼中的重男轻女 171
　　　二、成年礼对性别角色的训练 174
　　　三、婚礼中的男主女从 182
　　　四、祭礼中的夫主妇从 186
　　　五、丧葬之礼中的男女之别 190

第三节　性别规范之礼 197
　　一、礼对妇女名分的规定 197
　　二、礼对性别回避的规范 199

第四节　性别角色内化与母子情结 207
　　一、斯皮罗的社会角色理论 207
　　二、传统社会的母子情结 209

第五章　性别哲学与性别观念 213

第一节　《周易》的性别哲学 214
　　一、乾坤合德与两性结合 214
　　二、乾健坤顺与男主女从 215
　　三、乾坤的不对称与男性中心观 220

第二节　《周易》乾坤之道与《圣经》上帝造人的比较 222

第三节　两性形象与妇女的物化观 226
　　一、两性形象的对立 226
　　二、两极化的女性形象 230
　　三、妇女的物化趋势 243

结语 253

参考文献 255

后记 263

绪论

一、中华人民共和国成立五十年来妇女地位的提高

中华人民共和国成立以来，男女平等一直是我国的一项基本国策。1954 年中华人民共和国第一部宪法以根本法的形式明确规定："妇女在政治的、经济的、文化的、社会的和家庭的生活方面享有同男子平等的权利。"对比一下五十余年来妇女的生活状况，中华人民共和国在这方面的进步是有目共睹的。近年来，中国将包括性别平等在内的公平正义作为构建社会主义和谐社会的重要内容，运用经济、法律、行政、媒体等多种手段，努力保障妇女在各方面享有与男子平等的权利，促进妇女的全面发展。但正如 2005 年国务院发布的《中国性别平等与妇女发展状况》白皮书所指出的，中国促进性别平等和妇女发展面临许多新情况和新问题：女性群体的社会分层日益复杂，妇女生存、发展和权益保障的需求呈现多样性；不同地区、不同阶层、不同群体妇女发展的不平衡现象比较明显；历史文化中残存的男女不平等的陈规陋习尚未完全消除，侵犯妇女权益的现象在一些地区仍然不同程度地存在。①

（一）经济生活状况

马克思主义把经济独立作为妇女解放的关键环节，这个观点时至今日仍具有重要意义。因此社会主义革命把妇女走出家门参加有酬劳动获得经济独立视为妇女解放的主要手段。多年来我国妇女就业水平一直居世界前列。1979 年以后，虽然经历了社会转型，女性高水平就业仍呈不可逆转的态势，在制造业、农林牧渔业、服务业、城市公用事业、金融保险、文教卫生和社会福利事业中占有重要位置。但"改革开放后，中国出现了女性实际失业率比男性高 1 个百分点的状况，许多女性采取灵活就业的方式，其特点是以临时性工作为主，不

---

① 中华人民共和国国务院新闻办公室：《中国性别平等与妇女发展状况》白皮书，2005 年 8 月 24 日。

享受国家规定的各类社会保障。"① 从职业结构来看，男女分化的现象比较普遍。尽管女性进入了传统的男性工作领域，充当了传统男性的各类社会角色，但女性更多地从事那些职业地位低，服务性或辅助性的工作。这些工作类型以简单工作为主，没有多少权力与提升机会。据统计，1990年中国十大"女性"职业分别是：幼儿保育员、家庭服务员、护理人员、宾馆饭店服务员、纺织印染人员、图书资料业务员、档案员、电信业务员、保洁员、财会和审计人员。男性则更多地从事具有技术要求和职业等级较高并拥有更多权力和影响力的工作，他们仍然是政治、经济、军事、社会领域的主要力量，传统的等级化的性别分工仍在延续。由于地位低和薪水低的双低工作是女性的主要工作，导致女性收入也普遍较低。2000年的全国妇女地位调查表明，城镇在业女性的年均收入为7409.7元，是男性收入的70.1%，男女两性的收入差比1990年提高了7.4个百分点；以从事农林牧渔业为生的女性前一年的平均收入为2368.7元，仅是男性收入的59.6%，差距比1990年提高了19.4个百分点。②

妇女虽然走上了工作岗位，但是在家庭内部，传统的男外女内的分工模式仍然存在。2000年中国妇女社会地位抽样调查表明，由女性为主承担家务劳动的格局仍未改变，有85%以上的家务劳动主要由妻子承担。女性平均每天用于家务劳动的时间达4.01小时，比男性多2.7小时。城镇在业女性每天的家务劳动时间平均为2.9小时，仍比男性多1.6小时。在可自由支配时间的使用上，男性在业余学习和自由活动方面用的时间比女性多。传统两性分工的意识形态也仍有市场。2000年中国妇女社会地位调查的一项数据表明，有30.1%被调查女性认为"没有孩子的女人不是一个完整的女人"，该比例高过

---

① 佟新：《社会性别研究导论——两性不平等的社会机制分析》，北京大学出版社2005年版，第169页。
② 《社会性别研究导论——两性不平等的社会机制分析》，第168—170页。

男性赞同此说法的比例 27.1%；有 53.9% 的男性和 50.4% 的女性同意或非常同意"男人以社会为主，女人以家庭为主"的说法。① 而且面对社会资源紧缺和各种结构限制，优先保障丈夫的发展是很多家庭的选择。夫妻关系常常表现为牺牲妻子的利益以保障丈夫发展的情形，妻子承担了主要的家庭劳动以便使丈夫安心在社会上发展，家庭利益掩盖了性别利益。这说明男女共同参加有酬劳动并不能直接导致夫妻在社会上发展的平等，传统的家庭机制仍在不断复制着家庭内部的性别分工，并扩大为社会上的性别不平等。这种"丢卒保帅"的策略巩固了丈夫在社会和家庭中的优势地位，使男性在社会分工中的优势地位得以不断再生产。做出牺牲的妻子可能由此提高了其在家庭中的地位和丈夫对其的尊重程度，但也为此付出了很高的社会代价，她们失去了在公共领域内发展的机会和应有的社会地位。②

（二）政治生活状况

妇女参政比例是一个国家妇女是否获得与男子平等的政治权利的重要尺度，是联合国开发计划署制定性别权能指数的重要依据。中华人民共和国成立以来，我国一直以法律确保妇女享有与男子同等的参政议政的权利和机会。为了提高妇女参政水平，各国广泛采用了"最低比例制"，即女性在政治机构中必须占有一定的比例数，这些机构包括议会及议会内的各种委员会、政府、政党的内部机构等。③ 中国也规定了女性在各级政治机构、部门、各领导层的基本比例。在全国人民代表大会代表中，女代表的比例一直保持在 20% 以上。第十届全国人大女代表占代表总数的 20.2%，女常委占常委总数的 13.2%；全国人大常委会副委员长中，有 3 位是女性。中国共产党第十六次全

---

① 《社会性别研究导论——两性不平等的社会机制分析》，第 157—159 页。
② 《社会性别研究导论——两性不平等的社会机制分析》，第 137—139 页。
③ 《社会性别研究导论——两性不平等的社会机制分析》，第 207 页。

国代表大会代表中女性占18%；十六届中央委员会中，女性占委员和候补委员的7.6%。全国政协副主席中有4位是女性，第十届全国政协一次会议委员和常委中的女性分别占16.7%和11.7%。① 女性担任行政和管理工作的比例也逐步上升。截至2004年年底，各级党委、人大、政府、政协、法院、检察院、民主党派、人民团体县（处）级和地（厅）级干部中女干部分别占同级干部总数的16.9%和12.6%，比1995年分别增长了4.3和4.5个百分点；女正、副市长（专员、州长）共368人；省（部）级以上女干部占同级干部总数的9.9%，比1995年增长2.8个百分点。目前，中国国务院副总理和国务委员中各有1位女性，最高人民法院、最高人民检察院以及国务院组成部门中有25位正、副部长级女干部。2003年，全国新录用公务员的女性比例为27.8%，中央国家机关新录用公务员中的女性比例达到37.7%。②

衡量女性社会地位的变化，目前国际社会主要参照的是女性的社会角色。1995年，联合国开发计划署在《人类发展报告》中设立了两项测量两性平等的指标，一是性别发展指数，二是性别权能指数。性别发展指数是指通过测定两性在预期寿命、受教育程度、和实际收入上的状况和差异说明一个国家的性别发展状况。性别发展指数设立最高点和最低点，指数越接近1，男女越接近平等。1994年发达国家瑞典的性别发展指数是0.919，日本是0.896，我国是0.578。性别权能指数是分性别测量两性在就业、专业和管理岗位上的份额以及在议会席位上的份额。1994年我国的性别权能指数分别是：女市长比例8.8%，女议员比例21%，女部长级比例6.9%，女行政人员比例30%。③ 从我国的总体情况看，女性参与国家决策和管理的比例不断提高，但与女性参与公共生活的发展水平相比，变化仍显缓慢。在人

---

① 《中国性别平等与妇女发展状况》白皮书，2005年8月24日。
② 《中国性别平等与妇女发展状况》白皮书，2005年8月24日。
③ 《社会性别研究导论——两性不平等的社会机制分析》，第206—207页。

大和政协中，女性代表比例偏低，且远远低于男性。自1978年第五届全国人大女代表的比例数一直徘徊在20%左右，与世妇会要求的30%还有较大的差距。而且中国妇女参政有"三高三少"现象，即高层领导少、正职少、国家权力的核心部门少；多数是在基层、副职、传统上认为属于女性活动范围的部门，如文教卫生等领域。[①]

（三）受教育状况

在中国，女性享有与男子平等的受教育权利，中国的教育法、义务教育法、职业教育法等法律对女性受教育的权利和机会都有明确规定。女童教育被认为是衡量一个国家和地区社会进步与教育发展程度的天然尺度。几十年来，我国政府致力于消除义务教育阶段的性别差距，不断改善女童的受教育环境。2004年，男女童入学率分别为98.97%和98.93%，男女差距由1995年的0.7个百分点下降到0.04个百分点。在学历教育中，男女差异也在逐渐缩小。2004年，普通初中和高中在校女生的比例分别达到47.4%和45.8%；中等职业学校在校女生的比例达到51.5%；全国普通高等院校在校女生为609万人，占在校生总数的45.7%，比1995年提高了10.3个百分点；女硕士、女博士的比例分别达到44.2%和31.4%，比1995年分别提高13.6和15.9个百分点。[②]但在受教育程度和专业结构上，男女之间仍有较大差距。虽然科学技术的发展使新兴学科越来越多，但传统的男女文理分科的格局仍然存在。如果我们承认受教育程度对人的未来发展的重要作用的话，教育的差距无疑使女性的未来先天不足。因为两性职业发展的可能性在前劳动力市场就已经决定了，人们受教育程度的分化已经将人分为高级和次级劳动力市场的劳动力，这种分化具有性别特征。[③]也就是说从受教育的角度来说，男性比女性更有机会进入高级

---

① 《社会性别研究导论——两性不平等的社会机制分析》，第207—208页。
② 《中国性别平等与妇女发展状况》白皮书，2005年8月24日。
③ 《社会性别研究导论——两性不平等的社会机制分析》，第179页。

劳动力市场。而且当今社会仍然存在这样的现实——人们更看重女人的天赋特征，很多职业对女性相貌有要求。另外一个不容忽视的社会现实是即使受到同等程度的教育，在收入回报上也存在性别差异。从 2000 年中国妇女社会地位抽样调查的数据来看，两性受教育程度相同，但男性收入明显高于女性。[①] 不同的社会期待和教育回报差异使教育资源在有限的条件下，影响了教育投入主体对女性的教育投入，也影响了女性自我发展的方向和努力程度。

（四）婚姻状况

早在 20 世纪 50 年代，《中华人民共和国婚姻法》作为中华人民共和国成立后颁布的第一部法律，就对妇女在婚姻家庭中的平等地位作出明确规定，废止一夫多妻制，在法律上结束了妇女从属于男性的不平等关系。在之后 50 年的社会发展中，以男权制为基础的夫妻不平等关系逐渐向平等、和谐、民主、双方共同发展的夫妻关系演变。然而婚姻家庭同样受到社会转型的冲击。两性经济生活和精神生活的差距在新形势下有拉大的趋势，由此引发的婚姻危机也日益突出。为此，2001 年通过的新《婚姻法》重申了男女平等的基本原则，强调夫妻地位平等和婚姻家庭权利义务平等，将社会上出现的新问题纳入法治范围，有针对性地补充了禁止重婚、追究家庭暴力实施者的刑事责任、过错赔偿等有利于维护妇女权利的条款。

二、党的十八大以来妇女事业的发展

2019 年 9 月 19 日国务院发布了《平等 发展 共享：新中国 70 年妇女事业的发展与进步白皮书》，对中华人民共和国成立 70 年来妇女事业发展的历程进行了全面总结，并对新时代下妇女事业全面发展提出了新的展望。《白皮书》首先重申了中华人民共和国一贯的男女平等的基本国策，指出："男女平等基本国策是促进妇女与经济社会

[①] 《社会性别研究导论——两性不平等的社会机制分析》，第 179 页。

同步发展、男女两性平等发展、妇女自身全面发展的一项带有长远性和根本性的总政策，其核心要义是重视和发挥妇女在经济社会发展中的主体地位和作用，推动妇女与经济社会同步发展；在承认男女现实差异的前提下倡导男女两性权利、机会和结果的平等，依法保障妇女合法权益；从法律、政策和社会实践各方面消除对妇女一切形式的歧视，构建以男女平等为核心的先进性别文化；将性别平等意识纳入决策主流，切实在出台法律、制定政策、编制规划、部署工作时充分考虑两性的现实差异和妇女的特殊利益。"

《白皮书》对妇女作用给予了充分肯定，指出妇女是国家的重要建设者。党的十八大以来，中国更加重视促进男女平等就业，推动妇女实现更高质量、更加充分就业，全社会就业人员中女性占比超过四成。改革开放40多年来，随着国家经济社会快速发展，妇女就业选择更加多元，创业之路更加宽广，就业和创业人数大幅增加，2017年，全国女性就业人数3.4亿，比1978年翻了一番；妇女参与经济社会发展的能力显著增强，在政治、经济、科技、教育、文化、卫生等各条战线展现巾帼风采、贡献巾帼力量。

中国政府把妇女权益作为一项基本人权纳入法律法规，上升为国家意志，内化为社会行为规范，推动妇女权益保障水平不断迈上新台阶，特别是妇女和妇女组织在法治建设中的作用日益彰显。参与立法决策的女性比例不断提高，在国家民主法治建设中的影响力显著增强。妇女参加政府机构决策管理的人数不断增加，目前中央机关及其直属机构新录用公务员中的女性比例超过一半，地方新录用公务员女性占比四成以上，成为法治中国建设的重要力量。特别是司法机关女性比例显著提升：2017年，女检察官占检察官总数的32.6%，比改革开放初期的1982年提高23.6个百分点；女法官占法官总数的32.7%，比1982年提高21.7个百分点。

中国政府历来重视保障妇女与男子平等的政治权利。党的十八大以来，在推进国家治理体系和治理能力现代化进程中，妇女参与国家和社会事务管理的水平全面提升，在民主政治建设中的作用日益增强。2017年，全国党政机关女干部人数从改革开放初期的42.2万增加至190.6万，占干部总数的26.5%。2017年，中央机关及其直属机构新录用公务员中女性比例达到52.4%；地方新录用公务员中女性比例达到44%。2018年全国事业单位领导班子成员中，女性比例为22.2%，比2015年提高1.6个百分点。2018年，女党员占党员总数的27.2%，比1956年提高16.7个百分点。党代会代表中的女性比例逐步提升，党的十九大代表中的女性占比24.2%，比1956年党的八大提高14.9个百分点。

妇女受教育水平显著提升。党的十八大以来，大力推进城乡义务教育一体化发展，补齐农村义务教育短板，农村女童接受教育的机会更多。2017年，女童小学净入学率达到99.9%，与男童完全相同；普通小学和普通初中在校生中女生比例分别达到46.5%和46.4%，比1951年分别提高18.5和20.8个百分点。义务教育阶段基本实现男女平等。2017年，高中阶段教育毛入学率达到88.3%，高中阶段教育在校女生占在校生总数的47.7%，其中普通高中在校生中女生比例已达50.9%。1998年颁布的《中华人民共和国高等教育法》，不断扩大高等教育规模，推行助学贷款制度，设立助学奖学金，为更多女性接受高等教育创造了条件。2017年，普通高等学校本专科在校女生占在校生总数的比例已达52.5%，比1978年提高28.4个百分点，比1949年提高32.7个百分点；女研究生占研究生总数的比例已达48.4%，比1985年提高29.8个百分点。2017年，中等职业教育在校女生占在校生总数的42.9%。改革开放40多年来，继续教育得到长足发展，成为妇女获得知识、增长技能、提高素质的重要渠道，妇女参加高等学历继续教育的人数和比例逐年上升。2017年，全国成人本专科在校女生占在校生总数的58.8%，比1988年提高27.3个百分点；网络本专科在校女生占在校生总数的 47.3%。

妇女健康水平持续提高。2015 年，妇女平均预期寿命为 79.4 岁，比 1981 年提高了 10.1 岁。孕产妇死亡率持续降低，提前实现联合国千年发展目标。2018 年，全国孕产妇死亡率为 18.3/10 万，比 1990 年的 88.8/10 万大幅下降了 79.4%。城乡差距不断缩小，城市与农村孕产妇死亡率之比从 1990 年的 1∶2.2 下降到 2018 年的 1∶1.3。妇女生育保障水平大幅提高。

积极推进生育保障制度建设，保障妇女生育权益。2010 年颁布的《中华人民共和国社会保险法》设生育保险专章，将部门规章上升为国家法律，为保障妇女生育权益提供法律依据。党的十八大以来，生育保障制度不断完善。参加城乡居民基本医疗保险的女性，享受生育医疗费用报销待遇，未就业女性的生育权益得到保障。女职工法定产假由 90 天延长到 98 天。各地陆续调整相关法规，设置生育奖励假和配偶护理假，一些地方对相关津贴待遇作出明确规定。

新时代家庭关系更加平等、和睦、文明。70 年来，广大妇女摆脱封建婚姻制度束缚，婚姻自主程度大幅提高，婚姻家庭关系中的主体意识和权利意识不断增强。婚姻家庭中的性别平等状况明显改善，夫妻共同决策家庭事务渐成风尚。第三期中国妇女社会地位调查显示，70% 以上妇女参与家庭重大事务决策，越来越多的妇女平等分享家庭资源，越来越多的夫妻共担家务、平衡家庭和工作，男女两性家务劳动时间差距逐步缩小。全社会促进男女平等婚姻关系健康发展的法治意识不断提升，尊老爱幼、男女平等、夫妻和睦、邻里团结的思想观念更加深入人心。

《白皮书》指出，妇女事业发展的每一步都推动了人类文明进步。中华人民共和国成立 70 年来，中国妇女事业的发展与进步成就辉煌。中国妇女事业的发展与进步历程，就是一部在中国共产党的坚强领导下，亿万妇女为国家富强和民族振兴砥砺前行的奋斗历程，是妇女与经济社会同步发展的历史进程,是男女平等与社会文明进步的融合过程,是中国妇女携手全球妇女共建共享美好世界的文明进程。如今,中国发展进入了新时代,在更高水平上促进男女平等和妇女全面发展,既面临机遇,又任重道远。中国将在习近平新时代中国特色社会主义思想指引下,始终坚持在发展中保障和改善妇女民生,不忘初心,接续奋斗,促进妇女全面发展,引领亿万妇女为实现"两个一百年"奋斗目标和中华民族伟大复兴的中国梦建功立业。

三、妇女史研究的缘起和发展

纵观历史发展,妇女解放和进步是人类解放和进步的重要标尺。中国共产党自诞生之日起就把实现妇女解放、促进男女平等写在奋斗的旗帜上。1949年中华人民共和国成立,中国妇女结束了千百年来受压迫、受奴役的历史,当家做了主人。因此,回顾中国妇女史就是明了今天的妇女解放走到了哪一步,还有哪些方面需要改进。而对中国妇女史的回顾可以追溯到20世纪初中国近现代社会变革的时代背景中去,妇女史研究是那个时代妇女研究的重要领域。关于妇女研究的缘起,李小江女士有过精辟的概括,她说:"妇女研究是世界性妇女解放运动蓬勃发展的直接结果,是20世纪妇女角色变迁所导致的社会结构变化的产物。妇女走上社会后,改变了人类生存方式的传统结构,诱发了诸多社会问题,促使人们对妇女的历史处境、现实生活乃至对整个文明史进行反思。"[①] 因此如果给出一个大而笼统的定义,中国妇女史是指以古代妇女为研究对象的学术领域。迄今为止,中国妇女史研究经历了两次发展时期。第一次出现在20世纪20年代五四新文化运动以后,第二次出现在20世纪80年代改革开放以后。虽然两次妇女史研究并没有发展上的连续性,但都是在社会变革的时代背景下展开的,具有社会变革和变革社会的性质。

[①] 李小江:《女性/性别的学术问题》,山东人民出版社2005年版,第78页。

近代以来，中国在西方列强的裹胁下融入世界性的现代化发展潮流中。从此以后，中国妇女的命运就和中国的现代化进程以及世界发生的变化联系在一起。英国工业革命和法国启蒙运动催生了西方妇女解放运动，一个世纪后中国的妇女解放运动也在变革社会的浪潮中出现了，不过中国的妇女解放首先是由男子发起的。最早把男女平权和社会变革联系在一起的是康有为、梁启超、谭嗣同等维新派人士，他们从富国强种的民族主义出发，认识到变革社会必须从变革妇女开始。维新变法虽然最终归于失败，但维新派倡导的妇女解放，在世纪之交随着民权学说和女权主义等西方学说的引进，由过多强调妇女对天下兴亡的责任的倾向转变为更强调妇女的天赋人权，最终在五四运动的时代大潮中，成为反封建运动的一大内容。在这样的社会思潮之下，一批男性学者首先着手研究妇女史，在妇女史研究领域具有学术性质的著作有陈顾远的《中国婚姻史》、陈东原的《中国妇女生活史》、王书奴的《中国娼妓史》等。这些研究虽然沿袭了传统的学术方法，但都是在观照社会现实的基础上对妇女问题的历史思考，这是妇女史研究起步时就具有的特点，也是妇女史研究的意义所在。这可以解释为什么中华人民共和国成立后，各类人文学科逐步走上了自身建设的正常轨道，妇女研究却没有位置。因为人们普遍认为妇女已经全面走上社会生产岗位，在法律上获得了和男子一样的平等权利，在生产、生活以及思想意识上的性别歧视已经大体消除，妇女研究已没有太大的现实必要。

妇女研究的这个特点同样可以解释 20 世纪 80 年代改革开放后妇女研究的勃兴。改革开放以后，中国再次融入世界发展的大潮。上文提到的经济改革中出现的一系列妇女问题在"男女平等"的社会条件下接踵而至，激发了人们对妇女问题的普遍关注。正是在这样的形势下，妇女研究再次兴起。自 20 世纪 80 年代中期开始，妇女研究在中国的发展已经具有一定的规模。除了以探索和解决妇女实际问题为主要任务的许多妇女协会、研究会之外，学术界也行动起来，研究者在个人力所能及的专业范围内从事妇女理论探索和妇女学学科建设，妇女史研究在其中占有重要地位。当代中国妇女史研究主要侧重婚姻家庭礼俗等方面的社会史、断代史、专门史和中国共产党的妇女运动史研究，填补了传统史学的空白。主要论著有郑慧生的《上古华夏妇女与婚姻》、高世瑜的《唐代妇女》、郑永福和吕美颐的《中国妇女运动，1940—1921》、杜芳琴的《女性观念的衍变》《妇女学和妇女史的本土探索——社会性别视角和跨学科视野》、张敏杰的《贞操观》、曹大为的《中国古代女子教育》、定宜庄的《最后的记忆——十六位旗人妇女的口述历史》《满族的妇女生活与婚姻制度研究》以及杜芳琴、王政主编的《中国历史中的妇女与性别》等，妇联妇运史研究室主编了两卷本的《中国妇女运动文献资料汇编》，出版了《中国妇女运动史》。至于从妇女角度切入的单篇论文则更多，据统计仅近代史方面的文章就有上千篇[①]；古代史 1996—1997 年的论文据统计有 80 余篇[②]，若以此推算的话，古代妇女史论文亦当不少。这些研究涉及经济、政治、婚姻家庭、教育、姓氏、后妃制度、妇女生活、伦理道德等各个层面，研究的切入点也更加细致。对妇女的社会地位、政治女性（女主、女官等）以及妇女观的断代研究，历年都有大量论文发表。这些研究，范围广泛，方法也日渐多元，口述、考古、金文和文献材料综合运用，不仅为我们提供了有关妇女行为的新资料，也极大地丰富了我们对历史上妇女生存状况的认识。

但新时期的妇女史研究主要是史学内部的事情，与西方妇女研究和女权运动相伴、以及中国二三十年代由于反封建而兴起的妇女史研究不同，未能为现实中的妇女问题提供更多的借鉴参考，因此未能赢得社会尤其是妇女界以及其他相关学科的关注，多少显得有些寂

---

① 杜芳琴：《妇女学和妇女史的本土探索——社会性别视角和跨学科视野》，天津人民出版社 2002 年版，第 179 页。

② 王海华：《1996—1997 年中国古代妇女史研究概况》，载《中国史研究动态》1999 年第 2 期。

寞。① 这不仅是妇女史研究存在的问题，也是妇女研究的一个通病。李小江在《妇女/性别的学术问题》中谈到学科之间的隔绝时说："从历史角度切入妇女研究的，往往对现实问题很不熟悉；研究社会问题的可能对历史相当陌生；从事妇女文学研究的与世俗生活中的女性非常疏远；研究国外妇女和婚姻家庭问题的，则可能对国内的情况不甚了之。"② 这种将妇女史做成书斋学问的倾向，由于脱离了对妇女现实的观照，使妇女史研究的意义打了折扣。

由于传统史学对妇女的记载比较零散，妇女史自产生之日起，无论是选题、史料还是论证方法都带有叙事史的特征，人们注重在各个领域发现妇女以及描述其活动、作用、地位、贡献、生存状态等，这种妇女史或被称为"添加史"。添加史习见的写法是朝代＋专题，例如某朝代妇女的婚姻家庭地位、经济作用和贡献、法律地位、女子教育等，当然也不乏跨朝代的通史著作。在文献方面，研究者们在正史典籍、考古材料中下了很大功夫。近年来随着历史研究方法的多元化以及社会史研究的兴起，诸如文书、笔记、年谱、家乘、地方志、墓志铭等民间文献也得到了广泛利用。不仅如此，寻找妇女的历史记忆、发现妇女自己的声音也越来越受到重视，有关妇女诗词、档案中的妇女自述等都成为有价值的材料，口述方法的运用也正是出于这种考虑。妇女史学界由过去较多注重少数上层妇女或精英人物，开始将注意力投入到普通平民妇女身上，注重普通妇女的生活经历与个人感受，出现了一些口述史著作，以这种"小历史"补以往"大历史"之不足。美国妇女史学家 Joan Kelly-Gadol 说过："妇女史有双重目的：把妇女还给历史，以及把历史还给妇女。"③ 添加史所做的是把妇女还给历史。随着性别理论的引入，近20年来妇女史的另一种写

---

① 李小江等：《历史、史学与性别》，江苏人民出版社2002年版，第11页。

② 《女性/性别的学术问题》，第90页。

③ 《历史、史学与性别》，第10页。

法就是引入性别视角，在性别制度的框架下书写妇女史，为历史上的妇女地位提供解释，目的是要把历史还给妇女，这是当前学界妇女史研究的主要方向，也是本书写作的主要议题。

四、性别制度的研究方法

"社会性别"是英语 Gender 的中译词，西方女权主义者把它与生理性别相区别表示两性关系中的社会结构。法国女权主义者西蒙娜·德·波伏瓦的名言"女性不是天生的，是被造成的"是社会性别的最好注脚，女权主义者希望在社会性别视角下探寻男女不平等的社会根源。

1975 年，美国人类学者盖尔·卢宾在《女人交易——性的"政治经济学"初探》一文中首次提出"社会性别制度"这一概念。她问道："一个顺从的女人是个什么人？她是人类雌性中的一员。可这个解释就跟没解释一样。一个女人就是一个女人。她只有在某些关系中才变成仆人、妻子、奴婢、色情女招待、妓女或打字秘书。脱离了这些关系，她就不是男人的助手，就像金子本身并不是钱……那么这些使一个女性变成一个受压迫的女人的关系是什么呢？"在对西方三大学术派别——马克思主义政治经济学、弗洛伊德精神分析学和列维·斯特劳斯的结构人类学批判反思的基础上，卢宾力图阐明社会性别制度不是隶属于经济制度，而是与经济政治制度密切相关的、有自身运作机制的一种人类社会制度。她指出："一个社会的'性/社会性别制度'是该社会将生物的性转化为人类活动的产品的一整套组织安排，这些转变的性需求在这套组织安排中得到满足。"她在该文最后指出："对某个社会中的妇女或历史上任何社会中的妇女作大规模的分析，必须把一切都考虑进去：女人商品形式的演变、土地所有制、政治结构、生存技术，等等。同样道理，经济和政治的分析如果不考虑妇女、婚姻和性文化,那是不全面的。"① 性别概念的提出具有标志性意义,表达了当时许多女权主义者试图表述地对两性不平等关系的深层认识,对当代西方女权主义理论起了很大的推动作用。30 年来,女权主义理论和实践已极大地丰富了人们对社会性别的认识,社会性别概念始终是分析两性关系的重要理论工具。人们用它表示社会基于男女两性生理差异而赋予他(她)们的不同的期望、要求与限制。而社会性别制度是一个社会把两性生理差异转化为社会差别的一整套社会机制,经济、政治、婚姻、教育、战争、意识形态等结构性因素都服务于这种转化,在转化中确立了两性在社会上的优势和劣势。社会性别的概念揭示了这样的观念:既然社会性别是在社会制度和文化中形成的,那它就是可以改变、可以重建的。当今各国政府和国际社会正是在这种观念的影响下,将性别意识纳入决策主流,以促进社会发展和妇女发展。而性别研究就是要分析究竟有哪些社会因素影响了性别关系,从而为建设平等的性别关系提供知识体系和实践依据。

　　社会性别一词虽然来自西方,但它的含义对中国人来说并不陌生。社会性别强调的是男女的社会差异,中国古人也常常从社会文化意义上谈"男女有别",如男耕女织、男外女内、男主女从、阳刚阴柔、男尊女卑等差别,体现在社会生活的各个领域,它们相互支撑构成了界定两性关系的性别制度。从理论上说,所谓性别制度,正如吕美颐、郑永福两位先生所言,是指从性别出发对人与性别相关的社会行为,做出的系统性规范,通过对涉及性别关系的社会行为进行限制与约束,建立起相应的性别秩序和性别社会结构。作为一种"广义"的规范体系,性别制度是有着自身运作机制的一种社会制度,其制度性因素分散在经济、政治、社会、文化等各个领域中,因此若要认识性别制度的结构和内含,需要从各个领域的规范中剥离出与性别相关的内容,

---

① 王政、杜学琴主编:《社会性别研究选译》,三联书店 1998 年版,第 23—24、70—71 页。

重新进行整合和理论概括。① 我国古代的"男女有别"的各种表现，如果系统梳理，它们之间的关联方式构成了性别制度运作的机制，而这也正是本书的研究内容。

同时，性别问题也是一个世界性话题，在多数人类社会都或显或隐地存在。它跨越时空、种族、民族、阶级，并和它们交织在一起，即使是在人类学家笔下的土著社会也不例外。这些近代以来发现的原住民，其社会规模较小，社会分工不发达，社会组织简单，两性的社会性差异简单易现，可以启发我们对中国古代两性关系的思考。同时，由于史前时期缺乏文字记载，在材料的使用上还需要利用考古学的研究成果。总之，历史上性别制度的研究可以是综合的、融合的、比较的、质疑的和关注问题的，同时也更说明性别制度研究的复杂性和学科融合性。

---

① 吕美颐、郑永福：《性别制度与社会规范》，载《郑州大学学报》2009年第2期。

第一章 劳动生产中的性别分化

恩格斯曾经说过:"根据唯物主义观点,历史中的决定因素归根结蒂(底)是直接生活的生产和再生产。但是生产本身又有两种,一方面是生活资料即食物、衣服、住房以及为此所必需的工具的生产;另一方面是人类自身的生产,即种的蕃(繁)衍,一定历史时代和一定地区内的人们生活于其下的社会制度,受着两种生产的制约:一方面受劳动的发展阶段的制约,另一方面受家庭的发展阶段的制约。"[①] 这一章我们首先从劳动的发展阶段中分析两性分工及性别分化。

第一节 劳动生产中的两性分工

人类社会是按照生活资料的生产即经济活动的方向组织起来的。在人类进入工业社会之前,人类的经济活动经历了狩(渔)猎采集业和农业、畜牧业的发展过程。男人和女人作为劳动力都要参与生产劳动,不过他们对经济活动的参与存在分工的不同。因此探讨性别制度,首先应该从劳动生产说起。人类学家从跨文化的比较中发现,两性分工,即人在生产活动中按照男女性别的不同而承担不同的任务,在人类社会中是个极其普遍的现象。人类学家乔治·默克多对200多个社会群体的跨文化研究表明:所有文化都存在两性劳动分工,女性多专注于家务和家庭责任,而男性在外工作,这既是现实的,也是最便利的。[②] 分工因经济类型而异。一般来说,在狩猎采集社会,两性劳动主要表现为男子狩猎和女子采集的分工;在园圃农业社会,狩猎采集的同时,男女都参与农业生产,但也存在分工;在耕作农业社会,两性劳动经常表现为男耕和女织的分工。

---

① [德]恩格斯著,中共中央马克思恩格斯列宁斯大林著作编译局编:《家庭、私有制和国家的起源》,人民出版社1999年版,第3—4页。
② 《社会性别研究导论——两性不平等的社会机制分析》,145页。

一、狩猎和采集的劳动分工

一般来说，在狩猎采集社会，男子狩猎大中型猎物，妇女采集野生植物的块茎、种子，捕杀昆虫和小动物。在人类学家关于近代狩猎采集文化的研究中，澳大利亚、西南非洲、中非、北美、南美洲以及北极荒原的土著民族，几乎都在不同程度上存在着这样的劳动分工。这种可以直接观察到的两性劳动分工与考古学上西西里、北非和西班牙中石器时代石壁画的内容可以相互印证。壁画中男男女女从事的活动应有尽有，其中有男子正用箭射杀牡鹿的，还有一位妇女正用背篓采集果子。这些艺术形象被人类学家认为是早期中石器时代人们生活的形象纪实，而且完全可以同近代人类学调查加以对照。[①] 当然男子狩猎女子采集的划分并不绝对，生活在菲律宾的阿格塔妇女就像男人一样狩猎。由于当地有大量的猎物，而植物食品却不大容易获得，这种特定的条件除了使许多阿格塔妇女打猎外，几乎所有人都参加了男人驱赶猎物的队伍。不过，妇女不常像男人那样热衷于狩猎，母亲最主要、最明确的工作还是照料孩子，她们会尽力保护她们的孩子，使之不受恶劣气候的侵害，同时避免在这种条件下狩猎。与妇女狩猎相对应的，是父亲有时也要帮助他们的妻子照顾孩子，他们时常带着年长些的孩子离开驻地去采集食物。[②]

中国史前时期在农业产生之前也是狩猎采集社会，同样存在着男子狩猎、女子采集的劳动分工。虽然我们无法像人类学家那样进行直接观察，但古代典籍给我们提供了相关信息，如周人在进入农业社会之后，早期历史中的男子狩猎和女子采集的劳动分工，仍以礼俗形

[①] ［美］蒂莫西·塞弗林著，周水涛译：《消亡中的原始人》，东方出版社1989年版，第23—25页。

[②] 邹勤译：《无声的交流》，西南交通大学出版社1992年版，第60—61页。

式保留在人们的日常生活中。①

（一）四时田猎之礼

据古书记载，天子诸侯一年四季都要进行田猎，《周礼·夏官·大司马》四时田猎之名曰：春蒐、夏苗、秋狝、冬狩，《尔雅·释天》亦同。行猎既是军事演习也是经济活动。所谓"春蒐振旅""夏苗茇舍""秋狝治兵""冬狩大阅"是说军事训练。《墨子·明鬼》说："周宣王合诸侯，而田于圃，田车数百乘，从数千人满野。"②《诗经·小雅·车攻》盛赞了这件事情，《诗序》说："会诸侯于东都，因田猎而选车徒焉。"③田猎也用于祭祀、飨客和食用，因此也是一次经济活动。狩猎成果的分配是"大兽公之，小禽私之，获者取左耳。"④这和《诗经·豳风·七月》载："言私其豵，献豜于公"⑤的说法是一致的。也就是说猎到的大野兽要上交，小兽可归自己所有，并以割下所获野兽的左耳来计算猎物的数量。据《礼记·王制》记载："天子诸侯无事，则岁三田：一为乾豆，二为宾客，三为充君之庖。无事而不田曰不敬，田不以礼曰暴天物。天子不合围，诸侯不掩群。天子杀则下大绥，诸侯杀则下小绥，大夫杀则止佐车，佐车止，则百姓田猎。"⑥行猎的目的之一是为充庖厨，这种食用野味的习惯说明周人曾以行猎作为获取食物的主要手段。

---

① 常金仓：《周代礼俗研究》，黑龙江人民出版社2005年版，第32—33、117—119页。

② 〔清〕孙诒让：《墨子间诂》见《诸子集成》第4册，上海书店1986年版，第140页。

③ 程俊英、蒋见元：《诗经注析》，中华书局1991年版，第511页。

④ 〔清〕孙诒让著，王文锦、陈玉霞点校：《周礼正义》，中华书局1987年版，第2347页。

⑤ 《诗经注析》，第411页。

⑥ 〔清〕孙希旦撰，沈啸寰、王星贤点校：《礼记集解》，中华书局1989年版，第334页。

（二）射礼

天子诸侯不仅以田猎作为社交、军事训练的手段，而且还通过射礼选拔人才。射礼仪式在《仪礼》的《大射》《乡射》中有详细记载，简单地说就是以礼的形式举行的射箭比赛。人类学家在狩猎采集的初民社会中发现，男子经常举行有助于提高狩猎技术的竞技活动，如射箭比赛、举圆木赛跑，等等。射礼应该就是射箭比赛在狩猎经济活动结束后的仪式化，这一点从射礼的靶子上可以看得出来。射礼仪式上射箭的靶子根据质地的不同分成两种，皮曰侯，布曰正。"凡侯，天子熊侯，白质；诸侯麋侯，赤质；大夫布侯，画以虎豹；士布侯，画以鹿豕。"① 天子以熊皮为侯，诸侯以麋皮为侯，大夫以下以动物画像为侯，进行射箭比赛，这种射礼无疑是脱胎于早先的狩猎活动。当然射礼中也增加了时代内容，统治者以此强调观德的意义，并将其视为天子诸侯选贤进能的一种手段。射礼与当时的车战有关，车战要求战车上的车右必须是一名优秀的射手，所以射礼最初有可能是选拔射手的一种途径。

（三）祭祀"荐血毛"

周人祭祀有一个规律：祭礼规格越高，牲体越完整，并以献血毛为尊。如《礼记·礼器》所记："郊血，大飨腥，三献爓，一献孰。"② 郊祭是祭天之礼，规格最高，所以正祭时以荐血为始。《礼记·郊特牲》言"毛、血告幽全之物也"，③《礼记·礼运》"荐其血、毛"，④ 都是祭初告杀之礼。大飨是祫祭先王，以荐生腥之牲体为始。三献，指祭山林川泽之属，以荐半熟之牲体为始。一献，祭群小祀也，只献熟肉。之所以礼越重用物越质朴，源于古人"反本、修古，

---

① 〔汉〕郑玄注，〔唐〕贾公彦疏：《仪礼注疏》，上海古籍出版社2008年版，第368页。侯制又见《周礼·冬官考工记·梓人》。
② 《礼记集解》，第654页。
③ 《礼记集解》，第717页。
④ 《礼记集解》，第592页。

不忘其初"①的制礼原则，这种献血毛、荐腥的仪式是遥远的茹毛饮血、以生肉为食的原始生活的遗留。类似记载又见于《国语·周语》中，晋侯使随会聘于周，定王说："禘郊之事，则有全烝；王公立饫，则有房烝；亲戚宴飨，则有肴烝……且唯戎狄则有荐体。"②全烝是指天子祭天时，将牲体整个置于俎上，连毛带血，并不真正食用，只是虚设而已。而戎狄来朝则给他们不加分割的牲体，说明他们的饮食习惯就像文明人的祖先一样，它再现了原始时期人们不宰割动物、生食兽肉的生活情景，所以现在只有对待戎狄蛮人才使用它；房烝是将牲体一分为二置于房（大）俎之上，王公讲论国事有立饮之礼，牲体也是徒具形式并不真正食用；肴烝就是将牲体"体解节折"分成若干块，在亲戚宴飨时食用。生食兽肉的习惯许多原始民族都有，如澳大利亚土著生食跳鼠、蛇，非洲姆布蒂人生食大象、巴西雅诺玛莫人嗜吃鲜肉，都可以成为这种茹毛饮血的生活的例证。③可见《礼运》中茹毛饮血的说法并非虚言。

（四）周代贵族饮食中的"庶羞"

根据《周礼·天官·膳夫》所记天子、王后、世子日常饮食，分为食、饮、膳、羞四大类。食用六谷，膳用六牲。六谷以黍稷为贵，六牲据《周礼·地官·牧人》指马牛羊豕犬鸡，六谷和六牲（马不用于食用、鸡入于庶羞）是日常饮食的主体，庶羞是指狩猎采集来的野味野果等物，此时已经降到配食牲谷的地位。这份食谱说明随着农业和家畜饲养的发展，六谷六牲作为饮食结构的主体已经取代狩猎采集来的食物，这是社会上层的饮食结构。至于社会下层，实际上随着农业的发展，肉类已经基本退出普通人的食谱，春秋时人称贵族为

---

① 《礼记集解》，第657页。
② 徐元诰撰，王树民、沈长云点校：《国语集解》，中华书局2002年版，第57—58页。
③ 《消亡中的原始人》，第45页；[美]马文·哈里斯著，黄晴译：《文化的起源》，华夏出版社1988年版，第48页。

"肉食者"，战国时"鸡豚狗彘之畜无失其时"，人至七十方可食肉。而普通人因以谷物之食为主被称为"粒食者"，它反映了经济变动对普通人生活的影响，而统治者仍然可以按照千百年前的习惯过日子。

（五）贵族衣裘

在人类学家所记的近代狩猎采集民族中，土著人用兽皮制衣，用鸟羽装饰自己。有时他们花费许多时间猎鸟、养鸟，就是为了拔取漂亮的羽毛来装饰自己，所以法国人类学家列维·施特劳斯戏谑地称，巴西波波洛的许多大男人非常乐意做的一件事是把自己变成一只浑身插满羽毛的鸡。中国人是否如此喜欢盛饰已无从查考，但以兽皮为衣、鸟羽为饰是毫无疑问的，周代贵族所衣之裘很多都是野生动物之皮。裘是古人冬季常服，朝野皆服。《周礼·春官·司服》《礼记·玉藻》有关于天子、卿大夫衣裘的详细说明。《诗经·召南·羔羊》载："羔羊之皮，素丝五纶，"[①]《诗经·唐风·羔裘》中有"羔裘豹袪……羔裘豹袖"，[②]《诗经·豳风·七月》提到"一之日于貉，取彼狐狸，为公子裘"，[③]这些都是周代贵族衣裘之例。金文中的裘卫家族正是以为王室制作裘皮衣饰而发家。古人还常常衣裘连言，如《墨子·七患》载："虚其府库，以备车马衣裘奇怪……死又厚为棺椁，多为衣裘。"[④]羽衣是否曾为常服已经难以说清，但鸟羽作为衣饰材料应该没什么疑问。《周礼·天官·内司服》记载"王后之六服"中有"三狄"：袆衣、揄狄、阙狄、袆、狄都是雉鸟，[⑤]不过三狄是以绘画的形式保留在衣饰中的。《左传》昭公十二年，楚灵王因着"皮冠，秦复陶（秦人所遗羽衣）、翠被（翠羽披肩）、豹舄"[⑥]而受到人们的讥讽。可见这

[①] 《诗经注析》，第43页。
[②] 《诗经注析》，第322页。
[③] 《诗经注析》，第411页。
[④] 《墨子间诂》见《诸子集成》第4册，第17页。
[⑤] 《周礼正义》，第577页。
[⑥] 杨伯峻：《春秋左传注》（修订本），中华书局1990年版，第1338页。

种服饰至春秋时已经废绝，而"衣羽毛穴居"仍然是北方狄人的风俗，其民之所以被称作"狄"也许正由于衣羽的习俗。另外，衣羽经常是猎兽时采用的一种伪装，在人类学调查中，猎人们经常披着鸟兽皮化装成它们的同类，以接近鸟兽。《史记·秦本纪》说秦人祖先大费"佐舜调驯鸟兽，鸟兽多驯服，是为柏翳，舜赐姓嬴氏"。[①] 他们世代以此为业，成为专业氏族，其后代中衍"鸟身人言"应该不是什么神话传说，而是化装了的猎人或驯服者。鸟羽的另一个重要作用是作为旗帜的装饰，周代旗帜据《周礼·春官·司常》记载有五正旗"日月为常，交龙为旗……熊虎为旗，鸟隼为旟，龟蛇为旐"。这五种旗帜图案除了日月为天象、交龙为虚拟动物之外，其余均为野生动物形象，"全羽为旞，析羽为旌"，[②] 鸟羽则置于旗杆之首用以装饰。《左传》曾两次记录晋国向他国借羽旌不还而失诸侯的事情，[③] 足以说明羽旌作为一种战略物资的重要程度。无独有偶，北美印第安人的鹰羽冠也是用于战争场合。鹰羽冠上的每根羽毛都是用鸟类中最凶猛的鹰、雕尾部长羽制成的。战士们戴鹰羽冠显示自己的战功，没有战功的人没有资格戴这种鹰羽冠。冠上的每根羽毛都与自己的战绩相一致，就像我们的军功章一样。[④]

（六）女子采集

以上文献记载说明男子狩猎在周代仍然是很重要的军事、经济活动，妇女采集活动也常出现在《诗经·国风》中。妇女采集的植物有的是为祭祀之用，如《采蘋》载："于以采蘋，南涧之滨。于以采藻，于彼行潦。于以盛之，维筐及筥。"[⑤] 又《采蘩》载："于以采蘩，

[①] 〔西汉〕司马迁：《史记》，中华书局1982年版，第173页。
[②] 《周礼正义》，第2200页。
[③] 《春秋左传注》（修订本），第1019、1534页。
[④] 杨国章：《美洲印第安人与伊女伊人探密》，中国国际广播出版社1990年版，第67页。
[⑤] 《诗经注析》，第36—37页。

于沼于沚。于以用之，公侯之事。于以采蘩，于涧之中。于以用之，公侯之宫。"①《左传·隐公三年》也说："涧、谿、沼、沚之毛，萍、蘩、蕴藻之菜……可荐于鬼神。"② 有的用以治病，如《芣苢》载："采采芣苢，薄言采之。采采芣苢，薄言有之。采采芣苢，薄言掇之。采采芣苢，薄言捋之。采采芣苢，薄言袺之。采采芣苢，薄言襭之。"毛诗序说："和平则妇人乐有子矣。"孔疏云："其子治妇人生难。"③ 也有的用以织纴，如《葛覃》载："葛之覃兮，施于中谷。维叶萋萋，黄鸟于飞……葛之覃兮，施于中谷。维叶莫莫，是刈是濩。为絺为绤。"④ 另外如《卷耳》载："采采卷耳，不盈顷筐。嗟我怀人，置彼周行……"⑤《汝坟》载："遵彼汝坟，伐其条枚，未见君子，惄如调饥。遵彼汝坟，伐其条肄。既见君子，不我遐弃。"⑥《草虫》载："陟彼南山，言采其薇。未见君子，我心伤悲。"⑦ 这些都是女子因怀念君子以致无心采摘的心理描写。《史记·田敬仲完世家》记载田氏代齐，人心归田时齐国人唱的歌谣："妪乎采芑，归乎田成子。"⑧ 就连老太太采拾的芑菜都是送给田成子的。采集是历史上维持很久的生产劳动，唐代诗人皮日休的《橡媪叹》描写了一位黄发老妇起早贪黑采拾橡子给家人当口粮的辛苦生活。山区妇女常以砍柴、卖柴为生。白居易的《代卖薪女赠诸妓》描绘了卖柴女"乱蓬为鬓布为巾，晓蹋寒山自负薪"的情景。杜甫《负薪行》描绘了夔州妇女靠采薪度日的情景，她们"十有八九负薪归，卖薪得钱应供给"。江南水乡的女子则多从事采菱、

---

① 《诗经注析》，第32页。
② 《春秋左传注》（修订本），第27页。
③ 〔唐〕孔颖达：《毛诗正义》，见李学勤主编：《十三经注疏》（整理本），北京大学出版社2000年版，第61页。
④ 《诗经注析》，第6—7页。
⑤ 《诗经注析》，第9页。
⑥ 《诗经注析》，第26页。
⑦ 《诗经注析》，第35页。
⑧ 《史记》，第1883页。

采莲、采藕、采茶等劳动。今天，当我们唱起"采蘑菇的小姑娘"时，不知道是否会有人想到这曾经是人类非常悠久的一种谋生手段。

二、与狩猎采集相关的性别礼俗

《周易·归妹》上六爻辞曰："女承筐无实，士刲羊无血。"意思是说宗庙祭祀时，女子出去采摘植物果实因毫无收获而无法荐菹，男子杀羊因没有流血而无法血祭，这些都是不祥之兆。这说明中国古代两性确实存在着狩猎采集的劳动分工，这种劳动分工可以视为周代某些性别礼俗的社会学来源。

（一）男女挚礼

周人行礼互赠的礼物因男女而有别。《左传》庄公二十四年："男挚，大者玉帛，小者禽鸟，以章物也。女挚，不过榛、栗、枣、修，以告虔也。"[1] 玉帛、禽鸟是男子挚见之礼。玉帛多是天子诸侯相见的礼物，卿大夫以下以至于庶人则以禽鸟为见面礼。禽鸟具体是指什么呢？《周礼·春官·大宗伯》载："以禽作六挚，以等诸臣。孤执皮帛，卿执羔，大夫执雁，士执雉，庶人执鹜，工商执鸡。"[2] 禽是鸟兽的总名，皮指虎豹麇鹿之皮。六挚中虎豹麇鹿之皮和雁、雉分别来自野生动物，其余羊羔、鸭、鸡都是家畜。但不论野生还是家养，男子行礼所用之物均是动物。女挚又见《礼记·曲礼下》，"妇人之挚，椇、榛、脯、脩、枣、栗。"[3] 脯、脩虽出于牲体，但只是部分干肉，与全牲不同，与枣栗等物俱属笾实。女子行礼所用以植物为主，应是源于人类社会早期妇女的采集劳动。以婚礼六礼为例，男方除纳征时挚礼较厚用"玄纁束帛俪皮"外，其余皆用雁（凡五只）。俪皮是两张白鹿皮，系出于野生动物，二者均是动物。《诗经·野有死麇》有"野有死麇，白茅包之。有女怀春，吉士诱之"[4]

---

[1] 《春秋左传注》（修订本），第230页。
[2] 《周礼正义》，第1383—1384页。
[3] 《礼记集解》，第161页。
[4] 《诗经注析》，第53页。

的诗句,诗中的这位男士就是以死麋作为礼物向女子求好的,这在原始民族中很常见。婚礼次日,新妇要拜见舅姑,见舅以枣、栗为礼,见姑以腶、修为礼。男女挚礼有别本身源于早期的两性劳动分工,周人因俗制礼,并以此作为男女有别、尊卑有别的重要表征,见物即知送礼之人是男是女。因此《左传》庄公二十四年鲁侯娶齐女哀姜时说:"哀姜至,公使宗妇觌,用币,非礼也。"这是让妇女用男人的礼物馈赠新妇,所以御孙曰:"男女同挚,是无别也。"①《诗经·卫风·木瓜》是一篇男女赠答诗,记述了女方"投我以木瓜""木桃"和"木李",男方回赠以"琼琚""琼瑶""琼玖"以示"永以为好"的情景,也说明了男女之挚的不同。

(二)男执俎肉和女执豆笾

祭祀时男执俎肉女执豆笾之礼也是狩猎采集分工在礼俗中的遗存。古代宗庙祭祀时的祭物主要有两类,一类是牺牲,实之于鼎,载之于俎,无论宰杀、烹煮还是陈列都由男子负责;一类是粢盛,即黍稷菹醢豆笾之实,无论烹调还是陈列,都由妇女负责。在《仪礼·特牲馈食礼》的仪式中,所荐动物的牲牢一律摆在院子西边,由男人献上;农耕的黍稷一律摆在东边,由女人献上。于阴阳理论,东边属阳,西边属阴。动物是"天产",属阳;植物是"地产",属阴,它们被置放在与自己属性相反的方位上,据说是为了促进阴阳交感。《礼记·祭统》记诸侯宗庙祭祀时,"及迎牲,君执纼……君执鸾刀,羞哜,夫人荐豆"。②诸侯亲牵牲、杀牲,夫人则供蔬食等于豆中。祭祀以牲和黍稷蔬食对列,说明对祖先供奉之丰富全面;由男女主人分别献上,又体现了家庭香火的完整有续。

(三)求子及男女诞生礼

《礼记·月令》说仲春二月,"玄鸟至。至之日,以太牢祠于高禖,

---

① 《春秋左传注》(修订本),第229页。
② 《礼记集解》,第1240页。

天子亲往，后妃帅九嫔御。乃礼天子所御，带以弓韣，授以弓矢，于高禖之前"。① 这是天子向禖神祈嗣之祭。由《诗经》之《生民》《玄鸟》来看，向禖神求嗣之礼由来已久。弓矢是男子狩猎生活的标志，所以才会被当作希冀生下男孩的象征物。同样的意义也反映在男孩出生礼仪中。《礼记·内则》云："子生，男子设弧于门左，女子设帨于门右。三日，始负子，男射女否。国君世子生……射人以桑弧、蓬矢六，射天地四方。"② 男孩出生，家人悬弓于门左，还要举行射箭仪式，象征着男孩将来要田猎、作战，射于四方则表示国君世子将来要君临四方；女子出生，家人设佩巾于门右，佩巾是用来打扫卫生的，意味着女性将来要以家务为主。

三、农业经济中男耕和女织的分工

在刀耕火种的园圃农业社会中，男女都参与到农业生产中，参与程度因文化不同而异。西太平洋上的特罗布来恩群岛是以男人劳动为主，他们从事诸如耕地、打鱼、狩猎、照看林木、搬运重物等重体力劳动，妇女则拾贝、采野果、除草、喂猪。③ 但在很多地区妇女是下种、栽培、收割的主要劳动力，妇女地位较高的文化多出于母系制占主导地位的园艺农业中。然而，不论在什么地方，一旦密集型农业出现，男女在田野里投入劳动的比例就发生了戏剧性的变化④——依靠畜力的精耕农业几乎毫无例外地成为男人的产业，这与精耕农业超过其他生产活动成为主要食物来源有关。而园圃农业无论在生产技术、农作物品种、产量还是所需人力畜力等方面都无法与精耕农业相比，所以在园圃农业中，采集、狩猎仍然是不可缺少的获取食物的补充手段。

---

① 《礼记集解》，第 425 页。
② 《礼记集解》，第 762 页。
③ [英]B.K.马林诺夫斯基著，王启龙、邓小咏译：《原始的性爱》，中国社会出版社 2000 年版，第 27 页。
④ 周蔚、徐克谦译著：《人类文化启示录——20 世纪文化人类学的理论与成果》，学林出版社 1999 年版，第 198—199 页。

在农业成为男性主要产业的同时，与其相伴随的纺织和家畜饲养也几乎成了女人的活计，这就是我们非常熟悉的"男耕女织"的分工模式。①

对于西周社会来说，茹毛饮血、衣皮带茭的生活似乎太遥远了，它们对生活方式的影响人们往往习焉不察，因为这个时候中国早已进入了农业社会，神农、周人的先祖后稷、社稷之神的传说都足以说明中国农业社会的悠久历史。《商君书·画策》载："神农之世，男耕而食，妇织而衣。"②《墨子·辞过》载："古之民未知衣服饮食时，衣皮带茭，素食而处，圣人故作诲妇人，治丝麻，菌布绢，以为民衣……作诲男耕稼树艺，以为民食。"③有关中国古代男耕女织的情况，考古学发现可以说是最直接的物证了。如果我们对有关新石器时代墓葬的发掘报告做仔细的翻检，就会发现不同地区不同文化类型的墓葬在葬式、随葬品种类、数量上虽有不同，但随葬品种类特别是生产工具因男女而有别几乎是普遍现象，也就是说石器时代的人们就有意识地根据死者的性别埋葬相应的随葬品。总体说来，石斧、石铲、骨镞等多出在男性墓中，石磨盘、磨棒、纺轮、骨针等多出在女性墓中。从用途来看，石斧、石铲主要用于砍树除草等工作。在人类学调查中，狩猎采集民族几乎没有这一类工具，它们主要是从事园圃农业使用的生产工具，如特罗布来恩男人的生产工具主要就是石斧、石锛等。在以弓箭为主要武器的狩猎者中，镞是常用工具。磨盘、磨棒是谷物加工工具。纺轮、骨针是纺织缝纫工具。这些不同种类的随葬品应是死者生前经常使用的，死后便随主人埋葬，这在原

---

① 当然并不是所有民族都是女子纺织，北美西普韦布洛人的两性分工是女子种植蔬菜、做饭、汲水、编篮子、制陶、做衣服、照料孩子；男人耕种、打猎、搜集柴火、纺纱、织布、鞣制作衣服用的皮革。不过他们的经济类型不是精耕农业而是园艺农业。见［美］F.普洛格、D.G.贝茨著，邓勇译：《文化演进与人类行为》，辽宁人民出版社1988年版，第189—190页。

② 〔秦〕商鞅：《商君书》见《诸子集成》第5册，上海书店1986年版，第31页。

③ 《墨子间诂》见《诸子集成》第4册，第18页。

始人中是很常见的现象。例如,"在阿息尼波因人中,死人的兵器、衣服及用具,与尸首一同埋葬"。① 如果中国的情况也可以作此解释的话,我们就可以断定男耕女织的劳动分工至迟在新石器时代中期已经初步形成。

(一) 裴里岗文化

裴里岗文化分布于河南境内,是新石器时代早期的农业文化。在出土的遗物中,无一例外都有农业生产工具,包括石斧、石铲、石镰,以及石磨盘、磨棒之类的谷物加工工具,也有与农业生活相适应的陶质器皿。在舞阳贾湖遗址,还发现有炭化稻谷遗存,在新郑沙窝李则发现有可能是粟的遗存。② 在裴里岗文化的新郑裴里岗、密县莪沟北岗和新郑沙窝李3处遗址200多座墓葬中,男子多随葬石铲、石镰、石斧等生产工具,女子多随葬磨盘和磨棒之类的加工工具。裴里岗38号墓是男女合葬墓,磨盘、磨棒放在女子身边,石铲、石镰、石斧放在男性身边。③

(二) 仰韶文化

仰韶文化是继裴里岗文化之后兴起的分布于黄河中游广大地域的史前考古文化。与裴里岗文化相比,仰韶文化时期的农业相当发达,出土的农业生产工具以及与农业生活相适应的用具相当多,有斧、铲、锄、刀、磨盘、杵、锛、凿、砺石、纺轮、石球、石矛、石镞和网坠等农业、手工业和渔猎工具。并且有不少农作物遗存发现,如粟、黍、高粱等,还发现有蔬菜种子。随葬品的埋葬位置因性别而区分。在元君庙,蚌刀或见于集体合葬墓中的女性身边,或直接见于女性单人墓中;骨镞都在男性身边;骨针均在女性墓中;纺轮1件在女性墓

---

① [美]罗维著,吕叔湘译:《初民社会》,商务印书馆1935年版,第294页。
② 李友谋:《仰韶文化与中国古代文明》,载《中原文物》2002年第3期。
③ 王震中:《中国文明起源的比较研究》,陕西人民出版社1994年版,第122页。

中发现。① 在北首岭遗址，男性墓普遍有大量成束骨镞随葬，另有部分石器随葬。② 下王岗遗址随葬石器和骨器较少，在一期墓葬中，殉狗的全为男性，葬石镞者有 1 座是男性，0 座是女性，随葬石铲的 3 座墓中，墓主全是男性，还有 1 座女性墓葬石耜。③ 葬斧、镞等工具的男性墓葬有 37 座，女性墓 17 座，随葬石在龙岗寺遗址 6 座随葬骨匕的墓葬中，除 1 座性别为男性外，余 5 座皆为女性。随葬研磨盘、石磨棒的女性墓 16 座，男性墓 10 座。④ 这说明男性从事农业生产、狩猎的比例高于女性，从事食物和粮食加工的比例低于女性。

（三）马家窑文化和齐家文化

仰韶文化对周围地区产生了较大的影响，如黄河上游的马家窑文化、齐家文化和黄河下游的大汶口文化，都接受过仰韶文化的影响。在青海柳湾遗址马厂类型的 82 座男性墓中，随葬石斧、石锛、石凿、石刀者 48 座，随葬纺轮、骨锥、骨针者 13 座，在 71 座女性墓中随葬石斧等石质生产工具者 8 座，葬纺轮、骨锥者 38 座。在齐家文化的 11 座女性墓中，有 8 座发掘出纺轮和串珠等装饰品，不见石斧、锛、凿、刀等工具，在 18 座男性墓中除 2 座葬纺轮外，余 15 座分别葬石斧、锛、凿、刀等工具。即使合葬墓也是男女不同，斧、锛等生产工具放在男性一侧，纺轮放在女性一侧。⑤ 在甘肃景泰张家台半山类型的成年男女墓葬中，男性墓多有石器随葬，女性墓无一例

---

① 北京大学考古系考古教研室：《元君庙仰韶墓地》，文物出版社 1983 年版，第 25—26 页。

② 中国社会科学院考古研究所编著：《宝鸡北首岭》，文物出版社 1983 年版，第 108 页。

③ 河南省文物研究所，长江流域规划办公室考古队河南分队：《淅川下王岗》，文物出版社 1989 年版，第 342—348 页。

④ 陕西省考古研究所编著：《龙岗寺——新石器时代遗址发掘报告》，文物出版社 1990 年版，183—215 页。

⑤ 青海省管理处考古队、中国社会科学院考古研究所：《青海柳湾——乐都柳湾原始社会墓地》，文物出版社 1984 年版，第 84—85、191 页。

随葬石器。① 兰州花寨子与之相类似，在半山类型的成年男女墓葬中，石质工具均出于男性墓中，纺轮均出于女性墓中。其中 14 座男性墓中有 7 座葬石质工具，12 座女性墓中有 4 座葬纺轮。② 兰州土谷台遗址虽然随葬工具不多，但男女分葬的情况却很明显，其中石器放在男性的肩旁或足下，纺轮和骨锥放在女性的头部上方或足下。③

（四）大汶口文化

在刘林遗址，主要的生产工具有石斧、石锛、石凿等，在男性墓中发现 28 件，女性墓中发现 6 件。纺轮都出自女性墓，殉葬狗的多为男性墓，只有个别是女性墓。④ 在王因，39 件石斧出自 27 座男性墓中，2 件出自女性墓；15 件石锛出自男性墓的 11 件，女性墓 2 件；2 件石凿均出自男性墓中。28 件纺轮有 2 件出自男性墓，23 件出自女性墓。6 件龟甲均出于男性墓，上面都有人为的钻孔，有的周边留有黑灰色的火烧痕。⑤ 在野店四期，石质生产工具主要为男性随葬品，即使在双人墓中，也一般陈放在男性一侧，女性则常随葬纺轮等工具。⑥ 在诸城呈子一期墓中，纺轮 6 件均出于女性墓或合葬墓中女性身边，而石凿、锛、钺、镞均出于男性墓或合葬墓中男子身边。⑦ 在胶县三里河，23 座男性墓葬石质生产工具，只有 2 座女性墓出石

---

① 甘肃省博物馆：《甘肃景泰张家台新石器时代的墓葬》，载《考古》1976 年第 3 期。

② 甘肃省博物馆、兰州市文化馆、兰州市七里河区文化馆：《兰州花寨子"半山类型"墓葬》，载《考古学报》1980 年第 2 期。

③ 甘肃省博物馆、兰州市文化馆：《兰州土谷台——马厂文化墓地》，载《考古学报》1983 年第 2 期。

④ 南京博物馆：《江苏邳县刘林新石器时代遗址第二次发掘》，载《考古学报》1965 年第 2 期。

⑤ 中国社会科学院考古研究所编著：《山东王因——新石器时代遗址发掘报告》，科学出版社 2000 年版，第 337—387 页。

⑥ 山东省博物馆、山东省文物考古研究所编：《邹县野店》，文物出版社 1985 年版，第 32 页。

⑦ 昌潍地区文物管理组、诸城市博物馆:《山东诸城呈子遗址发掘报告》，载《考古学报》1980 年第 3 期。

质生产工具;纺轮出于 7 座女性墓中,1 件出于男性墓。① 在 1974 年和 1978 年发掘的随葬各类工具的大汶口墓葬中,已清楚性别的男性墓 19 座,女性墓 14 座,其中葬石斧的男性墓 6 例,女性 4 例,葬石钺、石锛的墓均为男性,随葬骨矛的 7 座墓中,5 座是男性墓,2 座是女性;随葬骨、牙镞的 11 座墓中,男性墓 8 座,女性墓 3 座,5 座墓葬纺轮,分别是男 1 座女 4 座。1959 年发掘的大汶口遗址,在 16 座单人女性墓中,随葬纺轮和骨针的有 6 座;14 座男性单人墓中,一般多有石质工具随葬,有纺轮的仅有 1 座。在合葬墓中,纺轮、骨针、骨锥、石磨棒等劳动工具在女性脚下陈放,石质生产工具葬在男性身边;女性墓中偶有少量的斧、铲、矛、蚌镰等生产工具随葬。②

以上列举了新石器时代的一些比较典型和发掘报告比较详细的考古学文化遗址,这些墓葬的随葬品在一定程度上反映了当时人们的生产情况。从男女随葬品种类和数量来看,两性在生产领域中虽然有交叉现象(这在任何社会都存在),但也存在一定程度上的分工。镞多发现于男性墓中,说明狩猎主要是男人的事业;狗作为猎人的助手,是男子的伙伴,故随葬在男性墓中。但不排除女子也参加狩猎活动,如龙岗寺有些女性墓葬就有骨镞。镞、矛、网坠等工具的出土说明渔猎仍是一项经济活动,不过从社会经济的整体情况来看,渔猎作为男性获取食物的主要手段已经让位于农业,大量出土的石斧、石铲、石刀、石锄、石磨、磨棒等生产和加工工具说明了这一点,仰韶文化唯一的一座随葬石耜的男性墓表明当时已经有了农耕业。③ 斧、铲、凿、锛、钺等大都出现在男性墓中,说明男子多从事砍树、除草、翻地等

---

① 中国社会科学院考古研究所:《胶县三里河》,文物出版社 1988 年版,第 159—184 页。
② 山东省文物管理处、济南市博物馆编:《大汶口——新石器时代墓葬发掘报告》,文物出版社 1974 年版,第 136—155 页;山东省文物考古研究所编:《大汶口续集》,科学出版社 1997 年版,第 222—230 页。
③ 赵清:《关于龙山文化的考古学思考》,载《中原文物》1995 年第 4 期。

农垦劳动以及手工业劳动。蚌刀是采集、收割工具，在元君庙中随女性随葬，说明这一劳动主要由妇女承担；磨盘、磨棒是将植物种子去壳的加工工具，男女墓都有，但以女性墓为主，意味着粮食加工也以妇女为主，这和文献中女子舂米的记载完全相符。战国秦汉常有妇女因犯罪或父兄犯罪被连坐而入官府为舂谷婢的事情，《管子·小匡》中就有"女三嫁，入于舂谷"①的记载。另外，纺织、缝纫、炊事等劳动也由妇女承担，这从纺轮、骨针、骨匕大多出于女性墓的情况可见一斑。以纺织为例，在裴李岗文化遗址中就有一些用陶片加工的纺轮出土，密县莪沟遗址也出土这类纺轮，贾湖遗址也有一些纺轮出土，甚至在陶器上还发现布纹，由此显示出裴李岗文化时期就已有了纺织。在仰韶文化遗址中，纺轮发现更多，其中有用陶片加工而成的，也有专门烧制的陶纺轮，还有石纺轮。布纹的发现也较多。这些情况表明纺织业已经发展起来了。继仰韶文化的龙山文化时期，石质生产工具仍然占重要位置。不过作为砍伐工具的石斧相对减少，而作为掘土工具的铲数量增加，还发现有骨铲和木耒（痕迹）。用于中耕的蚌锄、骨锄、鹿角锄、石锄等也有发现。所以有人说当时很可能已脱离"刀耕火种"的原始经济，进入先翻后种或先耕后种的粗耕农业阶段（陶寺有犁状石器等）。②

考古学文化中的两性劳动分工，说明"男耕女织"作为一种分工模式在中国很早就出现了，并随着精耕细作的发展延续了几乎整个农业文明时期，《管子·揆度》所谓"农有常业，女有常事"③说的就是男耕女织。作为一种文化现象，男耕女织的记忆在各类文本不断出现，"唧唧复唧唧，木兰当户织"是我们最熟悉不过的诗句了。在战国以后的小农经济中，男耕女织的性别分工是在家庭内部实现的，

---

① 〔清〕戴望：《管子校正》见《诸子集成》第5册，上海书店1986年版，第124页。
② 赵清：《关于龙山文化的考古学思考》，载《中原文物》1995年第4期。
③ 《管子校正》见《诸子集成》第5册，第388页。

它把农业和家庭手工业密切结合在一起，形成了传统小农经济的最基本的结构。不独中国，在实行耕种农业的文化中这种分工几乎是一种普遍现象。最早描绘犁田情景的是在美索不达米亚的圆筒印章上，所画的无一例外都是男人与牛和犁，纺线织布是妇女的主要劳动。在古埃及王国，织布的象形文字就是一位妇女持梭而坐。在英格兰，家族中的女性分支被称为 distaff，该词派生自发明纺车前纺线时用来牵住亚麻或羊毛的棍棒（staff）。①

第二节 劳动分工与性别分化

一、两种生产与两性分工的关系

两性劳动分工在不同的社会文化系统中虽然存在许多差异，但并非无规律可循。大致说来，普遍由男人干的活有狩猎、捕鱼、耕地、伐木、开矿、冶炼、屠宰、造船、造屋、打铁、石工、木工等。其中打猎、屠宰、伐木、开矿、冶炼等几乎从来都是男人的活。普遍由女人干的活有采摘野果、捡贝壳、饲养小动物、捡柴、取水、耕地（特别是园圃农业）、加工粮食、烹饪、织布、制衣、编织、制陶等。人类学家一直在试图回答为什么人类普遍存在男女之间的劳动分工，而且这种分工在不同人群中具有不少相似之处。通过跨文化研究，他们发现通常由女性干的活，大多有以下特征：（1）这些工作是冗长而重复性的，不需要集中高度的注意力。（2）可以随时中断，然后接着再干，而不至于影响到劳动的结果。（3）不会对身边的孩子构成潜在的危险。（4）不需要离家太远。② 要之，妇女劳动不能与孕养子女发生冲突。

在恩格斯所说的两种生产中，两性都要承担"生活资料的生产"，

---

① ［美］梅里·E. 威斯纳·汉克斯著，何开松译：《历史中的性别》，东方出版社2003年版，第76—77页。
② 《人类文化启示录——20世纪文化人类学的理论与成果》，第198页。

但妇女由于生理条件、生育功能以及人类较长的育儿期，使得"人的生产"即孕养子女主要成为女人的工作，相应的，家务劳动也成了她们的工作，这是容易理解的。因此，尽管在任何社会里妇女都要参加生产劳动，她们有时甚至起着举足轻重的作用，但生儿育女始终是妇女最主要、最根本的任务，妇女劳动离不开这一中心，这是妇女从事户外生产劳动的前提。正像非洲恩丹布人谈到他们的性别分类时所说的："男人从事狩猎，女人负责生育。"① 因此，凡是分给妇女的活大都适合一边干，一边带孩子。生活在西南非洲卡拉哈里沙漠的布须曼妇女为了采集食物里必需的高蛋白坚果，常常一天步行12英里（约19.3公里）前往长有这种坚果的沙丘，带着的孩子走不动时也得背上。② 据估算，在孩子4年的依赖期内，一个妇女在采集和迁徙的过程中要拖带孩子走4900英里（约7889公里）的路程。③ 这在狩猎采集民族中是常见的情景——带上孩子显然不方便打猎。而男人由于不必承担生育职能，可以自由外出打猎或做其他事情。在耕作农业社会中，纺织正符合这一要求，即可以满足生产的需要，又因为是在家中进行，能够与做家务、孕养子女等结合在一起。宋代王居正的《纺车图》很真实地描绘了这种情景。图上有一架纺车，一位青年妇女坐在小凳上，左手怀抱婴儿哺乳，右手转动纺车，旁边还站着一个穿补丁衣服的老妇人正在牵线补缀破裤。④ 这种因生理原因而带来的两性劳动的差异，进一步造成了性别角色的分化。正如英国人类学家罗宾·福克斯说："在人类历史的绝大部分时期里，女人负责承担生育和抚养教育孩子的极其专门的任务，男人则狩猎、反抗和做出决策。……生育这种不

---

① ［英］布赖恩·莫里斯著，周国黎译：《宗教人类学》，今日中国出版社1992年版，第329页。
② 《消亡中的原始人》，第164页。
③ 《文化的起源》，第13页。
④ 高世瑜：《中国古代妇女生活》，商务印书馆国际有限公司1996年版，第35页。

可避免的纯粹肉体上的原因,使女人的角色相对于男人来说属于第二位,男人的角色是做出比简单的家务更高程度的决定。"[1] 尽管男人女人都要从事生产劳动,但劳动角色和劳动价值在人们的眼里并不相同。特罗布来恩群岛的男人在外出打猎时可以为自己做饭,但在日常生活中他们从不做饭,他们视煮饭为羞辱。如果哪个男人做饭了,就会被讥讽为"男厨",因为他做了女人的事。[2] 在印第安人中,男女之间的分工也是很明确的,男人主要是狩猎,妻子负责家务劳动。如果一个男人不是在十分必要的情况下干女人的活,女人就会嘲笑他。[3] 费孝通在《生育制度》中说他们乡下有一句谚语:男做女工,一世无功。分工的用处并不只是为经济上的利益,而更时常用以表示社会的尊卑,甚至还带一些宗教的意味。好像扫地、生火、洗衣、煮菜这一类活是社会上认为是男子不应该动手的,没有人替他们做时,他们甚至会宁愿挨饿,也不亲自动手。[4]

二、狩猎与采集的劳动价值比较

对狩猎采集者来说,动物是他们最重要的生存资源。狩猎的经济意义,不仅在于肉食是理想的食物,还在于通过它,人们也得到一连串其他必要的生活资料,如用来制作带子、工具、绳子等的毛皮、骨、角、筋腱等。鸟类则供给人们用于装饰或插在箭上的羽毛。动物是食物,是衣着,是各种用具的材料,是装饰品。在一些民族中,人们围绕这一中心进行季节性迁徙,组织安排聚会活动,社会组织的分合也随之改变。狩猎这一生产方式突出了男人的作用,优秀的猎手受到重视。在海洋朱克奇人中,海豹捕猎队的组织者在社会上居显要

---

[1] [法]塞尔日·莫斯科维奇著,黄玉兰译:《反自然的社会》,天津人民出版社2002年版,第207页。
[2] 《原始的性爱》,第20页。
[3] 《美洲印第安人与伊女伊人探密》,第65页。
[4] 费孝通:《乡土中国 生育制度》,北京大学出版社1998年版,第122页。

地位。印第安人崇敬技巧高超的猎人，① 姑娘们也都希望嫁给一个好猎手，因为狩猎水平意味着男人是否有能力供养一个家庭。在北极，因纽特男人到 20—24 岁能独立狩猎并满足家庭生活需要时，才决定正式结婚。② 在英属圭亚那的阿剌瓦克人中，候选的女婿必得证明他的射术，要能在行驶的船上射中啄木鸟的巢；还得证明他的勇力，要能在指定时间之内清除一块田并且捕蟹若干篮。在北美印第安人诗歌及故事中，本领最好的猎人是理想的女婿。③

可是狩猎不是出必有获，这时妇女打到的小动物或采集来的植物、昆虫等就成了果腹之物。同其他许多采食者一样，没有任何迹象表明巴西中部丛林的沙凡特男人会有机会和运气以足够的食物供养他们的家庭，提供主要食物的担子便落到了妇女身上。④ 妇女的采集劳动尽管不可缺少却不受重视，也没有给她们带来相应的社会地位。以南美南比克瓦拉人为例，他们的经济活动有两个方面：狩猎与种植是男人的工作，采集食物是女人的工作。但是一年中有 7 个月的时间木薯是缺乏的；狩猎则要靠运气。结果家庭食物的来源主要是依赖妇女的采集活动。然而，性别上的劳动分工固然使女人负担不可或缺的任务，她们的工作还是被视为一种比较次要的劳动。生命的理想活动是狩猎和农业：有一大堆木薯或肉类是人们永存心中的梦想。七拼八凑来的食物被视为平常的简陋食物——而实际上也是非常简陋，俗语中"吃蝗虫"意味着过贫苦日子。同妇女采集所得的食物相似的是，妇女虽被认为是亲爱的、可贵的，但也是次等的所有物。⑤ 法国人类学家列维·斯特劳斯在《忧郁的热带》一书

---

① 《初民社会》，第 415 页。
② 《美洲印第安人与伊女伊人探密》，第 170 页。
③ 《初民社会》，第 28 页。
④ 《消亡中的原始人》，第 304 页。
⑤ ［法］列维·斯特劳斯著，王志明译：《忧郁的热带》，三联书店 2000 年版，第 367—368 页。

中生动地描绘了动物肉对狩猎采集者的重要性:"已有五个月没下过雨,所有的猎物都不见了。如果能打到一只憔悴的鹦鹉,或一条大蜥蜴来放到饭里面一起煮,就算幸运。……不过,有一次我们猎到一只野猪。把野猪肉煮一段短时间就吃,对我们来说其味道比葡萄酒更美妙,每个人最少一口气吃下一磅。那时候我了解到以前关于野蛮人大吃肉类不知节制的说法了,很多旅行家都提到这点,用以说明野蛮人的蛮野无文。但是只要试试每天吃野蛮人平日所吃的食物,马上可了解饥饿的感觉。在此情形下,能够尽情地大吃一顿,不仅仅是令人觉得填饱肚子,简直是令人觉得进了幸福极乐之界。"① 这样看来,妇女从事的采集活动不仅不能为她们带来较高的社会地位,反而成为低人一等的理由。沙凡特妇女过着艰难的生活,几乎刚学会走路,便开始模仿她们的母亲采集野生的块根、坚果和果子,在火堆的灰烬上从事大部分烹饪工作。妇女们难得被邀请进入祭祀和典礼的主流,几乎只是些做苦工的人。迁徙时,她们负责搬运装东西的筐篮,到营地后搭建小棚子。② 即使是在性别相对平等的菲律宾吕宋岛的伊隆戈特人中,尽管妇女耕种的稻谷构成小家庭日常生活的主食,但如果就此认为稻谷与猎物具有同等的价值也是错误的。猎物通常是由共同体的男性集体狩猎所获的,是最难得到的,猎物或者卖掉以换取显示身份的物品如布料、丝绸以及其他物品。这些物品可以用来作聘礼与和解的礼品,或者在共同体全体成员中间进行分配。狩猎如同他们所崇尚的猎人头一样,是一种具有最高文化价值的活动。狩猎的重要性隐含了男女的不对称。③ 中国周代社会所保留的狩猎活动,其重要性与采集活动相比也是显而易见的。

---

① 《忧郁的热带》,第414页。
② 《消亡中的原始人》,第304页。
③ 史宗主编,金泽等译:《20世纪西方宗教人类学文选》,三联书店上海分店1995年版,第293—295页。

三、男耕女织模式下的妇女劳动

在耕作农业中，土地是农耕者最重要的生产资料，因此在中国的小农经济中，妇女的生产劳动始终发挥着以织助耕的作用。中国传统的小农经济是一种匮乏经济。所谓匮乏经济是指用少量的资源养活较多的人口，维持较低的生活水平。适应生产力较低的匮乏经济的最佳人口规模是五至八口之家，孟子所说的"八口之家"和李悝等人所说的"五口之家"都是指一般农业生产家庭。[①] 小农家庭经营规模的细小性和生产技术的落后性，以及封建剥削关系的存在，使得单凭农耕不足以维持一个家庭的生活，需要家庭手工业——纺织予以补充或支撑。根据李悝的计算，五口之家耕田百亩，一岁所入，常感不足，如果天降饥馑，农民贫上加贫就无法维持生产。这种情况直到明清近代仍然存在。黄宗智在考察20世纪30年代冀东玉田县两个村庄的小农经济时指出：农民根本不能单靠农作来维持生计，村民生计的关键，在于销往东北的手工织布，手工业的支持作用一旦消失，农村经济便很快衰落。农业与家庭手工业互为支柱。[②] 费孝通在《江村经济》中也谈到女织对小农经济结构的重要作用。江村的家庭缫丝业收入可以与农业收入比拟，这使人们有可能靠小块农地生活下去。[③] 对农耕与纺织的经济互补古人早有认识，《管子·牧民》中"务五谷，则食足；养桑麻，育六畜，则民富"[④] 说的就是这个道理。但纺织的生产方式，已经将劳动强度在手工技术的基础上提高到生理极限。为了增加产量，织女们甚至通宵不寐。但在落后的生产技术下，产品数量的有限性，始终未能使作为耕织经济基本要素的纺织业从农业中分离出来而独立发展。中国封建社会的长期延续与男耕女织这种稳固的小农经济

---

① 岳庆平：《中国的家与国》，吉林文史出版社1990年版，第146页。
② 宋瑞芝主编：《中国妇女文化通览》，山东文艺出版社1995年版，第10页。
③ 费孝通：《费孝通文集》第2卷，群言出版社1999年版，第121页。
④ 《管子校正》见《诸子集成》第5册，第2页。

结构是分不开的。两性分工是在家庭中实现的,在小农家庭中,妇女以织助耕主要表现在三个方面。

首先是为了满足家庭成员的穿衣需要,为家庭成员特别是为丈夫制衣是妻子的义务,上下皆然。《国语·鲁语下》记载大夫公父文伯退朝,见其母正在织布而怪之,其母曰:"王后亲织玄紞,公侯之夫人加之以纮、綖,卿之内子为大带,命妇成祭服,列士之妻加之以朝服,自庶士以下皆衣其夫。"①贵族妇女虽不必以织助耕,但从王后至公侯卿大夫之妻都要亲自为其夫织冠冕、祭服、朝服等重要服饰,至于庶民之妻更要担当起"衣履其夫"的责任。上层妇女不废纺织的情况,在史书中常可见到。《三国志·后妃传》中《魏略》记载,魏太祖曹操的原配丁夫人因养子曹修死,哭泣无节,被曹操遣送回家,后太祖去看望丁夫人,"夫人方织,外人传云'公至',夫人踞机如故"。②《隋书·列女传》记载郑善果的母亲在儿子做了高官之后,仍然每天纺织到深夜。她说:"丝枲纺织,妇人之务,上自王后,下至大夫士妻,各有所制。若堕业者,是为骄逸。"③与公父文伯之母所言如出一辙。后世家训也都把为家庭成员织布制衣作为督促妇女劳动不懈的手段。《霍渭崖家训》规定:"丈夫衣服妇自供,儿女衣服母自供。"④

纺织也是家庭收入的一项重要来源。《商君书·画策》载:"女事尽于内,男事尽于外,则入多矣。"⑤《韩非子·内储说下》卫人买妾的故事也说明了这一点,"卫人有夫妻祷者,而祝曰:'使我无故,得百束布。'其夫曰:'何少也?'对曰:'益是,子将买妾。'"⑥《韩非子》佚文:"公仪休相鲁,其妻织布。休曰:'汝岂与世人争利哉?'

---

① 《国语集解》,第197—198页。
② 〔西晋〕陈寿:《三国志》,中华书局1959年版,第156页。
③ 〔唐〕魏徵:《隋书》,中华书局1973年版,第1805页。
④ 《中国的家与国》,第141页。
⑤ 《商君书》见《诸子集成》第5册,第32页。
⑥ 〔战国〕韩非著,陈奇猷校注:《韩非子新校注》,上海古籍出版社2000年版,第626页。

遂燔其机。"① 正因为纺织可以获利，所以丧夫和家中无男性劳力的妇女往往靠出卖纺织品维持生计，这样的例子不可胜举。刘向《列女传》中即有多例，鲁陶婴"少寡，养幼孤，无强昆弟，纺织为产"；陈寡孝妇"养姑不衰，慈爱愈固，纺绩以为家业，终无嫁意"。② 又如《汉书·翟方进传》载："方进年十二三，失父孤学……欲西至京师受经，母怜其幼，随之长安，织屦以给方进读。"③《南齐书·韩灵敏传》载："屠氏女，父失明，母痼疾，亲戚相弃，乡里不容。女移父母远住苎罗，昼樵采，夜纺绩，以供养。"④ 在特定环境下，国家也大力发展纺织业增加收入。春秋时的齐国，由于疆土带山沿海，盐碱地多，少五谷而人民寡，"于是太公劝其女功，极技巧，通鱼盐"，以至于"齐冠带衣履天下"，⑤ 纺织业遂成为齐国致富的一个重要手段。汉以后，蜀地的织锦业、江南的丝织业都是当地重要的经济来源，特别是在明清时期，江南纺织品作为商品渐趋活跃，有不少家庭以此作为主要的经济来源，甚至那些"游堕之人"也要在妇女的织机下讨生活。

女织不仅是人们日常生活的衣食之本，也是国家赋税的主要来源。正如葛志毅先生所言，男耕女织虽然是以相互结合的形式被包容在个体家庭之内的，但整个社会的生产及交换都是建立在这一基础之上的。⑥《管子·揆度》中称"一农不耕，民有为之饥者，一女不织，民有为之寒者"⑦，"是故丈夫不织而衣，妇人不耕而食，男女贸功

---

① 《韩非子新校注》，第1198页。
② 〔汉〕刘向撰，刘晓东校点：《列女传》，辽宁教育出版社1998年版，第43—44页。
③ 〔东汉〕班固：《汉书》，中华书局1962年版，第3411页。
④ 〔梁〕萧子显：《南齐书》，中华书局1972年版，第960页。
⑤ 《史记》，第3255页。
⑥ 葛志毅：《谭史斋论稿三编》，黑龙江人民出版社2006年版，第196页。
⑦ 《管子校正》见《诸子集成》第5册，第393页。

以长生，此圣人之制也。"①这就肯定了妇女纺织在社会生产中的重要性。先秦时妇女缴纳多少赋税载籍不详，但妇女承担对国家的经济义务是肯定的。《周礼·地官·闾师》任民作贡，将"任农以耕事，贡九谷"和"任嫔以女事，贡布帛"分别作为男女的贡赋，②《管子·山国轨》也有"女贡织帛"③的话。《孟子·尽心下》说国家征收的赋税包括"布缕之征，粟米之征，力役之征"④，布缕之征就是指女贡织帛。《管子·入国》中提到减免赋税时说："有三幼者无妇征，四幼者，尽家无征。"⑤意思是说，对有三个幼儿的母亲不征赋税，有四个幼儿的家庭全家不征赋税，孩子少的母亲自然是要纳税的。又《盐铁论·本议》载："古者赋税于民也，因其所工，不求所拙，农人纳其获，女工效其功。"⑥秦代男子力耕不足粮饷，女子纺绩不足衣服，竭天下之资财以奉其政，说明女贡布帛一直在国家的征税范围内。魏晋以后基本实行租调制，以女丁或户为单位征收丝、绵、绢、麻等物，这些布帛之征的实际承担者当然是妇女。

妇女从事纺织劳动并不意味着妇女不参加农业生产，"夫耕于前，妻锄于后"是农家常见的劳动场景。《史记·高祖本纪》载："高祖为亭长，常告归之田，吕后与两子居田中耨。有一老父过请饮，吕后因哺之。"⑦《后汉书·逸民传》记载庞公夫妻相敬如宾，"因释耕于垄上，而妻子耘于前"。男女同耕的现象在汉代画像砖上也常有出现，甘肃嘉峪关新城汉墓出土的两块画像砖，一块上"一农妇在前播种，

---

① 〔秦〕吕不韦：《吕氏春秋》见《诸子集成》第6册，上海书店1986年版，第332页。
② 《周礼正义》，第974页。
③ 《管子校正》见《诸子集成》第5册，第363页。
④ 杨伯峻：《孟子译注》，中华书局1960年版，第335页。
⑤ 《管子校正》见《诸子集成》第5册，第300页。
⑥ 〔西汉〕桓宽：《盐铁论》见《诸子集成》第8册，上海书店1986年版，第2页。
⑦ 《史记》，第346页。

一农夫在后打土块",另一块上"一男子在前驱牛耕地,一女在后播种"。①山东滕州市黄家岭汉代画像砖上一个男子操犁,一个男子使耙,旁边有三个妇女在锄地,另外还有一个妇女带着两个小孩,挑着担子走来,可能是来送饭的。这些情况表明妇女下田是很普遍的事情。如果遇到战乱,男人从军打仗,家中没有男性劳力,妇女甚至要操锄把犁,成为农活的主力。《后汉书·五行志》有歌曰:"小麦青青大麦枯,谁当获者妇与姑,丈人何在击西胡。"②《宋书·沈攸之传》说:"四野百县,路无男人,耕田载租,皆驱女弱。"③与北方妇女相比,江南农妇从事农业劳动更多、更勤苦。元代王冕的《江南妇》一诗描写江南妇女白天与男人一起种田,做饭送饭,夜间还要织麻纺线,不能上床安歇,诗人感叹道:"江南妇,何辛苦!"尽管如此,男子在农业生产中仍始终占据主体地位。根据美国农业经济学家巴克于1929—1933年对中国22个省的调查统计,那时男子担任80%的农活,妇女担任13%,儿童担任7%。即使在南方双季稻作物地区,妇女从事农业劳动的比例也只有29%,而耕种最不集中的北方地区只有5%。④男子在农业生产中的主体地位也反映在国家的授田制度及家庭土地的占有权方面,这些规定加强了妇女对男人的经济依赖。

四、土地占有权的性别不对称

两性分工表面上看起来是互补的,每个性别都做一些必要的事情——男人解决吃饭问题,女人解决穿衣问题,但实际上这种分工是加大性别等级结构的重要因素之一。土地由男人耕种,这使他们在获得国家授田以及继承家庭土地的权利上更为有利。土地是农业社会人

---

① 嘉峪关市文物清理小组:《嘉峪关汉画像砖墓》,载《文物》1972年第12期。
② 〔南朝宋〕范晔:《后汉书》,中华书局1965年版,第3281页。
③ 〔梁〕沈约:《宋书》,中华书局1974年版,第1937页。
④ 费涓洪:《我国农村改革与两性劳动分工》,载《社会科学研究》1994年第2期。

们赖以生存的最重要的资源，对土地的使用和占有意味着男人是养家糊口的人，国家也是按照一个成年男性劳动力能够养活一家人的标准授田征赋。据古书记载，周代的授田标准是一夫百亩，能够养活5口到8口人。《周礼·地官·遂人》说："夫一廛，田百亩。"① 夫是指一个已经结婚并别自为户的成年男子。《孟子·滕文公上》在追述夏商周贡赋时也说："夏后氏五十而贡，殷人七十而助，周人百亩而彻。"②《孟子·梁惠王上》又说："五亩之田，树之以桑，五十者可以衣帛矣。……百亩之田，无失其时，八口之家可以无饥矣。"③《荀子·大略》也有相似的说法："故家五亩宅，百亩田，务其业而勿夺农时，所以富之也。"④《汉书·食货志》中李悝对农业产量的推算也是以5口之家耕田百亩为单位，这说明一夫一妻授田百亩，养5口到8口人是一个标准的小农之家。很多时候妇女并不单独分田，因为她的口粮已经包含在丈夫所分得的份地中了。南美洲印卡王国也依据这种原则授田。国家分给每个成年男子一份土地，这份土地足够使一个已经结婚、尚无子女的男子养家糊口。有了子女后，再分给每个儿子一份地、每个女儿半份地，作为养活子女的口粮地。儿子结婚后，父亲把他得到的儿子的那份地交给儿子，而以女儿名义分得的土地不能用作嫁妆，结婚时不能带走，妇女只是在婚前或丧夫后无人供养时才能分得土地。⑤ 魏晋南北朝时，在北方，国家曾一度给妇女分少量田，但不久即成具文——唐以后妇女一般不再授田，只有寡妻妾和女性户主可以授田。

五代以后，土地国有的均田制彻底崩溃，妇女占有少量土地的

---

① 《周礼正义》，第1127页。
② 《孟子译注》，第118页。
③ 《孟子译注》，第5页。
④ 〔清〕王先谦：《荀子集解》见《诸子集成》第2册，上海书店1986年版，第328页。
⑤ ［秘］印卡·加西拉索·德拉维加著，白凤森、杨衍永译：《印卡王室述评》，商务印书馆1993年版，第292页。

历史亦告结束。土地所有权的意义不在于由谁耕种，而在于由谁占有，这是一个法权问题。由于耕作农业大大提高了农作物的产量，其收获超出了供应直接生产人口所必需的数量，于是劳动力获得了价值。占有他人的劳动成为一件有利可图的事，因此拥有和不拥有土地的人之间的经济差距扩大了。在农业社会，土地是最主要的生产资料。家庭私有土地由丈夫所有，妻子多数时候不占有土地，这使她们反而容易沦为耕种土地的劳动力，就好比地主与佃户的关系，符合"有田者可以不耕，无田者不得不耕"的原则，这在中国封建社会的后期更加明显。这一点，我们可以借用费孝通对禄村经济的分析加以说明。他说，由于土地的男性单系继承，农田可以说是男性的财产。妇女在家，田产是父兄的，妇女出嫁，田产是夫家的，所以有田人家的女子一样要下田劳动。结婚之后，维持新家庭经济基础的农田，新妇一点儿都带不过来。夫妇对于新家庭经济贡献的差距，至少是决定妇女地位的一个要素。没有田的女子在经济权利方面，不能和丈夫相比。在劳动义务方面，却时常多于丈夫。做妻子的义务，一方面是生育孩子，一方面是承担烹饪缝纫等家里的杂务工作。此外，还有下田、晒谷子、喂猪等强度较轻的农作。即使是在男子不劳动的自营农家里，女子也很少有不下田的。小小的脚，紧紧地裹腿，她们一样拖泥带水地在田里插秧、割稻。人们普遍认为娶了妻，让她闲着是浪费劳力。我们曾问过人家，像那个整日在庙里吹洞经的王家少爷，如何能经营他的农田？他们回答："他的女人能干。"这样看来，女子是农田劳动的中坚力量，并不是偶然的——她们不是农田的所有者。她在任何一家都是个没有田的人。甚至在丈夫死后、儿子没有长大的过渡期，她也不过是个保管者，不能自由支配所保管的田产。有出卖的必要时，必须得到夫家族里人的同意。儿子长大后，她保管的资格就被取消了，田产得交回丈夫的继承者手中。[①]

---

① 《费孝通文集》第 2 卷，第 360—361，293 页。

男人对生活重要资源的占有,形成了妇女对男人的经济依赖。《孟子·离娄下》讲述了一个落魄之士的故事——当妻妾发现她们的丈夫在外乞讨度日时,那种绝望之情溢于言表:"其妻归,告其妾,曰:'良人者(丈夫),所仰望而终身也,今若此!'与其妾讪其良人,而相泣于中庭。"① 遇到饥荒之年,男人就只好嫁妻鬻子了。《韩非子·六反》载:"相怜以衣食,相惠以佚乐。天饥岁荒,嫁妻卖子者,必是家也。"② 俗语"嫁汉嫁汉,穿衣吃饭"说的就是妇女对男人的经济依赖。

五、两种生产与杀女婴的关系

在两种生产中,由于妇女是人的生产的主要承担者,因此妇女的价值首先在于生育,其次才是劳动。妇女的生殖作用及在生产劳动中的劣势可以部分用来解释杀女婴这一社会现象。由于可供生存的资源有限,人口增长却是必然趋势,很多民族都在人口控制上多少下些功夫。在没有有效避孕方法的情况下,杀害婴儿往往是控制人口增长的主要办法。杀婴的方式五花八门,有直接杀死的,也有任其死亡的。人们可以把婴儿勒死、溺死或掩埋,最常用的方法是用放任不管的方式"杀害"婴儿:当婴孩生病时,母亲不予足够的照料,喂奶次数不足,也不设法搞点辅助食品,有时"不小心"让孩子从怀中跌落,等等。③ 在狩猎采集社会,一定地区内的动植物资源能够养活的人口最为有限,为了保持人口与资源的平衡,狩猎采集者的群体规模都很小,人口密度也很低。由于缺乏较软的辅助食品,母亲给婴儿断奶要晚得多,哺乳期的延长反过来又可以降低妇女的受孕率。布须曼儿童的哺乳期要三四岁时才结束,要是生下了多余的孩子,往往就要用杀婴来解决问题。这样的孩子一生下来就立即被掩埋。任何一个布须曼母亲都极

---

① 《孟子译注》,第203页。
② 《韩非子新校注》,第1011页。
③ 《文化的起源》,第13页。

不愿意背上抚养新生儿的额外负担。① 狩猎采集者的家庭一般有两三个孩子，这往往是人口控制后的结果。人类学家将澳大利亚原住民和因纽特人等的资料同早期的文化遗迹相印证，证明了杀死新生儿的做法达到了15%到50%的比率。② 然而杀婴是有选择性的，既然猎物的贡献取决于男性的数目以及他们的狩猎技巧，最好的办法是只对女婴照顾不周。另外，人口增长率取决于达到生育年龄的妇女人数。因此保留男婴、虐杀女婴便成为直接、间接控制人口的首选，为的是集中引导繁殖趋势。有选择性地虐杀，造成了杨马人性别比例的不平衡。村子里的男孩数量总是超过女孩，有时超出多达30%。③ 在因纽特人中，生活太艰难了，男人的强体力在生产中的作用是妇女无法相比的。因纽特人的食物分配顺序说明了妇女的地位。每逢狩猎回来，食物的分配顺序是：狗、孩子、猎人和妇女。④

　　杀婴的目的在于使需要供养的儿童数量维持在合理的范围之内。中国长期以来杀婴的现象也屡禁不绝，杀女婴更为多见。最早记录杀女婴的是《韩非子·六反》载："父母之于子也，产男则相贺，产女则杀之。此俱出父母之怀袵，然男子受贺，女子杀之者，虑其后便、计长利也。"⑤ 杀婴在古代称为"不举"。《史记·孟尝君列传》载："初，田婴有子四十余人。其贱妾有子名文，文以五月五日生。婴告其母曰'勿举也'。其母窃举生之。"⑥《汉书·外戚传》载："孝成赵皇后，本长安人。初生时，父母不举，三日不死，乃收养之。"宋代厚嫁之俗也对溺女之风起了推波助澜的作用。陈崇《推广家法》载："父母有善养女者，恐其难嫁，每令淹没。"郑太和《郑氏规范》载："世

---

① 《消亡中的原始人》，第168页。
② 《反自然的社会》，第115页。
③ 《文化演进与人类行为》，第181页。
④ 《美洲印第安人与伊女伊人探密》，第162页。
⑤ 《韩非子新校注》，第1006页。
⑥ 《史记》，第2351页。

人生女，往往多致淹没，纵曰女子难嫁，荆钗布裙有何不可？"①明朝郑瑄的《昨非庵日纂》中收录了一首《戒杀女歌》，描述了女婴被溺死的惨状："我闻杀女时，其苦状难比。胞血尚淋漓，有口不能语。咿嘤盆水中，良久乃得死。"②中国是农业国家，土地的开垦，单位面积产量的提高，与狩猎采集者一样取决于男性劳动力的数量和他们的生产技术，这是传统的多子多福观念赖以存在的经济基础。《庄子·天地》载："寿、富、多男子，人之所欲也。"③而女孩在家庭中主要是一个消费者。《颜氏家训·风操》说得很清楚："太公曰：'养女太多，一费也。'陈蕃曰：'盗不过五女之门。'女之为累，亦以深矣。"④而且土地资源的有限性，要求一定历史时期的人口必须与该时期的可耕地面积、单位平均产量、以及人们从农业以外经济活动中的收益保持平衡。前面已经说过，一对夫妇耕田百亩能够养活5—8口人，这与费孝通在禄村的调查结果——一个劳动力能养活5个人是相符的。⑤有分析认为：我国自汉代直至民国为止的家庭平均人口数，是在5人到6人。⑥这应该是在旧社会的生产力条件下，一个家庭与所能耕种的农田数，及所能养活的人口数之间相对恒定的比例。很显然，这个比例要低于人口的增长率，这便成了杀婴的直接理由。从北宋后期到南宋，南方不少地区，如今湖北、江西、浙江、福建等地都有这类记载。最突出的是福建，不仅杀女婴，也杀男婴。福建一般家庭的理想结构是一男一女，富裕人家是二男一女，实现这一模式

---

① 杜芳琴，王政主编：《中国历史中的妇女与性别》，天津人民出版社2004年版，第328页。
② 《中国古代妇女生活》，第27页。
③ 陈鼓应注：《庄子今注今译》，中华书局1983年版，第306页。
④ 〔北齐〕颜之推：《颜氏家训》见《诸子集成》第8册，上海书店1986年版，第6页。
⑤ 汪宁生：《文化人类学调查——正确认识社会的方法》，文物出版社2002年版，第71页。
⑥ 《中国的家与国》，第12页。

的手段就是杀婴。明清时期的江南，杀婴特别是杀女婴也普遍存在。①在费孝通调查的江村，孩子吃奶要到 3 岁或更长的时间。由于现有的土地已受到相当重的人口压力，溺婴是经常被采用的办法，特别是杀害女婴。结果 0—5 岁年龄组的男女性比例是 135∶100。②战国应该不是溺杀女婴现象最早出现的时间，考虑到新石器时代许多文化遗址人骨鉴定性别比偏高的情况，这一现象或可上溯至史前时代。据统计，仰韶墓地的性别比偏高是一种共同趋势，元君庙为 1.38，西安半坡为 5.20，宝鸡北首岭为 2.40，渭南史家村为 1.97，郑州大河村为 4.00，乐都柳湾为 1.32。③王仁湘在对仰韶文化、大汶口文化和龙山文化的 8 处墓地人骨性别鉴定结果进行统计后认为，完全可以得出这样的结论：高性别比现象在新石器时代黄河流域的一定范围内是存在的。黄河流域的新石器时代，在公元前 4500 年—前 2000 年这样一个时段范围内，人口中的性别构成明显表现出男性多出女性的特点，如果不考虑最高性别比 6.94，性别比异常的平均值可达 1.69。性别比异常还具有地区性特征，黄河上游甘青地区性别比稍低，平均为 1.35；中游仰韶文化为 1.74；下游大汶口文化更高为 2.00。性别比为什么会如此偏高？他根据许多原始民族都曾经历过的事实，推测史前时代主要采取杀女婴的办法造成女性明显偏少，以达到保持部落内男性人口的数目和控制人口增长的目的，这是史前社会适应低速发展经济的必由之路。他指出，仰韶文化中出土的大量瓮棺葬中的婴儿是否均系自然死亡值得怀疑，不排除有些是人为杀死的可能。④我国 2000 年进行的第五次全国人口普查的性别比达 116.86，2007 年我国的性别比高达 119（正

---

① 周积明、宋德金主编：《中国社会史论》，湖北教育出版社 2000 年版，第 281—282 页。

② 《费孝通文集》第 2 卷，第 26 页。

③ 辛怡华：《仰韶文化时期的人口问题研究》，载《考古学集刊》第 14 集，文物出版社 2004 年版，第 302 页。

④ 王仁湘：《中国新石器时代人口性别构成再研究》，载《中国史前考古论集》，科学出版社 2003 年版，第 131—139 页。

常值为 103—107），严重偏离了正常范围。①专家分析这么高的性别比是选择性流产的结果，这是不是可以被视为变相地杀害女婴呢？

六、社会分工与性别分化

与狩猎采集经济依靠天赐不同的是，农业是人类依靠自己的生产获取食物，属于生产性经济，它需要投入更多的劳动，也能养活更多的人口。特别是耕作农业出现后，大大提高了农作物的产量，在历史上第一次使人类获得稳定的食物来源，其收获超出了供应直接生产人口所必需的数量。这样，就使社会进一步的分工不但是必要的，而且是可能的。一般说来，私有制的形成、阶级和国家的产生、城市的出现，都是随着耕作农业出现的。也可以说，人类的文明，就是肇源于耕作农业。正因为如此，恩格斯才说："农业是整个古代世界的决定性的生产部门。"②由于有了粮食和其他生活用品的供应，手工业者、商人、从事社会管理和科学文化事业的人发展起来，社会分工开始出现，新的生产领域被开辟，社会组织日益复杂化。而士、农、工、商的社会分工始终是建立在性别分工基础上的。在夏商周时代，社会由贵族控制，庶人没有出路。但东周以后，文化下移，对于夫妻家庭来说，庶民男子要想从农业中分离出去，需要通过读书被上层所用才能实现，这样的家庭被称为"耕读之家"。如《后汉书·逸民传》载："高凤字文通，南阳叶人也。少为书生，家以农亩为业，而专精诵读，昼夜不息。妻尝之田，曝麦于庭，令凤护鸡。时天暴雨，而凤持竿诵经，不觉潦水流麦。妻还怪问，凤方悟之。"③从这个耕读之家中我们看到，只有男人参与了进一步的社会分工，具有向上流动的可能；妻子则操持家务、下田劳动，始终处于社会分工的底层。

---

① 新华社沈阳 8 月 21 日电（记者吕诺 于新超），载《大连日报》2007 年 8 月 22 日 A6 版。
② 童恩正：《人类与文化》，重庆出版社 1998 年版，第 71、73 页。
③ 《后汉书》，第 2769 页。

可见，两性分工实际是男人从低级的、基础性的劳动不断分离出去的过程，留下的空位由妇女填补。在狩猎采集社会中，男子从采集和家务劳动中分离出来，专以狩猎为业，狩猎的劳动价值更高。在农业社会中，妇女一样也要参加农业生产，但只有男人才能通过读书，从农业中分离出去。而在20世纪八九十年代的农村，随着男子外出打工的增多，妇女则成了农业生产的主力军。农村妇女向非农生产转移的速度明显落后于男性，她们始终是一种劳动后备力量，处于劳动力"储水池"的地位。就像当年人民公社、"大跃进"时期，当一部分男子转向农村工业和基本建设，就由妇女来填补农业生产的空缺一样，现在当大量男性劳动力向非农转移时，妇女便从昔日的农业生产的辅助劳力一跃成为当今农业生产的主力军。[①] 应当说这种分工特点在各个领域都是存在的。当两性分工不断把男人从低级的、基础性的劳动中分离出去，从事价值更高的工作，而把原来相对低级的工作留给妇女来做时，妇女地位不但不会得到改善，反而可能下降。这就可以理解为什么有些民族，妇女从事繁重的生产劳动而男人却悠闲自在。今天虽然几乎在所有男性传统的行业中都可以看到妇女的身影，但不要忘记今天的社会是在存在已久的性别分工的基础上发展起来的。一次次大决裂，一次次大分工，消除了起源，创造了新的开端。由于分工更多的是为男人而不是为女人提供机会，因此妇女劳动与男性相比在结构上总是存在技能、价值上的差别，就像狩猎和采集的区分一样。当女人是工人、学生、教师、职员、秘书时，男人更可能是监工、教师、校长、官员、老板。今天高职位和高收入的女性数量虽然在缓慢增长，可是全世界的经济学家和政策制定者们却发现存在着"女性贫穷化"的现象。[②]

[①] 费涓洪：《我国农村改革与两性劳动分工》，载《社会科学研究》1994年第2期。

[②] 《历史中的性别》，第94页。

第二章 婚姻家庭中的性别关系

以上我们探讨了生产领域中的两性分工与性别分化的关系，这一章我们将根据恩格斯关于人的生产的理论，分析婚姻家庭制度对性别分化的影响。家庭是因婚姻而产生的，婚姻是因夫妇结合而建立的，因此婚姻家庭制度的核心是规范夫妇关系，以及因婚姻而来的妇女与其他亲属关系的变动。中国古代自夏商周三代以来就是父系社会，婚姻家庭制度带有浓厚的夫权和父权的色彩。

第一节　三从——夫妇关系的核心

妇女"三从"是一个老生常谈的话题。有学者指出："作为古代妇女基本道德准则的'三从'之道：从父、从夫、从子。它们严格规定了妇女在人生各个阶段和扮演各种家庭角色时的卑下、服从地位。然而，只要认真审视一下历史，就会发现，妇女在家庭中并不是永远的卑下者、服从者，男女之间尊卑、主从地位颠倒的现象在古代绝非罕见。事实上，三从之中只有做女儿时的从父是最不打折扣的，此后，女性在家庭中的地位和权力则随着年龄的增长、辈分的提高、角色的变化呈逐渐上升的趋势。"[①] 虽然妇女地位在现实生活中经常表现出复杂性，但三从之道确是规定夫妻关系的一项基本原则。那么，三从之道究竟是如何产生的呢？我们需要借助一下文化人类学的研究成果。

考察一个民族的两性关系，需要弄清楚男女成员与其所在群体之间的关系，因为两性关系是受制于这种关系的。英国人类学家拉德克利夫·布朗在对西澳大利亚父系的卡列拉部落的研究中，分析了成员与所属群体之间的关系，可以为我们的研究提供参考。他以"队群"为例，指出一个社群是指共同拥有、占领和开发某一地域的一群人。他把社群与自己占有的地域和社群成员的关系用一般法律上的"法人"和"财产"的关系来解释，指出社群作为一个法人团体拥有对本

---

① 《中国社会史论》上卷，第596页。

社群成员的所有权,这种所有权既包括对其成员的"对人权",即成年男性成员对社群负有一定的义务,又包括对其成员的"对物权",即如果他们中的某个人受到伤害,社群有权进行报复或要求赔偿。但妇女和儿童永远不是与成年男性同等意义上的社群成员。妇女直接归丈夫所有,由丈夫行使对她的对人权和对物权。在对人权上,他有权要求她履行一定的义务;在对物权上,如果有人杀伤了自己的妻子,就是对他的伤害,他有权要求赔偿,群体并不干预。然而,她也间接属于社群。当其丈夫去世后,她将依照习俗改嫁给队群内而不是队群外的某个成员,这种婚俗通常称为"夫兄弟婚"。儿童归父母所有,当男孩到了青春期或行成人礼后,则由父母所有转归群体所有,这就是某些部落的成年仪式所表达的象征含义。此时作为群体的一个成员,他对其他成员、群体领地和财产都拥有一定的权利。女孩有所不同,婚前由父兄所有,婚后转归丈夫及其社群所有。[①]

澳大利亚土著的生活当然不会等同于中国上古社会,但二者同属于父系制社会,都具有父权和夫权的共性,因此还是有参考价值的。中国华夏地区自黄帝时期起就是父系继承制,夏商周三代建立国家,父系血缘组织仍是社会的基础组织,一个父系继嗣群内的成员与所在群体之间的关系与卡列拉部落具有相似性,即男性成员是这个父系继嗣群的主体,权利和财产主要由儿子继承,女儿成年后因为要出嫁,永远不能与兄弟享有同等的权利;在丈夫的继嗣群中,丈夫等本族男性成员是这个群体的主体,妻子作为外族人也不能与丈夫享有同等权利。总之,妇女无论在自己的家庭还是在丈夫的家庭都不能与男性享有同等权利。了解了父系继嗣制下妇女地位的这种特点,再来分析"三从"就好理解了。

"三从"的提法最早见于《仪礼·丧服》"出嫁女为父服"章:"为

[①] [英]A.R.拉德克里夫·布朗著,潘蛟等译:《原始社会的结构与功能》,中央民族大学出版社1999年版,第34—37页。

父何以期也？妇人不二斩也。妇人有三从之义，无专用之道。故未嫁从父，既嫁从夫，夫死从子。故父者，子之天也。夫者，妻之天也。妇人不二斩者，犹曰不二天也。"① 这段话是对出嫁女为什么要为父亲服一年丧（期），而不服三年丧（斩）的解释。服制是根据服丧者与死者的关系制定的，在室女为父服斩，出嫁后改为为父服期，说明了她与父亲关系的变化，《丧服》就此对妇女的身份作了进一步界定。用现代法律术语来表示就是妇女没有自己的人身独立权，出嫁前依附于父兄，出嫁后依附于丈夫，丈夫死后依附于儿子，这就是三从。以"天"来表示父亲和丈夫的地位，是将父权和夫权上升到哲学的最高度。妇女出嫁前依附于父亲，出嫁后则依附于丈夫，故不能再为父亲服斩，而要降服期；如果被出返回父母家中，重又依附于父亲，故为父仍服斩，即"子嫁，反在父之室，为父三年"。②《丧服》中子为父、妻为夫、臣为君均服斩，这是董仲舒将三者关系强化为"三纲"的文化源头。

那么丧服是如何表现"夫死从子"的呢？丧服之礼，父母为子正服当期，但如果死去的是嫡长子，作为祖先继体之人的父亲，要为其服最重的斩衰三年，母亲卑于父亲，要为其服齐衰三年。嫡长子服制如此之重，是因为作为祖祢之正体，他是家族未来的继承人，因此服制甚至超过为母。母死，子为母服丧要视父在世与否，父在服齐衰杖期，父卒才得以服齐衰三年。庶子为父后，成为家族的继承人，因其生身之母是父妾，死后，儿子连一年丧都没有，只服缌麻三月。这说明丈夫死后儿子成为家族的继任人，即使其母亲也要从子，这是母子关系的基本原则。可见，妇女"三从"起源于宗法制，其主要目的是为了维护父系继嗣制，防止妇女侵夺兄弟、丈夫和儿子的家族控制权。但由于中国历史上有孝母传统及其他一些因素，"母权"就会经

---

① 《仪礼注疏》，第 920 页。
② 《仪礼注疏》，第 892 页。

常出来分割一部分夫权和子权,甚至有些女主完全掌控了家国权力,这时妇女地位就会表现出一定的复杂性,甚至出现了主从地位颠倒的情况。

所以礼书要反复强调"妇人从人者也",就是为了强化妇女的依从性。《礼记·郊特牲》载:"妇人,从人者也:幼从父兄,嫁从夫,夫死从子。"① 《大戴礼记·本命》载:妇人"无专制之义,有三从之道,在家从父,适人从夫,夫死从子,无所敢自遂也。教令不出闺门,事在馈食之间而已矣。"② 《白虎通·嫁娶》载:"女者,如也,从如人也。在家从父母,既嫁从夫,夫殁从子也。"③ 《穀梁传》隐公二年:"妇人……从人者也。妇人在家,制于父;既嫁,制于夫;夫死从长子。妇人不专行,必有所从也。"④ 在人身依附性上,贵族妇女和平民妇女没有两样。《庄子·盗跖》曰"盗跖从卒九千人,横行天下,……驱人牛马,取人妻女"⑤,将妻女和牛马并论,并不具有主体性,准确地道出了妇女身份的依附性。尽管历史上不乏女主出现,但这种依附性经常使妇女的命运掌握在父兄、丈夫之手。《左传》中,成公十一年鲁国声伯嫁妹又夺之与郤犨就是一个典型例子。"(声伯)嫁其外妹于施孝叔。郤犨来聘,求妇于声伯。声伯夺施氏妇以与之。妇人曰:'鸟兽犹不失俪,子将若何?'曰:'吾不能死亡。'妇人遂行。生二子于郤氏。郤氏亡,晋人归之施氏。施氏逆诸河,沈其二子。妇人怒曰:'己不能庇其伉俪而亡之,又不能字人之孤而杀之,将何以终?'"⑥ 掌握声伯外妹命运的人是她的兄长声伯、原配丈夫施孝叔和强夺者郤犨,她本人没有自主权,也缺乏保护自己的力量,

---

① 《礼记集解》,第709页。
② 〔清〕王聘珍:《大戴礼记解诂》,中华书局1983年版,第254页。
③ 〔清〕陈立撰,吴则虞点校:《白虎通疏证》,中华书局1994年版,第491页。
④ 承载:《春秋穀梁传译注》,上海古籍出版社2004年版,第13页。
⑤ 《庄子今注今译》,第776页。
⑥ 《春秋左传注》(修订本),第853页。

只能听凭兄长、丈夫的安排，也无法保护自己的孩子。在三从制度下，父亲可以剥夺女儿的生命。《左传》记载，昭公十三年，楚灵王"缢于芋尹申亥氏，申亥以其二女殉而葬之"。[①] 丈夫也可以剥夺妻子的生命。据《战国策·齐策》记载，匡章之母启得罪其父，其父杀之而埋马栈之下。齐宣王为勉励匡章努力作战，许诺他如果得胜而归便可以更葬其母。匡章对曰："臣非不能更葬先妾也。臣之母启得罪臣之父，臣之父未教而死。夫不得父之教而更葬母，是欺死父也。故不敢。"[②]

这种依附性使得妇女对父兄、丈夫或儿子形成依赖，她们的处境往往取决于她们所依附的男人，那个只能在别人墓前乞讨祭食的齐国没落之士，显然不足以其妻妾依赖终身。正如宋代袁采所说："妇人依人而立，其未嫁之前，有好祖不如有好父，有好父不如有好兄弟，有好兄弟不如有好侄。其既嫁之后，有好翁不如有好夫，有好夫不如有好子，有好子不如有好孙。故妇人多有少壮富贵而暮年无聊者，盖由此也。"[③]

第二节 聘娶婚——妇女人身权的转移方式

一、聘娶婚

妇女由父兄所有转归丈夫所有是通过婚姻完成的。婚前，未婚少女属于年长于自己的男性亲属，在父系制下他们是父亲、兄长、叔父，在母系制下他们是兄长、舅父，他们是她的监护人。他们对她有一定的对人权和对物权，任何针对她的冒犯伤害都是对她的亲属的伤害，他们有权要求赔偿。如南美巴西的波洛洛人，那些住在男子会所的男人们，从村中掠取少女共同享用，以箭或首饰之类的东西送给女子的

---

① 《春秋左传注》（修订本），第1347页。
② 缪文远：《战国策新校注》，巴蜀书社1987年版，第321—322页。
③ 陈东原：《中国妇女生活史》，商务印书馆1998年版，第150页。

哥哥或舅父作为赔偿。①婚后，女子的男性亲属把对她所拥有的大部分权利交给了她的丈夫及其男性亲属。这种所有权（有时并非全部）的转移往往以经济补偿的方式完成，这种补偿由娶妻者及其家庭提供，他们或出钱或交付一定的物品即聘礼给女方家庭，这种婚姻方式可以称为聘娶婚。世界各地的婚俗多种多样，聘娶婚覆盖的地区尤其广阔。长期以来人们对聘娶婚的性质一直存有分歧，因为有些地方聘礼很重，具有买卖的性质；而有些地方聘礼更具象征性，只起信物的作用，表示敬意和友好，或者是用来表明具有养活妻子的能力而已。其实聘礼的含义有多种，不同民族由于经济文化不同各有侧重，抑或兼而有之，如亚马孙河流域西北部印第安人的聘礼可以少至一罐淡巴菰、一罐可加叶。但无论聘礼用意如何，或是如何微薄，却必不可少，因为它是婚姻缔结的标志，很多时候也是妇女人身权转移的标志，即使是盛行嫁妆的民族也不例外。

中国自西周以来聘娶婚一直是社会承认的正式的婚姻形式，婚姻缔结有6个递进的步骤，即六礼：纳采、问名、纳吉、纳征、请期、亲迎。在这个过程中，有2个要件，一个是父母之命、媒妁之言，另一个是纳币。前者虽然有男女之防的用意，但婚姻只能在媒妁的沟通下由两个家庭缔结，也正表明女子人身权是由双方家庭完成转移的，纳币就是这种转移的证明。纳币是指男方家庭向女方家庭交纳聘礼，在西周通常是两张白鹿皮（俪皮）和玄𬘡束帛，至此婚约正式成立。《诗经》国风中有许多民间自由恋爱的诗，但婚姻的成立最终都需要父母之命、媒妁之言。如《诗经·齐风·南山》中："取妻如之何？必告父母。……取妻如之何？匪媒不得！"②《诗经·卫风·氓》载："匪我愆期，子无良媒。将子无怒，秋以为期。"③《诗经·郑风·将仲子》载：

---

① 《初民社会》，第60页。
② 《诗经注析》，第276页。
③ 《诗经注析》，第170—171页。

"岂敢爱之,畏我父母。仲可怀也,父母之言,亦可畏也……岂敢爱之,畏我诸兄,仲可怀也,诸兄之言,亦可畏也。"①可见即使男女相悦,最终也要明媒正娶,这是获得双方家庭认可的必要程序,不备礼的婚姻会遭到女方拒绝。《诗经·召南·行露》载:"谁谓女无家,何以速我讼。虽速我讼,亦不女从。"②《列女传·贞顺》召南申女篇对这件事作了进一步的补充。"召南申女者,申人之女也。既许嫁于丰,夫家礼不备而欲迎之,女与其人言,以为夫妇者,人伦之始也,不可不正。……夫家轻礼违制,不可以行。遂不肯往。夫家讼之于理,致之于狱,女终以一物不具,一礼不备,守节持义,必死不往,而作诗曰:'虽速我狱,室家不足。'言夫家之礼不备足也。"③另外,有学者以《周礼·地官·媒氏》"中春之月,令会男女。于是时也,奔者不禁"④为据证明中国古代有"群婚"存在,汪宁生指出这种现象是与其他民族的"节日放纵"同类的一种习俗,此俗不代表正式婚姻关系,也不得视为"群婚"或任何一种婚姻形态。⑤这类习俗或可视为官府为了增加人口而鼓励婚配的一种权宜之计,"若无故而不用令者,罚之"。男女如果不是在仲春之月而是在其他月份私奔,就要受到惩罚。《周礼·大司徒》说荒年行荒政,"十四曰多昏",也多属此类。

只有经过家庭许可的婚姻才是合法婚姻,而未经家庭允许的自由恋爱也正因其个人之"私",违背了家庭之"公"而不被认可。战国时莒大史之女与齐闵王之子私订终身即是一例。据《战国策·齐策》记载,齐闵王被杀害,其子变易姓名为莒大史家庸夫。大史女"与私焉",大史曰:"女无媒而嫁,非吾种也,污吾世矣。"于是终身

---

① 《诗经注析》,第 222—223 页。
② 《诗经注析》,第 42 页。
③ 《列女传》,第 36 页。
④ 《周礼正义》,第 1084 页。
⑤ 汪宁生:《古俗新研》,敦煌文艺出版社 2001 年版,第 206 页。

不见女儿。① 而周地尽管"为其两誉"而贱媒,"然而周之俗不自为取妻。且夫处女无媒,老且不嫁;舍媒而自衒,敝而不售。顺而不败,售而不敝者,为媒而已矣"。② 据《列女传》赵津女娟篇记载,赵简子"将使人祝祓以为夫人,娟乃再拜而辞曰:'夫妇人之礼,非媒不嫁。严亲在内,不敢闻名。'遂辞而去。简子归,乃纳币于父母,而立以为夫人。"③ 嫁娶风尚由此可见一斑。其实即使在原始部族中,一对青年若不顾长者的反对,不听习俗的指挥,毅然以私情相许,同样无法与正式婚姻相提并论,有时甚至被视为无效。④

由于聘娶婚要经过两个家庭的许可和社会的承认,可以起到防范男女私情的作用,因此自西周以来一直受到礼的肯定。礼之用在于防患于未然。《礼记·坊记》载:"夫礼,坊民所淫,章民之别,使民无嫌,以为民纪者也。故男女无媒不交,无币不相见,恐男女之无别也。"⑤《礼记·经解》载:"昏姻之礼,所以明男女之别也","婚姻之礼废,则夫妇之道苦,而淫辟之罪多矣"。⑥ 又《礼记·曲礼上》载:"男女非有行媒,不相知名……故日月以告君,斋戒以告鬼神,为酒食以召乡党僚友,以厚其别也。"⑦ 以婚礼的正式和隆重向社会宣告此女子已有所属,别人不得觊觎。而"不待父母之命,媒妁之言,钻穴相窥,逾墙相从,则父母国人皆贱之"。⑧ 战国以后,渐又辅礼以律,律之用在惩之于已然。《晋书·刑法志》云:"崇嫁娶之要,一以下聘为正,不理私约,峻礼教之防,准五服以制罪"⑨,这是正

---

① 《战国策新校注》,第179页。
② 《战国策新校注》,第1063页。
③ 《列女传》,第63页。
④ 《初民社会》,第492页。
⑤ 《礼记集解》,第1294页。
⑥ 《礼记集解》,第1257页。
⑦ 《礼记集解》,第45—46页。
⑧ 《孟子译注》,第143页。
⑨ 〔唐〕房玄龄:《晋书》,中华书局1974年版,第927页。

式以法律形式确定聘娶婚的合法地位。而没有经过聘娶仪式的女子，因未经双方父母的操办，只是与男子本人发生关系，是妾不是妻，所谓"妾者，接也，以时接见也"。① 这是"聘则为妻，奔则为妾"的根本不同，妻子的地位是丈夫家庭承认和给予的，而妾的来源则有多种，而且完全是服务性质的，其地位自然不能与妻相比。《左传》中，成公十一年鲁宣公夫人穆姜"不以妾为姒"②，就是因声伯之母是妾出身而拒绝承认是自己的姒娌。《列女传》中，齐宿瘤女也正是以"使妾不受父母之教而随大王，是奔女也"③为由，拒绝齐王不备礼而娶。聘娶婚的社会意义如魏大夫如耳母所言："男女之别，国之大节也。妇人脆于志，窳于心，不可以邪开也。是故必十五而笄，二十而嫁，早成其号谥，所以就之也。聘则为妻，奔则为妾，所以开善遏淫也。节成然后许嫁，亲迎然后随从，贞女之义也。"④

二、嫁娶用语

妇女人身权的转移也体现在嫁娶用语上。从语源上看，何谓婚姻？《仪礼·士昏礼》载："若不亲迎，则妇入三月，然后婿见，曰：某以得为外昏姻，请觐。"⑤ 郑玄以为婚姻即昏因，孔颖达疏为婿在黄昏时往娶，故男称昏，女则因婿而入夫家，故女称因。《礼记·经解》注有相同的解释："婿曰昏，妻曰姻。"孔颖达疏谓："婿则昏时而迎，妇则因而随之，故云婿曰昏，妻曰姻。"⑥ 何谓嫁娶？《易》蒙卦、咸卦屡言男取女，以示娶义。除《周易》外，《礼记》有"取妇之家，三日不举乐"⑦，《左传》有"子反欲取夏姬"，甚至《史记》仍沿用"取"

---

① 《白虎通疏证》，第490页。
② 《春秋左传注》（修订本），第852页。
③ 《列女传》，第67页。
④ 《列女传》，第34页。
⑤ 《仪礼注疏》，第158页。
⑥ 《礼记集解》，第1256页。
⑦ 《礼记集解》，第521页。

字,"吴起取齐妇为妻",说明娶是男往取女。《说文》因此训"娶"为"取妇也",段玉裁注:"经典多假取为娶。"《说文》训"取"为"捕取也,从又耳。周礼,获者取左耳"。① 显然取本义是指割取敌人左耳以献军功,由此引申为捕获。"取"之"捕取"义和"取妇"义之间属于词义引申关系,"取"乃"娶"之初文,后来为了区别义项,才在"取"字下加"女"专表取妻义。这是男娶女。《尔雅·释诂》谓"嫁"有如、适、往之义,嫁是女适夫家,只有夫家才是女子真正的家,故谓嫁。《孟子·滕文公下》载:"丈夫生而愿为之有室,女子生而愿为之有家。"② 室指妻子,家指丈夫。妻既以夫为家,故《白虎通·嫁娶》称"嫁者,家也,妇人外成,以适人为家"③;《说文》称"嫁,女适人也"。又段注在《说文》"归"字条下分析字形时说:"歸,女嫁也。从止,婦省……婦止者,婦止于是也。"④ 即女子止于夫家的意思。嫁、家与归可以互释,古书屡言"归"都是女子出嫁的意思,如《左传》隐公元年传文"仲子归于我"⑤;《诗经·周南·桃夭》"之子于归,宜其室家"⑥;《易》泰卦"帝乙归妹,以祉元吉"。婚姻语义、嫁娶语义互为表里,是外婚制在语言上的反映,同时也表明了妇女人身权在外婚制下发生的转移。

既然妇人已经有所归属,就不能随便再回父母家。《穀梁传》中庄公二年:"妇人既嫁不逾竟,逾竟非正也"⑦,《诗经·邶风·泉水》"女子有行,远父母兄弟"⑧。女子既已出嫁,就要远离父母兄弟,

---

① 〔汉〕许慎撰,〔清〕段玉裁注:《说文解字注》,上海古籍出版社1981年版,第116页。
② 《孟子译注》,第143页。
③ 《白虎通疏证》,第490页。
④ 《说文解字注》,第68页。
⑤ 《春秋左传注》(修订本),第4页。
⑥ 《诗经注析》,第17页。
⑦ 《春秋穀梁传译注》,第110页。
⑧ 《诗经注析》,第107页。

除非归宁（探望父母）及父母丧等大故，否则便不合礼制。父母去世后，更不能再回母家，只能派人归问兄弟。如《左传》襄公十二年："秦嬴归于楚，楚司马子庚聘于秦，为夫人宁，礼也。"① 楚司马子庚代表秦嬴访问秦国，才符合礼制。《诗经》国风中有关出嫁女思归但碍于礼义终不行的例子很常见，《泉水》《竹竿》都是其例，甚至于国灭君死也不得归国吊唁。《鄘风·载驰》据说是卫宣姜之女许穆夫人自作诗，她闵卫之亡，将于漕邑慰唁卫侯，终因有不可归之义而未成行，故作此诗以言其意。《卫风·河广》据说是出归于卫的宋桓公夫人、宋襄公之母所作。襄公即位，夫人念子心切，于义又不可往。因嗣君乃承父之重，与祖为体，母出与庙绝，不可以私返，故作此诗以寄思念之情，这也是因妇女的身份归属生义。后世家族礼法也遵循出嫁女归宁的原则。宋元时期的《郑氏规范》就规定："诸妇之于母家，二亲存者，礼得归宁，无者不许；其有庆吊势不得已者，则弗拘此。"② 《列女传·母仪传》鲁之母师的故事有助于我们了解妇女出嫁后回母家探视的礼节："母师者，鲁九子之寡母也。腊日休作者，岁祀礼事毕，悉召诸子，谓曰：'妇人之义，非有大故，不出夫家。然吾父母家多幼稚，岁时礼不理，吾从汝谒往监之。'诸子皆顿首许诺。又召诸妇，曰：'妇人有三从之义而无专制之行，少系于父母，长系于夫，老系于子。今诸子许我归视私家，虽逾正礼，顾与少子俱，以备妇人出入之制。诸妇其慎房户之守，吾夕而返。'于是使少子仆，归办家事。"③ 从这段话可以看出，母师是得到儿子的允许，并在小儿子的陪伴下才回娘家探视的。刘向因此颂曰："九子之母，诚知礼经。"故称其为母师。

---

① 《春秋左传注》（修订本），第997页。
② 《中国妇女生活史》，第140页。
③ 《列女传》，第11页。

第三节　妻子从属于丈夫的表现

一、妻冠夫姓

妇女人身权的转移通过婚后冠以夫姓表现出来。盖自周初至春秋之世，姓与氏是分开的，贵族男女皆有姓，但男子称氏，女子称姓。男子姓名的组合方式是氏＋名或字、或谥、或爵、或职官，后者可以是单独一个，也可以同时是几个。女子姓名的组合方式一般是字或名、或谥、或氏＋姓，前者可以是一个，也可以同时是几个。女子有时也可以单称姓，或者姓在中间，但姓系于后的情况居多。周代实行同姓不婚原则，女子必须系姓，以明确其所由出，甚至"买妾不知其姓则卜之"[①]。女子既嫁后由于身份归属发生了转移，所以就有个冠姓问题。这里所说的妻冠夫姓的姓是泛称，意思是将丈夫的氏、爵、谥等名号放在妻子姓前的一种称谓方式。以夫爵冠己姓者有齐棠姜等，以夫谥冠己姓者有郑之武姜、晋之怀嬴、宋之共姬、卫之庄姜等，还有以己姓系于子者，如陈夏姬、宋景曹等。其中氏＋姓是周代出嫁女最常见的称谓方式之一，氏既可以是夫方的氏，也可以是父方的氏。前者有卫之孔姬、晋之赵姬、息候之妻息妫、雍纠之妻雍姬等，孔、赵、息、雍都是夫方宗族的氏；后者如楚庄王夫人邓曼，郑庄公夫人雍姞、周惠王后陈妫等，邓、雍、陈都是女子父方宗族的氏。在金文中，还有已婚妇女同时称父氏和夫氏的例子，例如苏卫妃鼎铭中的苏卫妃，苏为其父方的氏，卫为其夫方的氏；又如苏冶妊鼎铭中的苏冶妊，苏为其夫方的氏，冶为其父方的氏。[②]女子出嫁后称谓方式的改变，反映了所属身份的变化，称父姓或父氏说明在血缘关系上她们仍然是父方宗亲，称夫氏说明在婚姻关系上已经属于夫方宗亲。周代女子也有名，但只在家里使用，对外并不称名；但她们必须有姓有氏，只有如

[①] 《礼记集解》，第46页。
[②] 张淑一：《周代女子的姓氏制度》，载《史学集刊》1999年第2期。

此才能明确其所出和所属，出嫁前从属于父兄，出嫁后从属于丈夫或其家族，这就是妻冠夫姓的意义。降至后世，姓氏合二为一，庶民也有姓，但女性的身份归属并未改变。所以颜之推在家训中规定："凡言姑姊妹女子子,已嫁则以夫氏称之,在室则以次第称之,言礼成他族,不得云家也。"又曰："吾亲表所行,若父属者,为某姓姑,母属者为某姓姨。"① 意思是说，凡称呼己家同姓女子，已嫁者以夫姓称呼，未嫁者以排行称呼，不得称家姊之类，而称某姓姑，对母亲姊妹称某姓姨。以夫家姓称呼女性亲属表明这些出嫁女子在身份上已为他族所属，即所谓"礼成他族"，这就是《红楼梦》中王姓薛姨妈称呼的由来。

二、夫妇齐体

夫妇齐体是一个容易引起误解的问题。如有学者把《仪礼·丧服》的"父子手足也，夫妻半合"②、《礼记·郊特牲》中"一与之齐，终身不改"的"齐"、以及"夫妇共牢而食，同尊卑也"③ 说成是男女地位有平等的一面。④ 应该怎么理解这个问题呢？

首先我们应该明确古人是在何种语境下谈夫妇齐体的。《礼记·内则》"聘则为妻，奔则为妾"下，郑注云："妻之言齐也，以礼聘问，则得与夫敌体。妾之言接也，闻彼有礼，走而往焉，以得接见于君子也。"⑤《白虎通·嫁娶》载："妻妾者，何谓也？妻者，齐也，与夫齐体。自天子至于庶人，其义一也。妾者，接也，以时接见也。"⑥ 可见夫妻齐体是因妾生义，对于妾来说只有妻才是丈夫的体敌对应之人。周人常用男女、阴阳、日月、内外一类用语表示夫妻关系，这

---

① 《颜氏家训》见《诸子集成》第 8 册，第 7 页。
② 《仪礼注疏》，第 911 页。
③ 《礼记集解》，第 710 页。
④ 阎明恕:《礼教与中国古代妇女的地位评述》,载《贵州师范大学学报》1998 年第 2 期。
⑤ 《礼记集解》，第 773 页。
⑥ 《白虎通疏证》，第 490 页。

些用语实际是一对范畴的不同说法，以体言则男女，以德言则阴阳，以位言则外内，表达的都是一对一的关系。《礼记·礼器》载："大明生于东，月生于西，此阴阳之分，夫妇之位也。"①《礼记·祭义》载："祭日于东，祭月于西，以别外内，以端其位。"②夫妻关系如同日月相应，只能是一对一。天子即使嫔妃众多，"后"也只有一个，《礼记·昏义》载："天子之与后，犹日之与月，阴之与阳，相须而后成者也。"③这是一夫一妻制，妾可以有多人，但妻只有一个，就是那个经过聘娶仪式嫁过来的女人。妾则不同，其来源或媵或买或奔，仪式从简或不需要仪式。《左传》一书屡屡出现表示妻的用语如伉俪、妃偶，都是体敌之义。古人在行文中也是妻妾对言，毫不含糊。如《左传》襄公十三年："天子求后于诸侯，诸侯对曰：'夫妇所生若而人，妾妇之子若而人。'"④又如《国语·周语中》单襄公对陈国必亡的预言："今陈侯不念胤续之常，弃其伉俪妃嫔，而帅其卿佐以淫于夏氏。"⑤夫妇对妾妇而言，伉俪对妃嫔而言。因此夫妇齐体实际是在妻妾制下强调一夫一妻的法律关系，只有妻可以称丈夫为"夫"，而妾无论贵贱都要以夫为"君"，《战国策·齐策》载："吾妻之美我者，私我也；妾之美我者，畏我也"⑥，就说明了妻、妾与丈夫的不同关系。

夫妇齐体的重要意义在于规范妻妾关系，妾既以夫为君，就要以妻为女君，这是出于家族内治的需要。春秋时晋国赵盾虽贵为父后并继为正卿，仍称嫡母为君姬氏，就是以父之嫡妻为女君。妻妾关系比照婆媳关系。妻死，妾要为妻服一年丧，但妾死妻不为妾服丧。《仪礼·丧服》载："何以期也？妾之事女君，与妇之事舅姑等。"⑦妻

---

① 《礼记集解》，第660页。
② 《礼记集解》，第1217页。
③ 《礼记集解》，第1423页。
④ 《春秋左传注》（修订本），第996页。
⑤ 《国语集解》，第68页。
⑥ 《战国策新校注》，第318页。
⑦ 《仪礼注疏》，第935页。

妾尊卑无别是祸乱之本，《左传》桓公十八年："并后（妾如后）、匹嫡（庶子如嫡子）、两政、耦国，乱之本也。"① 妻妾相争在西周末年乃至春秋时期很常见，周襃姒之乱、晋骊姬之乱等都源于此。因此《礼记·缁衣》告诫说："毋以嬖御人疾（嫉）庄后。"② 礼制要求妻妾不两立，但春秋之世礼坏乐崩，以妾为妻的现象屡有发生，所以齐桓公合诸侯时将"无以妾为妻"③ 定为会盟的禁约之一，但他本人恰恰违背了这一盟约，终致五子争位而身死国乱。西汉时乱妻妾位被列入刑律，"孔乡侯傅晏，坐乱妻妾位，免"。④ 这种一夫一妻多妾的婚姻制度以及相应的尊卑等级，一直是宗法家族处理妻妾关系的根本原则。夫妇齐体、夫妻半合虽然有助于改善妻子的地位，但并不意味着夫妻间是平等关系。从人身权的角度看，当妻子与丈夫合卺共牢之后，妻子的人身权已经从属于丈夫，被丈夫所吸收，是妇合于夫的夫妇一体，妇女的存在被并入丈夫的存在之中。所以有人把女子出嫁说成是"辞父母而言归，奉君子之清尘，如悬萝之附松，似浮萍之托津"，其喻确矣！⑤

三、夫主妇从

妻子由于是从外族嫁入夫家，因此婚后完全根据丈夫确立自己在夫家中的位置。正如《仪礼·丧服》所说："其夫属乎父道者，妻皆母道也；其夫属乎子道者，妻皆妇道也。"⑥ 这种名分的依附从制度上规定了夫妇间的主从关系。婚后，妻子的尊卑荣辱完全取决于丈夫。《礼记·郊特牲》载："妇人无爵，从夫之爵，坐以夫之齿。"⑦

---

① 《孟子译注》，第154页。
② 《礼记集解》，第1327页。
③ 《孟子译注》，第287页。
④ 程树德：《九朝律考》，中华书局2003年版，第114页。
⑤ 陈顾远：《中国婚姻史》，商务印书馆1998年版，第185页。
⑥ 《仪礼注疏》，第966页。
⑦ 《礼记集解》，第710页。

《礼记·杂记上》载："凡妇人，从其夫之爵位。"① 妇人无授爵命之法，她们的社会地位取决于丈夫爵位的高低。妻爵从夫爵，夫为天子，妻为后，夫为诸侯，妻为夫人，夫为大夫，妻为命妇；妻齿从夫齿，兄弟之妻，其娣姒之序，不以己年而以夫年，夫为兄，妻为嫂，夫为弟，妻为妇。正因为如此，宗庙祭祀时，丈夫有主祭权，妻子就有助祭权；"舅没则姑老"②，丈夫如果死了，妻子就得退居二线，失去了助祭权。《周礼·秋官·小司寇》有"凡命夫命妇不躬坐狱讼"③之说，命夫不躬坐狱讼是恐狱吏亵渎其尊严有悖贵贵之义，而命妇因夫贵得与夫享有相同待遇。命妇是指由国家以诰命的形式，授予上层妇女以特定的称号，所受者即称命妇。命妇的获封多赖其夫、子孙的爵位和事功，与命妇本人关系不大，获封后享有在服饰、舆从、法律豁免、死后葬仪、墓制等方面一定级别的政治待遇。

不过权利与义务向来是孪生的，有同尊就有共辱，丈夫犯罪，妻子要受到牵连，也就是从坐。其法理依据不仅因为夫妻是一家人，也是因为妇女的从属身份。有关从坐之法最早可以追溯至三代，《尚书·甘誓》《汤誓》都有对不听军法者"予则孥戮汝"的话。郑玄注："大罪不止其身，又孥戮其子孙。《周礼·司厉》云：'其奴，男子入于罪隶，女子入于舂槀。'"④ 意思是说在战争这种特殊时期要用重刑，不听军令者不但罪及自身且要祸及妻子儿女。《左传》昭公二十年引《康诰》曰："父子兄弟，罪不相及。"⑤（按今本《康诰》无此语，盖约引其意也。）"罪不相及"很可能是指平时犯罪或罪小者，而战争是国之大事，如果军法不重，怕是无法整肃士兵使其奋勇杀敌。盘庚迁都尚有劓殄灭之无遗育之语，则启之如此誓师，也不为过。《国

---

① 《礼记集解》，第1067页。
② 《礼记集解》，第739页。
③ 《周礼正义》，第2768页。
④ 〔清〕孙星衍：《尚书今古文注疏》，中华书局1986年版，第219页。
⑤ 《春秋左传注》（修订本），第1412页。

语·吴语》勾践誓师可以为此提供一个佐证:"谓二三子归而不归,处而不处……身斩,妻子鬻。"① 战国以后从坐不再局限于军法,男性若犯大罪,其母、妻、女或从死、流放边地、没入官奴婢、补兵或由官价出卖等。商鞅变法时"令民为什伍,而相牧司连坐。戮力本业,耕织致粟帛多者复其身。事末利及怠而贫者,举以为收孥"。索隐云:"收录其妻子,没为官奴婢,盖其法特又重于古制也。"②《吕氏春秋·精通》载:"钟子期夜闻击磬者而悲,问之原因,答曰:'臣之父不幸而杀人,不得生。臣之母得生,而为公家为酒。臣之身得生,而为公家击磬。'"③ 那个击磬者及其母亲是从坐为官奴婢的一个例证。至于弃妇是否从坐原夫家,汉代一直存有争议。据《汉书·孔光传》记载,定陵侯淳于长坐大逆诛,其小妻乃始等6人皆在其事发前被弃或改嫁,丞相翟方进、大司空何武认为当坐,廷尉孔光则认为:"弃去乃始等,或更嫁,义已绝,而欲以为长妻论杀之,名不正,不当坐。"④ 曹魏时出嫁女不从坐母家正式成为定制,这是由"毋丘俭之诛"引发的。《晋书·刑法志》载:"魏法,犯大逆者诛及已出之女。毋丘俭之诛(事在255年),其子甸妻荀氏应坐死……荀氏所生女芝,为颍川太守刘子元妻,亦坐死,以怀妊系狱。"亲戚为之乞求恩典,主簿程咸因而奏议曰:"大魏承秦汉之弊,未及革制,所以追戮已出之女,诚欲殄丑类之族也。然则法贵得中,刑慎过制。臣以为女人有三从之义,无自专之道。出适他族,还丧父母,降其服纪,所以明外成之节,异在室之恩。而父母有罪,追刑已出之女;夫党见诛,又有随姓之戮。一人之身,内外受辟。今女既嫁,则为异姓之妻;如或产育,则为他族之母……男不得罪于他族,而女独婴戮于二门,非所以哀矜女弱,蠲明法制之本分也。"故建议:"在室之女,从父母之诛;既醮之

---

① 《国语集解》,第560页。
② 《史记》,第2230页。
③ 《吕氏春秋》见《诸子集成》第6册,第92页。
④ 《汉书》,第3355页。

妇，从夫家之罚。宜改旧科，以为永制。"朝廷因此改定律令，"既醮之妇，从夫家之罚"，[1]进一步明确了妻子的从属身份在法律上的操作。直到元代文宗即位，才下诏罪人妻子勿役，止及一身。但明清妻妾入官或随夫发配之例仍然常有。[2]配婚补兵是妇女从坐的另一种表现形式。所谓补兵是指将犯罪者的妻子配给军营士卒为妻的制度，盖起于西汉。据《汉书·李陵传》记载：陵"始军出时，关东群盗妻子徙边者随军为卒妻妇，大匿车中，陵搜得，皆剑斩之"。[3]这些因夫盗而被徙边并配给兵卒的妇女，因为私自随军出行，被李陵全部斩杀。补兵成为定制，最晚是在魏晋之时。《隋书·刑法志》载："魏晋相承，死罪重者，妻子皆以补兵。"又说："梁制：大逆者，母妻姊妹及从坐者，妻子妾女，同补奚官为奴婢。其劫盗者，妻子补兵。"北齐还有强盗杀人者其妻配为乐户的从坐法。与丈夫犯罪妻子从坐相反的是，妻子犯罪一般"只坐其身"，即使有时"坐其夫"也是因为丈夫对妻子管教不力，没有尽到监护人的责任，这还是因为妻子从属身份的缘故。

妇女由于不是独立的法人主体，所以古代法律对妇女的立法原则是与老小、卑幼同论。晋律有"老小、女人当罚金、杖罚者，皆令半之"的律条，南朝因之。[4]集古代法典之大成的唐律对妇女的法律身份依据礼的原则作了更加明确的解释，《唐律疏议·名例》第四十三条规定："若家人共犯，止坐尊长。"疏议曰："尊长谓男夫者，假有妇人尊长，共男夫、卑幼同犯，虽妇人造意，仍以男夫独坐。"《唐律疏议·斗讼》四十六条疏议曰："其妻虽非卑幼，义与期亲卑幼同。"[5]妇人

---

[1]《晋书》，第927页。
[2]《中国婚姻史》，第179—180页。
[3]《汉书》，第2453页。
[4]《中国历史中的妇女与性别》，第206页。
[5] 曹漫之主编：《唐律疏议译注》，吉林人民出版社1989年版，第237—238、799页。

即使是尊长，也不能以独立的法人主体承担法律责任。这种规定以妇女是弱者为法理依据，有照顾妇女之义，但同时也反映了妇女从人者的非独立身份。

第四节　丈夫对妻子的权利

丈夫在婚姻中获得的对妻子的权利包括性权、生育权和劳动权。也就是说妻子要在这三个方面承担相应的义务，否则会受到相应惩罚。

一、性权利

性权是指对妻子性的使用由丈夫说了算，在性方面妻子要听从丈夫的安排，或者忠贞于丈夫，或者被丈夫出借、待客和抵押。如果妻子未经丈夫同意损害了丈夫的性权，要受到丈夫的责罚。许多民族婚前性行为不受限制，但订婚或结婚后，妻子就要保持对丈夫的忠诚。海南岛的黎族，男女婚前的性自由并不带到婚后，女子将嫁时要根据夫家给予的花样在脸上刺花纹做标记，以示有配而终身不二。而在有些地区，丈夫对妻子的权利从未婚就开始了。在西太平洋的特罗布来恩岛上，一个对某位女人已经拥有某种权利的男人，无论这种权利属于结婚、订婚或是恋爱，他都决不容许对这些权利的任何侵害。实际上，他们既存在感情上的嫉妒，又存在较为冷静的基于野心、力量和占有欲方面的嫉妒。婚后，丈夫则完全成了妻子的物主。[①] 丈夫可以独享妻子，也可以出让妻子，与他人共享。在部族社会中，男子经常会把妻子暂时让给别人，或取悦于上峰，或表示友谊。例如在北美印第安人的克洛族中，一个青年会暂时把他的妻子让给他的伙伴，或让给他希图传给自己法术的老辈。事实上，许多平原印第安部族在取得某种宗教特权的过程中，妻子的让借是很正常的。至于单纯作敬

[①]《原始的性爱》，第332页。

客之意，世界各地都有。①

中国在父系继承制下，对妇女的身体控制当然也很严格，这本身是出于维护父系家庭的需要。为了确定与延续纯正的父子关系，需要制止男女的自由交往，需要有严格的婚姻制度，需要女子守贞。因此贞节观念虽然在明清时期被强调到了极端，但作为一种性别观念在先秦即已成熟。《礼记·郊特牲》载："夫昏礼……币必诚，辞无不腆，告之以直信。信，事人也。信，妇德也。一与之齐，终身不改，故夫死不嫁。"②以信解说妇德，是说妻子要忠诚于丈夫，即使丈夫死后也不改其衷。贞信是妇德之首。《周易·恒卦》六五爻辞："恒其德，贞。妇人吉，夫子凶。"《象传》进一步解释说："妇人贞吉，从一而终也。夫子制义，从妇凶也。"《象传》对贞的解释与《礼记·郊特牲》相同，也是强调从一而终。这些说法在郭店楚简《六德》中得到印证。六德是指"父圣，子仁，夫智，妇信，君义，臣忠"，其中妇信是指"能与之齐，终身弗改之矣。是故夫死有主，终身不变，谓之妇，以信从人多（者）也。信也者，妇德也"。③一女嫁二夫是淫，《左传》文公六年晋卿赵盾反对辰嬴之子继位为君的一个理由就是辰嬴曾经嫁了两个丈夫，"赵孟曰：辰嬴贱，班在九人，其子何震之有？且为二君嬖，淫也。"④

为了确保妇女的贞信，周人制定了一整套严别男女的防闲礼制，集中保存在《礼记·内则》中，以致顾颉刚先生感叹道："他们客气到这样，直把我们弄模糊了,不知道他们的孩子是怎么生出来的。"⑤妇女婚后如有私情，因其"乱族"，于礼即构成"七出"之一。与

---

① 《初民社会》，第59页。
② 《礼记集解》，第707页。
③ 《谭史斋论稿三编》，第235页。
④ 《春秋左传注》（修订本），第551页。
⑤ 顾颉刚：《由"烝"、"报"等婚姻方式看社会制度的变迁》（下），载《文史》第15辑，中华书局1982年版，第49页。

之相关的是逃婚并再嫁的行为，也为礼法严禁。《左传》隐公二年："莒子娶于向，向姜不安莒而归。夏，莒人入向，以姜氏还。"①史书没有说明向姜为何不安莒而逃归，但向姜之行即为逃婚，历代刑律都有"逃女不婚"的规定，立法目的是为了维护丈夫的婚姻权。对逃嫁的态度，秦始皇刻石说得很清楚："妻为逃嫁，子不得母。"秦睡虎地秦墓竹简《法律答问》中有关于身高未满六尺的妻子逃亡是否应该依法论处之问，答为：婚姻若经官府认可，便应论罪。又其背夫逃亡并与他人再婚应如何判刑，答为：应判"黥城旦春"，再婚所生子女若男方不知情可判归男方。②后世不断加重对妇女逃婚再嫁的刑罚，最重可至死刑。明清律规定："若妻背夫在逃者，杖一百，从夫嫁卖，因而改嫁者绞。"丈夫如果逃亡在外，妻子向官府申请离婚后方可改嫁。明洪武二年（1369）令规定，夫逃亡过三年不还者，听经官，告给执照，妻别行改嫁，若三年内妻不告官而逃去者，杖八十；擅改嫁者杖一百，妾各减二等，清律亦同。③很显然法律是在保护丈夫的婚姻权利。

丈夫的婚姻权利即使在去世后仍然保留三年。礼法规定，夫丧，妻子必须为丈夫守丧三年，其间不得改嫁，若私自改嫁，罪可至死；而妻丧，丈夫服丧一年即可。不满一年夫即娶，不知有何规定。董仲舒"春秋决狱"中有一个案例说："甲夫乙将船，会海风盛，船没溺流死亡，不得葬。四月，甲母丙即嫁甲，欲皆何论。或曰，甲夫死未葬，法无许嫁，以私为人妻，当弃市。"董仲舒则曰："……夫死无男，有更嫁之道也。妇人无专制擅恣之行，听从为顺，嫁之者归也，甲又尊者所嫁，无淫行之心，非私为人妻也。明于决事，皆无罪名，

---

① 《春秋左传注》（修订本），第22页。
② 睡虎地秦墓竹简整理小组编：《睡虎地秦墓竹简》，文物出版社1978年版，第223页。
③ 《中国婚姻史》，第243—245页。

不当坐。"① 妇甲因为没有儿子，又是母亲所嫁，才免去一死，可见汉代法律对夫丧不满而改嫁的妇女用刑之重。隋唐以后以夫丧未除而嫁为"不义"，属"十恶"之罪，要获三年徒刑，② 不在八议论赎之列。丈夫死后，妻子虽不能与之同死，但生活也变得毫无意义，只是待死而已，所以春秋时寡妇自称"未亡人"，后世称"孀妇"也有此意。

既然妻子的人身权依附于丈夫，丈夫即有权决定对妻子的使用方式。他们或要求妻子严守贞操，或像有些原始民族一样出于某种需要，将妻妾用于待客、互换或出借，至于以美色进权贵，以侍妾赠友僚更不足道。据《汉书·地理志》记载："燕地……宾客相过，以妇侍宿。"③《左传》曾两次记载男子换妻，襄公二十八年齐庆封与卢蒲嫳氏"易内"④，昭公二十八年晋祁盈与邬臧"通室"⑤。《诗经·鄘风·桑中》诗序说："卫之公室淫乱，男女相奔，至于世族在位，相窃妻妾。"⑥这些都是丈夫互换妻妾之例。至于妾只是侍婢而已，男子可以出卖或以之殉葬等。《礼记·檀弓》记载子硕之母死，欲嫁庶母以求钱财葬母；又记陈乾昔临死欲以二妾殉葬之事，⑦ 二人虽然均未得逞，但他们有这个权利是无疑的。至于典雇妻妾之风，自宋元以后，历代不绝。典妻是指以一定的价格将妻子典与别人，典价归丈夫所有，约期收回；雇妻或称租妻，是指以一定的价钱租雇一女子为妻，期满听回。《宋会要》记司马光一道上奏说："二十年间因欠青苗，至卖田宅、雇妻卖女、投水、自缢者不可胜数。"⑧ 典雇妻妾虽为法律所不允，

---

① 《九朝律考》，第 162 页。
② 叶孝信主编：《中国法制史》，北京大学出版社 1996 年版，第 204 页。
③ 《汉书》，第 1657 页。
④ 《春秋左传注》（修订本），第 1145 页。
⑤ 《春秋左传注》（修订本），第 1491 页。
⑥ 《诗经注析》，第 131 页。
⑦ 《礼记集解》，第 208、280 页。
⑧ 徐松辑：《宋会要辑稿》食货五之一一，中华书局 1957 年影印本，第 4866 页。

但直至近代终不能禁。《元史·刑法志》载："诸以女子典雇于人，及典雇人之子女者，并禁止之。若已典雇，愿以婚嫁之礼为妻妾者听；诸受钱典雇妻妾者禁。其夫妇同雇而不相离者，听。"明清律对此亦设禁令。还有所谓"挂帐十年"，亦属典妻之例，贫妇得夫同意，凭媒再赘一夫，为期 10 年，以聘金归原夫收用。① 在甘肃，有不能娶妻而希望有儿子的人，雇租别人之妻，并立契约期限，或以 2 年或 3 年，或以得子为限，过期还给原夫，不能多留一日。有客人游历其地，为消除旅途孤寂疲劳，也可以雇他人之妻，并立契约，写明期限。然后宿于其夫之家，其夫则避开。到期必须归还原夫，如欲续好，须另外出钱。② 作家柔石在小说《为奴隶的母亲》中就叙述了一个农村妇女，被丈夫出典给邻村的一个秀才地主为其生孩子的命运，情节虽系虚构，却必有现实的背景。

二、生育权

丈夫在婚姻中获得的最重要的权利是妻子的生育权，妻子必须为他生育子女，所生孩子归男方。南非祖鲁人娶妻要支付一定数量的牛作聘金，支付牛群的一方得到了对该妇女所生子女的不可分割和无可争议的权利，牛群换来了孩子。女人的最大价值在于她是孩子们的母亲，为此，没有比作为一个不育妇女更不幸、更令人讨厌了。她们可能被抛弃，而且男方还可能因此要求女方归还牛群或以她妹妹来顶替。③ 同样，一个通加族的男人的妻子没有生育便死了，他可以索回聘礼。北美的沙斯他人的妻子若不能生育，女方家庭要无代价地补充一个姊妹或从表姊妹，算是对这有缺陷婚姻的补偿。④

我国自夏商周三代以来就是父系继承制，婚姻的目的正如《礼

---

① 《中国婚姻史》，第 111、70 页。
② 《中国妇女生活史》，第 304—305 页。
③ 《原始社会的结构与功能》，第 42—43 页。
④ 《初民社会》，第 43 页。

记·昏义》所说是"合二姓之好,上以事宗庙,而下以继后世也","婚姻是二姓政治、经济联姻的工具,又是'事宗庙''继后世'的传宗接代的工具。男子娶妻,强调的是她的生育功能"①,反过来说,为丈夫生育子嗣是妻子必尽的义务。因此男子可以"无子"为由出妻,为其"绝世也",也可以生子为由纳妾,即《易·鼎卦》所说的"得妾以其子";天子之贵,一娶十二女,也是为"备百姓也"。《孟子·离娄上》的"不孝有三,无后为大"②,成为妇女头上沉重的枷锁。《列女传》"卫宗二顺"条说:"今我无子,于礼斥绌之人也,而得留以尽其节,是我幸也。"③明代刘基尤其反对七出中的"恶疾"与"无子",他说:"恶疾之与无子,岂人之所欲哉?非所欲而得之,其不幸也大矣!而出之,忍矣哉!"王祎反驳说:"妻道二,一曰奉宗祀也,一曰续宗祀也,二者人道之本也;今其无子,则是绝世也;恶疾则是不与共粢盛也,是义之不得不绝者也。"④汉、晋、北周每有"无子听妻入狱"之例,就是为了能给这个将死之人留下子嗣。《后汉书·吴祐传》载:"安丘男子毋丘长……白日杀人,长以械自系……祐问长有妻子乎?对曰:有妻未有子也。即移安丘逮长妻,妻到,解其桎梏,使同宿狱中,妻遂怀孕。至冬尽行刑,长泣谓母曰:……妻若生子,名之吴生。"⑤北魏元孝友甚至奏请对于无子而不纳妾者科以不孝之罪,因为"其妻无子而不娶妾,斯则自绝,无以血食祖父,请科不孝之罪,离遣其妻。"⑥为此明文规定民年40以上无子者皆得置妾,不纳妾者打40大板。⑦至清代,纳妾生子更是一般人的口头语。由

---

① 刘巨才:《中国古代的社会性别制度及传统妇德》,载《山西师大学报》1998年第4期。

② 《孟子译注》,第182页。

③ 《列女传》,第43页。

④ 《中国婚姻史》,第242页。

⑤ 《后汉书》,第2101页。

⑥ 《魏书》,第423页。

⑦ 《中国的家与国》,第199—200页。

于妻子是为丈夫生育子嗣，因此夫妻离婚后孩子于法归男方所有，妇女没有抚育权，如蔡文姬流落胡地，后被曹操赎归，两个儿子不得不遗于胡，《十八拍》中浸透了一个母亲的血泪："日月无私兮曾不照临，子母分离兮意难任！"又刘宋临川长公主虽自绝于其夫王藻，而子仍归夫族，后思子情深，遂又表请还身王族，守养弱嗣。

三、劳动权

婚姻的另一个重要目的是获得妻子的劳动力，对丈夫来说这也非常重要。在许多原始部族中，妇女劳动异常繁重，以至于她们有时不得不主动要求丈夫多讨个老婆，丈夫则以多妻作为增加财富的一种手段。吉库尤族的女人会说：为什么件件事情都要我做呢？为什么你不再去买一个老婆呢？在加拿大北部的麦肯基河流域，阿塔巴斯康族的妇女担负沉重搬运货物的工作，而酋长一人便拥有七八个这样的妻而兼婢的太太。[①] 为了获得更多的劳动力，男人在有条件的时候很愿意多娶几个老婆。在许多民族中，这成为男子多妻的一个经济原因，同时多妻也有助于自己声望和地位的提高。在通加族中，只有小康的人才能买置几个妻子，这种投资是有大利可图的，因为她们为他种植田园，不仅使他衣食无忧，而且可以很阔气地招待宾客，因而提高自己在社会上的声望，一夫多妻成了显贵的标识。在冰鹿朱克齐部，妇女是不错的劳动力，她们要帮助丈夫牧养鹿群。因此多妻家庭屡见不鲜，甚至有钱的人会按拥有几个鹿群来娶几个妻子。[②] 在澳大利亚北部的蒂维人当中，较富裕的男人通常有几个妻子。这些女人每天背上篮子，也许还背一个婴儿去采集食物——主要是菜、蛴螬和蚯蚓。即使是最小的家庭也都至少有一个年纪大的妻子，她们对这里的灌木了如指掌。这些年纪大的妇女监督并训练较年轻的妇女采集食物，为家里准备吃的。丈夫从不插手这些女人的工作。有个大家庭的户主告

---

① 《初民社会》，第 51 页。
② 《初民社会》，第 239 页。

诉一个反对多妻的传教士说：如果我只有一两个老婆，我就会饿死了，但现在我有了 10 个或 12 个老婆，我就可以在早晨把她们派到四面八方去，到了天要黑的时候，她们中至少有两三个人带点什么东西回来，那我们就都有地吃了。①沙凡特人的多妻也是出于同样的考虑，他们赋予家庭的重要性是有限的，他们更喜欢把家庭视为经济上的和事关威望的财产。因而，一个重要的沙凡特人最后可能会有两三个妻子。在他看来，妻子是他有用的配偶，她们能提高他在部落成员中的威望，能把更多的野外产品带入他的家中。②对于蒙都哥莫男人来说，数目众多的妻子也意味着财产和权力。当地的经济活动大都是妇女的工作。她们种植芋头、砍倒树木做西米、捕鱼、加工烟草。烟草是一种重要的贸易产品，用来换取他们生活的其他必需品。因此多妻不仅使那个男人可以支配他的小舅子们为他做某些事情，更重要的是妻子们可以为他增加财富。③看来一夫多妻的一个主要动机是要制造联合工作的能力，和共同利用几位妇女的生产力以及生育力。在云南德宏地区的傣族部落里，中华人民共和国成立前，妇女担任了 2/3 的生产劳动，而社会地位却很卑贱。这种情形早在明代钱古训的《百夷传》中就有记载："其俗贱妇人，贵男子，耕织徭役担负之类，虽老妇亦不得少休。"④

在获得妻子的劳动方面华夏族也不例外。《说文》释"妻"载："妇与己齐者也，从女……从又。又，持事，妻职也。"又说：妇，"服也，从女持帚，洒扫也"。⑤《白虎通·嫁娶》载："妇者，服

---

① ［美］威廉·A.哈维兰著，王铭铭等译：《当代人类学》，上海人民出版社 1987 年版，第 444—445 页。
② 《消亡中的原始人》，第 305—306 页。
③ ［美］M.米德著，宋正纯等译：《性别与气质》，光明日报出版社 1989 年版，第 181 页。
④ 童恩正：《文化人类学》，上海人民出版社 1989 年版，第 331 页。
⑤ 《说文解字注》，第 614 页。

也，服于家事，事人者也。"① 这些解释基本一致。忠实地为丈夫劳动也是妻子的义务，反过来也可以说，让妻子为自己劳动是丈夫的权利。这是西汉儒家学者的直白说法，但先秦礼书文明地、内含更丰富地称之为"求助"。《礼记·祭统》载："既内自尽，又外求助，婚礼是也。"②《仪礼·士昏记》中，父亲在命子亲迎时说："往迎尔相，承我宗事，勖率以敬先妣之嗣，若则有常。"后世正史延续了这种说法。《三国志·魏书·文德郭皇后》载："在昔帝王之治天下，不惟外辅，亦有内助，治乱所由，盛衰从之。"③ 帝王将相需要的内助是正位宫闱，以听内治；共承祭祀，以奉宗庙；桑献茧，以劝农事。在周代，王公妃嫔并不单纯是一个消费性群体，而是要从事蚕桑、制作祭服等生产活动，而且有严密的管理制度。《周礼》《礼记》中有关后妃躬亲蚕桑的记载很多，如《周礼·天官·内宰》载："中春，诏后帅外内命妇始蚕于北郊，以为祭服。"④《礼记·月令》载："仲春之月……后妃齐戒，亲东乡躬桑，禁妇女毋观，省妇使，以劝蚕事。蚕事既登，分茧称丝效功，以共郊庙之服，无有敢惰。"⑤《礼记·昏义》中说天子后妃有"三夫人、九嫔、二十七世妇、八十一御妻"⑥，无论后妃是否实有其数，人数众多都应是无疑的，这也是适应王室蚕织经济的需要。这些后妃不仅不会成为宫廷开支的负担，还会以自己的劳动为王室经济增加收入，可见，尽量扩大后妃数量是符合周王利益的。⑦

贵族尚且如此，妻子的劳动对庶民来说更是绝不可少。《左传》

---

① 《白虎通疏证》，第 491 页。
② 《礼记集解》，第 1238 页。
③ 《三国志》，第 164 页。
④ 《周礼正义》，第 529 页。
⑤ 《礼记集解》，第 433 页。
⑥ 《礼记集解》，第 1422 页。
⑦ 《谭史斋论稿三编》，第 214—233 页。

襄公二年："妇，养姑者也。"①子妇，就是孝养舅姑的那个人。《列女传·贞顺传》中陈寡孝妇说："夫为人妇，固养其舅姑者也。"②具体而言，按照《礼记·内则》的说法："妇事舅姑，如事父母"，鸡初鸣即起，洗漱修饰后，以适舅姑之所，服侍公婆洗漱进食，"下气怡声，问衣燠寒，疾痛苛痒，而敬抑搔之。出入则或先或后，而敬扶持之。进盥，少者奉槃，长者奉水，请沃盥，盥卒，授巾。问所欲而敬进之，柔声以温之……"③《礼记·内则》在这方面的规定极为详尽具体，生活中虽然未必能完全做到，但为妇事舅姑设立了一个标准。《孟子·万章下》说："娶妻非为养也，而有时乎为养。"④娶妻不仅是为了孝养父母，但孝养父母有时也是原因之一。妇女劳动对家庭的贡献当然不是孝养舅姑。《列女传》卷五《节义传·鲁秋洁妇》中说得比较全面："夫采桑力作，纺绩织纴，以供衣食，奉二亲，养夫子。"⑤《列女传·贤明传·宋鲍女宗》也有类似的说法："妇人一醮不改，夫死不嫁，执麻枲，治丝茧，织纴组纫，以供衣服，以事夫室。澈漠酒醴，羞馈食，以事舅姑。"⑥《诗经·卫风·氓》中"三岁为妇，靡室劳矣。夙兴夜寐，靡有朝矣"的诗句就是一个辛劳主妇的生活写照。对于贫民来说，"亲操井臼，不择妻而娶"⑦恐怕更是常见现象。陈顾远在《中国婚姻史》中说今日乡野民间，男子早婚而娶年长之妻，正是收其劳动力之意。⑧

概括地说，妇女劳动主要包括以下几项：第一，纺绩织纫等丝麻布帛之事，谓之女功。有关女功之事在各类典籍中记载颇多，仅以

---

① 《春秋左传注》（修订本），第920页。
② 《列女传》，第45页。
③ 《礼记集解》，第727—729页。
④ 《孟子译注》，第243页。
⑤ 《列女传》，第52页。
⑥ 《列女传》，第18页。
⑦ 《列女传》，第17—18页。
⑧ 《中国婚姻史》，第10页。

《诗经》二例说明之。《诗·豳风·七月》载："女执懿筐，遵彼微行，爰求柔桑。"①《魏风·葛屦》载："掺掺女手，可以缝裳。"②第二，备办饮食之事。《诗经·小雅·斯干》载："无非无仪，唯酒食是议。"③《周易·家人》六二爻辞："无攸遂，在中馈。"《大戴礼记·本命》载："教令不出闺门，事在馈食之间而已。"④纺绩织纴和备办饮食是妇女最基本的劳动，对于贵族妇女来说，她们虽然不亲执庶务，但持家理财、助夫祭祀是其主要职责，因此也要"执麻枲，治丝茧，织纴、组、紃，学女事，以供衣服；观于祭祀，纳酒浆、笾豆、菹醢，礼相助奠"。⑤普通妇女除了肩负以织助耕的重担，那些极其琐碎繁杂而又为日常生活必不可少的家务劳动也都落到了她们的肩上。在传统的自然经济条件下，这副过于沉重的担子，使绝大多数妇女终生辛苦不已。

第五节　丈夫家庭对妻子的权利

一、夫死从子

在许多部落社会，通过聘礼的缴付和收取，出嫁女的人身权中很大一部分就由自己的父系亲属转交给了丈夫及其父系亲属手里，他们依次对这个嫁过来的妇女享有对人权和对物权。这种所有权的群体归属在各地依习俗不同常常表现为夫兄弟婚、娶庶母、娶舅母等婚姻形式，这是夫家行使寡妇的对人权。人类早期，夫兄弟婚在很多民族中盛行，丈夫死后，丈夫的亲属群体作为一个整体掌握着对这个妻子的剩余权利，她将依照习俗改嫁给群内而不是群外的某个成员，特别是丈夫的兄弟，这是夫兄弟婚的主要形式。在买卖婚盛行的地方，女人

---

① 《诗经注析》，第409页。
② 《诗经注析》，第290页。
③ 《诗经注析》，第548页。
④ 《大戴礼记解诂》，第254页。
⑤ 《礼记集解》，第772页。

直接就是遗产的一部分。吉尔吉斯人的寡妇，一定为丈夫的弟弟所承袭，哪怕他还没有成年；在卡伊族中，寡妇是亡夫的没有成婚的兄弟的产业，别家的人要娶她，必须出钱；在沙斯他族中，按照他们的习俗，聘礼是由弟兄及其他亲属补助的，因此他们对她的身体有次级的领有权。丈夫死了以后，她当然归于丈夫的一个弟兄，如果没有弟兄，便属于更远些的亲属。类似于夫兄弟婚的是儿子继承庶母、外甥继承舅母，它们与弟兄继承寡嫂的社会意义是一样的，都是建立在妇女是家族的财产、家族对她们拥有人身权这个基础之上的。在实行母系制的班克斯群岛以及北美洲的西北海岸，外甥是舅父的继承人，因此寡妇可以传给亡夫的外甥。多妻的通加族人则是多种继承同时并存，倘若死者有五个妻，第一个妻大抵属于继兄为家主的弟弟；第二第三两妻或许属于其他两位弟弟，即叔嫂婚；第四个归于一位外甥，即继舅母；第五个归于其他妻所生的儿子，即继庶母。也就是说，凡是分得一份遗产的，就有继承一个寡妇的权利。[①] 当然承袭一个寡妇，不仅是一种权利，同时也是一项责任，继承人不得不保护寡妇及其子女，因此通加人允许寡妇在丈夫的许多亲属中自己选择，有的甚至并不强迫寡妇非要嫁给丈夫的男性亲属。但在有些部族中，当别家的人要娶她时，后夫要向前夫家送礼，以获取妇女的所有权，这是前夫家行使对寡妇的对物权。特罗布来恩妇女与丈夫离婚后，并不需要赔偿结婚时丈夫送给的礼物，但是如果她再婚的话，新任丈夫必须向她的前任，即妻子的前夫赠送一份珍贵礼品。[②] 阿拉佩什人也是如此，正常情况下如果前夫死了，寡妇理应与丈夫的兄弟结婚。如果她嫁给了外人，后夫绝对不能把聘礼送给她的娘家而一定要送给她原来的婆家。[③]

夫兄弟婚向来也在匈奴、西域、东胡等我国非华夏民族中流行。《史记·匈奴列传》载："匈奴，其先祖夏后氏之苗裔也，曰淳维。……

---

① 《初民社会》，第 42 页。
② 《原始的性爱》，第 154 页。
③ 《性别与气质》，第 113 页。

贵壮健，贱老弱。父死，妻其后母。兄弟死，皆取其妻妻之。"《索隐》载："张晏曰：'淳维以殷时奔北边。'又乐彦《括地谱》云：'夏桀无道，汤放诸鸣条，三年而死，其子獯鬻妻桀之众妾，避居北野，随畜迁徙，中国谓之匈奴。'"① 这段记载可用于说明匈奴的婚俗。但在华夏地区，夫兄弟婚为礼所不许。《列女传·贞顺传·卫宣夫人》记载了卫宣夫人的故事："嫁于卫，至城门而卫君死，保母曰：'可以还矣。'女不听，遂入。持三年之丧毕，弟立，请曰：'卫，小国也，不容二庖，请愿同庖。'终不听。卫君使人诉于齐兄弟，齐兄弟皆欲与君，使人告女，女终不听。"② 卫宣夫人之所以能坚持己志，说明叔接嫂是有违礼制的，尽管这种情况在社会现实中并不少见。③ 礼制既然否定夫兄弟婚，那么对于死了丈夫的妇女应该怎么办呢？华夏族的办法是"夫死从子"。儿子是家庭的新任继承人，母亲在身份上依从于儿子，在生活上受到儿子的孝养和保护，因此当女人有儿子的时候，最为理想的状况是夫死不嫁，这样也就做到了从一而终。与异族的夫兄弟婚相比，华夏族的夫死从子不仅使叔接嫂成为非法，也对寡妇不再嫁设立了生活保障。对于宗法家族来说，夫死不嫁更是宗法制度对宗主妇提出的特别要求。在宗族中，只有嫡长子夫妇有祭祀祖先的权利。作为丈夫体敌之人的主妇，与丈夫共同成为祖先的继体承重者，除非被逐出，否则她永久属于丈夫宗族所有。即使丈夫死了，她的生活仍有保障，因此绝不能改嫁。据《左传》记载，春秋时诸侯夫人和卿大夫嫡妻既寡之后少有再嫁者，大家族的维持需要她们从一而终。即使她们没有亲子，礼法上也是其他庶妾儿子的母亲。以上说的是夫死从子的情况，如果夫死无子又该怎么办？《列女传·母

---

① 《史记》，第 2879—2880 页。
② 《列女传》，第 37 页。
③ 陈顾远在《中国婚姻史》中说此类婚俗"迄今仍所不免，如所谓叔接嫂、接续婚、转房、升房、接面、上舍等称，即系指其事而言者。"见商务印书馆 1998 年版，第 107 页。

仪传》载:"卫姑定姜者,卫定公之夫人,公子之母也。公子既娶而死,其妇无子。毕三年之丧,定姜归其妇。"①又《贞顺传》记陈寡孝妇在夫死后,"居丧三年,其父母哀其年少无子而早寡也,将取而嫁之。"看来礼法主要是限制有子而嫁,无子而嫁在现实中并无非议。秦始皇会稽刻石也只是指责"有子而嫁,倍死不贞"。②前引董仲舒"春秋决狱"夫丧妻嫁案,有人认为应该弃市,董仲舒反对说:"夫死无男,有更嫁之道也。"但是儿子如果太小又没有家族男性的保护,改嫁常常也是不得已的出路,为此礼制也有权变。《仪礼·丧服》为"继父服"章,就有条件地允许寡妇再嫁,前提是"妻稚,子幼,子无大功之亲"③。也就是说妻稚子幼,三代以内又没有男性亲属帮助守养弱嗣,在这种情况下,寡妇可以再嫁。

不过现实情况与礼制常常不相符合,有时妇女不愿嫁反被夫家逼迫改嫁。如王符在《潜夫论·断讼》中说:"贞洁寡妇,遭值不仁世叔,无义兄弟,或利其聘币,或贪其财贿,或私其儿子,则迫协遣送,有自缢房中,饮药车上,绝命丧躯,孤捐童孩者。"④国家也根据人口形势的需要,或鼓励再嫁,或提倡守节。《周礼·地官·媒氏》有"司男女之无夫家者而会之"⑤,帮助鳏寡孤独早日成婚是媒氏的职责之一。这在《管子·入国》篇也有反映:"凡国都有掌媒,丈夫无妻曰鳏,妇人无夫曰寡,取鳏寡而合和之,予田宅而家室之,三年然后事之,此之谓合独。"⑥可见对正常的再婚嫁,官方不但不禁止还努力促成,只是反对频繁出妻和改嫁。《管子·小匡》载:"士

---

① 《列女传》,第5页。
② 《史记》,第262页。
③ 《仪礼注疏》,第931页。
④ 〔东汉〕王符:《潜夫论》见《诸子集成》第8册,上海书店1986年版,第98页。
⑤ 《周礼正义》,第1046页。
⑥ 《管子校正》见《诸子集成》第5册,第300页。

三出妻,逐于境外。女三嫁,入于春谷。"① 在战争、天灾、瘟疫等大灾难造成人口锐减的情况下,政府通常通过降低成婚条件以促成婚姻,这在《周礼·大司徒》十二荒政中称为"多昏"。唐太宗贞观元年(627)二月下诏:"其庶人男女无室家者,并仰州县官人,以礼聘娶。皆任其同类相求,不得抑取。男年二十,女年十五已上,及妻丧达制之后,孀居服纪已除,并须申以婚媾,令其好合。若贫窭之徒,将迎匮乏,仰于亲近乡里,富有之家,裒多益寡,使得资送。"② 政府督促鳏寡过限期后再婚,并以此作为考察地方官政绩的依据之一。唐代户口由贞观初年的不满 300 万户增加到天宝十三载(754)的 900 万户,不能不说与政府推行积极的婚嫁政策有关。宋元以后鼓励寡妇守节之风愈演愈烈,明清时期节妇烈女的人数远远超出前代,同样也与政府的政策支持有很大关系。据《明史·列女传序》记载:"明兴,著为规条,巡方督学岁上其事,大者赐祠祀,次亦树坊表,乌头绰楔,照耀井间,乃至僻壤下户之女,亦能以贞白自砥。"而最有效的政策导向恐怕非物质奖励莫属。《明会典》卷一记载,明太祖朱元璋颁布诏令:"民间寡妇,三十以前夫死守制、五十以后不改节者,旌表门闾、除免本家差役。"又据《嘉庆会典事例》乾隆十九年(1754)清高宗谕旨中提到,烈女之家"迨至其女自缢,又复具呈请旌,冀领坊价。所领尚浮于伊殡葬之费,且领价之后,建坊与否,均未可知"。③ 从中透露出物质奖励发生的效力,而因沽名贪财逼迫女子自尽的情况也是常有的事。据《闽杂记》记载,福州旧俗以家有贞女、节妇为尚,百姓遂有搭台死节之事,"凡女已字人,不幸而夫死者,父母兄弟皆迫女自尽,先日于众集处搭高台悬素帛,归时设祭,扶女上,父母外,皆拜台下,俟女缢讫,乃以鼓吹迎尸归敛。女或不愿,家人皆诟詈羞

---

① 《管子校正》见《诸子集成》第 5 册,第 124 页。
② 〔宋〕王溥:《唐会要》卷八三,上海古籍出版社 1991 年版,第 1527 页。
③ 《中国古代女子教育》,第 206,326 页。

辱之，甚有鞭挞使从者"。① 由政府出面限制妇女再嫁与明清日益增长的人口趋势是一致的，北宋时人口突破了1亿，明清时人口继续倍增。在这种情况下，显然没有必要再充分利用寡妇的生育能力了。②

二、财产继承权和所有权

身份的不同也影响到了男女财产的所有权和继承权。在初民社会里，财产的转移尽管有些特例，但一般取决于所有人身份的转移，这注定了女人在财产继承上的劣势。男人在青春期、成年礼或结婚后成为群体的正式成员，他们以这种身份得以分享并代代继承群体的财产。因此儿子们共同分享父亲的财产，他们往往掌握诸如猎场、种植园、房屋等的所有权，女儿被排除在外。女人当然也不是一无所有，她的财产所有权经常基于个人的努力，与她们的劳动有关，所以常常保有她制作的陶器等物品。一个尤语族妇女是她丈夫买来的，不能承袭土地，但她可以领有动产如她饲养的羊、鸡、鸭，她努力生产的棉花给了她丈夫时也须有代价补偿。③ 财产所有与继承的另一个原则与有效的使用有关——男人保有他的狩猎工具和生产工具，妇女保有她的缝纫器具、水罐和炊事用具等。妇女的所有物一般传给女儿，男人的用具则传与儿子。妻子不算在丈夫的继承人之列，因为男子与这类动产之间建立了一种经验的联系，妇女领有这类财产不自然，就像男人领有妇女的衣裙不自然一样。④

与原始民族的继承原则一样，在中国，妇女因身份所限，其财产继承权和所有权也是不完全的，无论是在父母家还是在丈夫家都是如此。在周代宗法制下，儿子是祭祖传嗣之人，承担养老义务，拥有家庭财产的继承权，女儿的财产继承权主要体现在嫁妆上，可以获得

---

① 《中国古代女子教育》，第340页。
② 《中国社会史论》，第280页。
③ 《初民社会》，第280—281页。
④ 《初民社会》，第294—295页。

父母财产的一部分作为嫁资。考古发掘的西周青铜器中常有为女出嫁而做的媵器,就是父母为出嫁女儿赠送的陪嫁之物。《礼记·杂记》载:"诸侯出夫人……有司官陈器皿,主人有司亦官受之。"① 这些器皿都是女子出嫁时娘家所送之物,被休后妻子可以带走,郑注引汉律"弃妻畀所赍"以作比况,说明汉代也是如此。从近年出土的秦汉简牍看,秦汉时妇女可以继承一部分父母遗留的财产。又据《太平御览》卷八三六引应劭《风俗通》云:"沛中有富豪,家赀三千万,小妇子是男,又早失母,其大妇女甚不贤,公病困,恐死后必当争财,男儿判不全得,因呼族人为遗令,云悉以财属女,但以一剑与男,年十五以付之。儿后大,姊不肯与剑,男乃诣官诉之。司空何武曰:'剑,所以断决也;限年十五,有智力足也。女及婿温饱十五年已幸矣!'议者皆服,谓武原情度事得其理。"② 从这段材料可以看出,财产继承可以由父母遗嘱处分,女儿可以继承一部分财产,但不能侵占兄弟的份额,所以何武最终判由儿子继承。从唐代起,法律对财产继承有了明确的规定,在有男性继承人的情况下,女性便不具备财产继承人的资格,但未婚女子可以得到一定的嫁资。除非绝户无男,女儿才可以继承父母财产。不过又有在室女和出嫁女之别。在室女可以全份继承,出嫁女自宋代以来只能继承其中一部分,余则入官。③ 元明清虽也承认绝户女儿的继承权,但必须是在没有同宗应继之人的前提下。明代财产继承的顺序是:第一是亲生子;第二是拟制血亲的嗣子,先同宗再远房后同姓;第三是女儿——无子、又无"同宗应继之人",才由亲生女继承财产。无女儿,财产入官。④ 可见对于女子来说,血缘继承并不是首要的,由于出嫁后已经成为夫家成员,她们对父母财产的继承受到了限制。

---

① 《礼记集解》,第1124页。
② 〔宋〕李昉等:《太平御览》,中华书局1960年版,第3736页。
③ 《中国婚姻史》,第190页。
④ 《中国法制史》,第321页。

那么女子出嫁后是不是就能获得夫家财产呢？我们首先来看看刘巨才先生的概括：妇女婚后"从夫居，她除了带来少量的嫁妆外，几乎一无所有。这使她成为依靠丈夫家庭提供生活资料的被供养者。她从事纺织等家庭手工业劳动，也要使用夫家的生产资料。妻子只剩下自己的劳动力资源和生育功能了。于是，妻子在父系家庭中的地位大大下降，成为父权制家庭的仆役和传宗接代的工具"。[①] 看来，夫家财产也无权插手。《礼记·内则》载："子妇无私货、无私畜、无私器，不敢私假，不敢私与。妇或赐之饮食、衣服、布帛、佩帨、茝兰，则受而献诸舅姑；舅姑受之，则喜如新受赐。若反赐之，则辞；不得命，如更受赐，藏以待乏。妇若有私亲兄弟，将与之，则必复请其故，赐而后与之。"[②] 子妇有持家理财的责任，但并无财产的处分权，因为财产是夫家的，攒私房钱属于"窃盗"行为，构成了休出的理由。《韩非子·说林上》记录了一则女子因为攒私房钱而被休出的故事："卫人嫁其子而教之曰：'必私积聚，为人妇而出，常也，其成居，幸也。'其子因私积聚，其姑以为多私而出之。"[③] 由于财产属于夫家所有，丈夫如果去世，财产理应由儿子继承；夫死从子，寡妻只能在儿子的名义下拥有财产；儿子若小，代儿掌管，但其本人并不是财产的所有者。为了保证夫家财产不外流，唐代制定宋代沿用的《户令·均分条》规定"寡妻无男者，承夫分"，即守志寡妇无子可以继承亡夫的财产，也可以代位继承其亡夫的应得份额。妾一般不能直接继承丈夫的遗产，不过她可以"所生母"的身份间接继承丈夫的遗产。如果男性家长死后，无子女及妻，只有妾在，遗产甚至会被没收归公。[④] 明清律对寡妻的继承权有更严格的限制：无子守志的寡

[①] 刘巨才：《中国古代的社会性别制度及传统妇德》，载《山西师大学报》1998年第4期。
[②] 《礼记集解》，第740页。
[③] 《韩非子新校注》，第487页。
[④] 《中国法制史》，第252页。

妇可以继承丈夫遗产——这与前代一样，但必须凭族长择同宗昭穆相当之人为其夫立嗣，也就是说寡妇最终无权继承丈夫的财产，最后的财产继承人还是丈夫家族中的成员。

这样看来，出嫁女只能保有从娘家带来的嫁妆的所有权。既然出妻时要退还母家初嫁时所送的财物，那么这些财物归女子所有自不待言。唐律明确规定财产分割时："妻家所得之财，不在分限。"说明它们属于女子个人所有。历代虽然一般都承认娘家送的嫁妆归女子所有，但也并不绝对。从宋代社会生活习俗来看，妻子的随嫁财产常常在婚后并同夫为主，已视为夫妻共同的财产。① 元代法律首次规定改嫁寡妇要失去从娘家继承的妆奁财产。《元典章》载："随嫁奁田等物，今后应嫁妇人不问生前离异、夫死寡居，但欲再适他人，其原随嫁妆奁财产，一听前夫之家为主，并不许以前搬取随身。"这一规定使寡妇带产改嫁成为非法。明清继元代之后，都有"改嫁者，夫家财产及原有妆奁并听前夫之家为主"的规定。② 这是对寡妇守志的经济激励，更是对夫家财产的保护。在父系继承制度下，"物质财富的生产与积累，人口的繁衍都是通过父系家庭的'传宗接代'来延续并发展的。这种婚姻家庭制度，有两大特点，一是私有制的；二是父权制的。私有制与父权制在其原始意义上是一而二，二而一的，本质上是同一事物的两个方面"。私有制是父权制下的私有制，并不是妇女的私有制，也就是说妇女没有财产的私有权，虽然她们也贡献了毕生的劳动。"私有制与父权制既是产生阶级压迫的根源，也是产生性别压迫和歧视的根源。因而，马克思主义的性别压迫私有制根源说与西方女性主义的父权根源说，实际上是一致的。"③

---

① 《中国历史中的妇女与性别》，第 322 页。
② 《中国法制史》，第 290 页。
③ 刘巨才：《中国古代的社会性别制度及传统妇德》，载《山西师大学报》1998 年第 4 期。

三、妇顺

妇女出嫁后，其人身权大部分被丈夫及其家庭所掌握，因此对出嫁女来说最重要的修炼就是妇顺。《礼记·昏义》载："妇顺者，顺于舅姑，和于室人，而后当于夫，以成丝麻、布帛之事，以审守委积、盖藏。是故妇顺备而后内和理，内和理而后家可长久也。"① 妇女入嫁夫家后首先要顺舅姑、和叔妹，妥善处理好与夫家成员的关系，然后才能以主妇的身份处理家事，如此才能实现家庭的和睦长久。"不顺父母"，因其"逆德"被列为七出之首。《周易》家人卦象传曰："家人有严君，父母之谓也。"父母特别是母亲对儿子的婚姻拥有绝对的权威，而不必问夫妻感情如何。《礼记·内则》所谓："子甚宜其妻，父母不说（悦），出。子不宜其妻，父母曰：'是善事我'，子行夫妇之礼焉，没身不衰。"② 由此可以解释焦仲卿、陆游等人的夫妻离婚。唐代白居易曾判决过一起出妻案子，某人出妻，妻子到官府申诉，丈夫说是因为父母不悦。白居易判决："莫慰母心，则宜去矣，何必有亏妇道。"③ 中国古代人伦情理以孝为先，特别是孝母更为人称道。在民间流传甚广的"二十四孝"中，除了6人是孝养双亲外，其余只有4人是孝父，而孝母者多达14人。④ 能否达到舅姑的满意，"和叔妹"很关键，为此东汉班昭《女诫》告诫为人妇者切不可掉以轻心："妇人之得意于夫主，由舅姑之爱己也；舅姑之爱己，由叔妹之誉己也。由此言之，我臧否誉毁，一由叔妹，叔妹之心，复不可失也。""然则求叔妹之心，固莫尚于谦顺矣。谦则德之柄，顺则妇之行。凡斯二者，足以和矣。"⑤ 处理好与夫家成员的关系，"妇言"很重要，居四德之一，"多言"因其搬弄是非破坏家庭团

---

① 《礼记集解》，第1419页。
② 《礼记集解》，第738页。
③ 《中国古代妇女生活》，第93页。
④ 《中国社会史论》，第600—601页。
⑤ 《后汉书》，第2791页。

结而构成出妻的理由。妇顺不仅表现在言行举止要恭顺，更要服从舅姑的权威。舅姑虽然将管家的权力交给子妇，但子妇只有代管权，没有专擅权。她不能有私心，不能聚私财，不能擅作主张，凡事须征得舅姑的同意才能处分。《礼记·内则》中说："冢妇所祭祀宾客，每事必请于姑"，"妇将有事，大小必请于舅姑"。①

夫妇关系中妇顺也是关键。《易·恒卦》说："妇人贞吉，从一而终也。夫子制义，从妇凶也。"《孟子·滕文公下》也强调妇女要"无违夫子"。②丈夫是做主的人，是妻子的主心骨，如果反过来妻子说了算，就不会有好结果。《仪礼·丧服传》称"夫者妻之天也"③，更是从哲学角度把丈夫上升到天的高度，从而使其具有了至高无上性。因此班固在《白虎通·嫁娶》中才有"夫有恶行，妻不得去者，地无去天之义也"④的说法。班昭《女诫》也这样说："夫者天也，天固不可逃，夫固不可离也。"⑤具体来说，古书关于事夫之道有"四义"或"四礼"之说，其义大同小异，即妻子服侍丈夫要恭敬、关爱、忠诚并且懂得精打细算。《公羊传》庄公二十四年注："妻事夫，有四义：鸡鸣缫笄而朝，君臣之礼也；三年恻隐，父子之恩也；图安危可否，兄弟之义也；枢机之内，寝席之上，朋友之道，不可纯以君臣之义责之也。"⑥《白虎通·嫁娶》载："妇事夫，有四礼焉。鸡初鸣，咸盥漱，栉缫笄总而朝，君臣之道也。恻隐之恩，父子之道也。会计有无，兄弟之道焉。闺阃之内，衽席之上，朋友之道焉。"⑦

---

① 《礼记集解》，第 739 页。
② 《孟子译注》，第 140 页。
③ 《仪礼注疏》，第 920 页。
④ 《白虎通疏证》，第 467 页。
⑤ 《后汉书》，第 2790 页。
⑥ 〔汉〕何休注，〔唐〕徐彦疏：《春秋公羊传注疏》，见李学勤主编：《十三经注疏》（整理本），北京大学出版社 2000 年版，第 195 页。
⑦ 《白虎通疏证》注引，第 487 页。

第六节　婚姻的社会意义

一、婚姻制度对妇女的保护

婚姻制度对妇女的保护首先体现在周礼对婚礼的重视。《仪礼·士昏礼》中的六礼过程始终体现了一个"敬"字，既是表示对婚姻的重视，也内涵了对妻子的尊重。《礼记·郊特牲》载："执挚以相见，敬章别也。"① 挚是男子于婚礼亲迎时所执之雁，执挚相见，本是宾主之礼，却于夫妻之间行此礼，正是取夫妻相敬如宾、相形相随之义。《左传》僖公三十三年："曰季使，过冀，见冀缺耨，其妻饁之。敬，相待如宾。与之归，言诸文公曰：'敬，德之聚也。能敬必有德。德以治民，君请用之！'"② 冀缺正因为与妻子相敬如宾被认为有德才，继而被晋文公委以下军大夫。相敬是相亲的前提，夫妇唯有相敬，婚姻才能长久，父子有亲、君臣有正也才能有保证。《左传》文公四年可以为此提供例证——"逆妇姜于齐，卿不行，非礼也。君子是以知出姜之不允于鲁也，曰：贵聘而贱逆之，君而卑之，立而废之，弃信而坏其主，在国必乱，在家必亡。不允宜哉！诗曰：'畏天之威，于时保之'，敬主之谓也。"③ 国君冕而亲迎是正礼，但春秋时天子诸侯娶妻不亲迎而使卿迎已成惯例，不使卿迎娶就是不以夫人之礼迎妇，是对内主的轻视，必会导致家亡国乱之祸。妇姜因不被鲁文公重视，鲁文公死后，出姜儿子被杀，自己也被迫离开鲁国。尊重妻子的社会意义正如《礼记·昏义》所云："敬慎重正，而后亲之，礼之大体，而所以成男女之别，而立夫妇之义也。男女有别，而后夫妇有义；夫妇有义，而后父子有亲；父子有亲，而后君臣有正。故曰：昏礼者，礼之本也。"④ 所以当鲁哀公问婚礼"冕而亲迎，不

---

① 《礼记集解》，第 708 页。
② 《春秋左传注》（修订本），第 501 页。
③ 《春秋左传注》（修订本），第 534 页。
④ 《礼记集解》，第 1418 页。

已重乎"时，孔子正色答道："昔三代明王之政，必敬其妻子也，有道。妻也者，亲之主也，敢不敬舆？"① 妻为内主，承担着持家、奉养公婆、养育子嗣的重任，岂能不敬？所以周礼要赋予妻子以丈夫匹敌之人的地位。在宗族中即使公婆也要尊重嫡妇，其余庶妇更要听命于嫡妇。《礼记·内则》载："冢妇所祭祀宾客，每事必请于姑，介妇请于冢妇"；"舅姑使冢妇，毋怠、不友、无礼于介妇"；"舅姑若使介妇，勿敢敌耦于冢妇，不敢并行，不敢并命，不敢并坐"。② 国君甚至要亲自主持嫡妻和嫡妇的丧礼，"君所主：夫人妻，大子，适妇。"③

婚姻制度对妇女的保护还体现在礼制对出妻的限制，即所谓"七出"与"三不去"。七出如《大戴礼记·本命》所云是指"不顺父母去，无子去，淫去，妒去，有恶疾去，多言去，窃盗去。不顺父母去，为其逆德也；无子，为其绝世也；淫，为其乱族也；妒，为其乱家也；有恶疾，为其不可与共粢盛也；口多言，为其离亲也；窃盗，为其反义也"。这些行为都足以对夫家家族构成威胁，故而于礼成为出妻的缘由。三不去是说有三种情况不得出妻："有所取，无所归，不去；与更三年丧，不去；前贫贱，后富贵，不去。"④ 第一条是已无娘家可归者不去，第二条是已尽子妇孝道者不去，第三条曾经是与夫家共患难的糟糠之妻不可弃。"七出"和"三不去"首先是从夫家家族利益出发对妇女行为提出的要求，但也为丈夫出妻设立了一个标准——动辄出妻对儿女养育、家庭稳定、社会风尚、妇女个人都无益处，因此其中包含了对妇女的保护。但据《左传》《礼记》等文献记载，出妻在春秋时已比较常见，即使孔子之家也不例外。公仪休相鲁，因妻织帛美夺民利而出妻；曾子梨蒸不熟而出妻更属于任意出妻之例。至战国时，据《韩非子·说林上》所言"为人妇而出，常也，其成居，

---

① 《礼记集解》，第 1260—1261 页。
② 《礼记集解》，第 739 页。
③ 《礼记集解》，第 1361 页。
④ 《大戴礼记解诂》，第 255 页。

幸也"①，婚后不被出就算幸运了。《战国策·赵策》触龙说赵太后时说："媪之送燕后也，持其踵为之泣，念悲其远也，亦哀之矣。已行，非弗思也，祭祀必祝之，祝曰：'必勿使反。'"女儿远嫁虽然令母亲很难过，但被夫家休弃更是人所不愿的事。为了避免任意出妻，《管子·小匡》有"士三出妻，逐于境外"的惩罚；唐律则将任意出妻规列入刑，妻无"七出"之状，丈夫仍要出妻，丈夫处徒一年半；有"三不去"情形而出妻者，杖一百，婚姻仍旧维持。②唐代白居易曾判决过一起出妻案子，某人娶妻三年无子，公婆欲休出，妻子到官府诉讼，说自己无家可归，白居易根据"三不出"原则判决不准休弃。③

婚姻制对妇女的保护也体现在后世族法家规对寡居不嫁者的赈恤照顾。据《古歙东门许氏宗谱》记载，"节妇孤儿与出嫁守节"者，"生有月粮，寒有冬衣，死有棺衾，葬有义冢"。④清《蒋氏家训》规定"妇人三十岁以内，夫故者，令其母家择配改适，亲属不许阻挠。若有秉性坚贞，视死抚孤守节者听。众共扶持之，敬待之，周恤之，不得欺凌孤寡"。⑤这种抚恤照顾使妇女在经济或情感上因家族的支持而有所依赖——出嫁是她们的归宿，几千年来妇女就是在这种控制和保护下生存的。在近代社会转型期，由于经济变化以及社会流动性的增加减弱了个人与家族的联系，年长者对年轻人和妇女的控制比以前小了，这使得在诸如配偶的选择上独立性更强了，但同时也可能使得妇女更为脆弱了，因为她们既缺乏自立的能力，在经济上或情感上又缺少了家族的支持。

二、婚姻是建立兄弟关系的主要方式

婚姻建立的不仅是夫妻关系，同时也形成了男人间的相互关系。

---

① 《韩非子新校注》，第487页。
② 《中国婚姻史》，第241页。
③ 《中国古代妇女生活》，第91页。
④ 《中国古代女子教育》，第185页。
⑤ 《中国历史中的妇女与性别》，第341页。

这种相互关系首先表现为男人间的平等关系。在许多原始部族，拥有"公民权"，就是行使夫妻结合的权利，如在大洋洲结婚与获得公民权是同一个概念。婚姻建立起的关系还表现在缔结婚姻的双方男人之间的关系，我们可以用"兄弟"关系来表示。当男人成为妹夫或姐夫时，"兄弟"关系就结成了。兄弟关系据说是一个在任何时候都具有魔力的词，这个具有魔力的戏法一变，"兄弟"这一原本表明亲属关系的称呼就被用来指共同体和伙伴关系。这种共同体奉行的是平等、友谊、团结、互助，就好像他们是一个家庭的成员。我国古代通谓外姻为"兄弟"恐怕也是由于这个原因。《尔雅·释亲》在解释姻亲关系时说"母与妻之党为兄弟"，又说"妇之党为婚兄弟，婿之党为姻兄弟"。① 《仪礼》是中国最早的一部礼书，其中《丧服》篇称父系本族兄弟为昆弟，如昆弟、从父昆弟、从祖昆弟、族昆弟等，从不称兄弟，女子称本族兄弟亦然；外亲之党皆不得称昆弟，如"姑之子"为外兄弟，"舅之子"为内兄弟，他们在姑表婚或舅表婚下就成为个体的姻兄弟，故称"兄弟"。古书以兄弟称姻亲者比比皆是。《周礼·地官·大司徒》以六俗安民"二曰族坟墓，三曰联兄弟"，郑玄注"兄弟，婚姻嫁娶也"。② 联络外亲兄弟与同宗之"族坟墓"正好相对而言。由于"妇之党为婚兄弟，婿之党为姻兄弟"，故夫妇关系亦可以兄弟相称。《礼记·曾子问》曰"不得嗣为兄弟"③，就是指父母有丧暂时不能结为夫妻。《公羊传》僖公二十五年："宋荡伯姬来逆妇。其言来逆妇何？兄弟辞也。"何休《解诂》云："宋鲁之间，名结婚姻为兄弟。"④ 《诗经·邶风·谷风》之"宴尔新婚，

---

① 〔晋〕郭璞注，〔宋〕邢昺疏：《尔雅注疏》，见李学勤主编：《十三经注疏》（整理本），北京大学出版社2000年版，第135页。
② 《周礼正义》，第748页。
③ 《礼记集解》，第518页。
④ 刘尚慈译注：《春秋公羊传译注》，中华书局2010年版，第250—251页。

如兄如弟",①也是以兄弟指代夫妇关系。

男人在婚姻中建立起的兄弟关系是一种对等或平等关系，反过来说只有在对等的男人之间才能建立兄弟关系。因此《公羊传》庄公元年中有："天子嫁女乎诸侯，必使诸侯同姓者主之。诸侯嫁女乎大夫，必使大夫同姓者主之。"②天子与诸侯、诸侯与大夫尊卑不敌，嫁女时要以与对方等级相当的同宗共祖之同姓代替自己主婚，通过形式上的对等避免实际地位尊卑不等的尴尬。《左传》庄公元年，周王嫁女于齐，使鲁主婚即是其例。而天子嫁于夏商二王之后、诸侯嫁于诸侯等，由于双方是对等关系就可以自己主婚。《礼记·坊记》有"诸侯不下渔色"③之说，《白虎通·嫁娶》解释说："诸侯所以不得自娶国中何？诸侯不得专对，义不可臣其父母。"④诸侯为君，一国皆其臣，内娶就有违不可臣女方父母之礼；如果与女方父母形成一种平等关系，又违君臣尊卑之义，所以诸侯没有自娶国中之道。后世所谓"门当户对""良贱不婚"或种姓内婚等都是对这种对等关系的维护。

三、婚姻是男人建立联盟的重要方式

兄弟关系也就意味着伙伴关系，因此婚姻是借增加和扩大亲属群外延建立互助联盟的一种最基本的方法，在亲属关系被看作主要社会关系的地方更是如此，这是外婚制的又一个社会意义。阿拉佩什人有段关于外婚的格言是这样说的："你自己的母亲，你自己的姐妹，你自己的猪，你自己积聚起来的番薯，你且不可有非分之想。别人的母亲，别人的姐妹，别人的猪，别人的积聚起来的番薯，你都可以尽情享用。"番薯和猪是指用于送给别人的礼物，当地人的思路是以番薯和猪为比拟，教给人们从中悟出对女性亲戚应取的态度。"我们把

---

① 《诗经注析》，第92页。
② 《春秋公羊传译注》，第104页。
③ 《礼记集解》，第1295页。
④ 《白虎通疏证》，第476页。

自己的姐妹给别的男人，他们则把他们的姐妹给我们。"和自己的姐妹结婚被认为是很愚蠢的行为，因为那样会丧失得到姻兄弟的机会，会成为形影相吊的孤家寡人。"怎么？你想和你妹妹结婚？你是怎么想的？难道你不想要姻兄弟了吗？你难道不知道如果你娶了别人的妹妹，别人再娶你的姐妹，你就至少会有两个姻兄弟。如果你娶了自己的姐妹，你将一个姻兄弟也没有。你和谁一起去打猎？和谁一起去种地？你又能上哪儿去访亲问友呢？"① 阿拉配什人对外婚的解释真够直白的了！摩尔根在谈到罗马的库里亚时也提到了族外婚的作用："每个库里亚所包含的氏族大体上都是互有亲属关系的氏族；这些氏族之再度结合为这种更高一级的组织，由于相互通婚而益臻巩固，同一个库里亚中的各个氏族彼此相互提供妻子。"②

中国自西周以来就确定了同姓不婚的原则，外婚的原则是异姓通婚。《左传》僖公二十三年说"男女同姓，其生不蕃"③，《国语四·晋语》也有近乎相同的说法："同姓不婚，恶不殖也。"④ 关于这种说法是否出于现代科学中优生的考虑，常金仓先生曾经专门撰写《周人同姓不婚为优生说辨》予以批驳。他指出国人以为优生说的证据"蕃""殖"并无丝毫关于体格智能高下的含义，而应作"孳生""蕃息"解，是增多的意思。同姓相婚不是由于害怕生出质量低劣的后嗣，而是担心子孙不能滋生增多。⑤ 退一步说，即便同姓不婚是因为人们有优生的想法，但更多还是出于一种文化上的考虑，因为同姓不婚并非禁止近亲结婚，古人只是不婚同姓，并非不婚近亲。近亲结婚在原始部族是很常见的事情，常见的姑舅表婚就是其中之一，特别是外甥

---

① 《性别与气质》，第 88—90 页。
② [美] 路易斯·亨利·摩尔根：《古代社会》，商务印书馆 1977 年版，第 303 页。
③ 《春秋左传注》（修订本），第 408 页。
④ 《国语集解》，第 330 页。
⑤ 常金仓：《周人同姓不婚为优生说辨》，载《山西师大学报》1996年第 4 期。

娶舅父之女最为普通，在西澳大利亚、美拉尼西亚群岛、斐济、南亚、苏门答腊、西伯利亚、北美的哥伦比亚北海岸、加利福尼亚中部以及尼加拉瓜、南美乞布察人、南非和东非等地都有这种婚俗。① 在中国古代两种情况都有，丈夫可能是舅父之子，也可能是姑之子，所以"公婆"就有了"舅姑"之称。

《礼记·郊特牲》对同姓不婚的原因说得更清楚。"夫昏礼，万世之始也。取于异姓，所以附远厚别也。"② 同姓不婚有两个考虑，一是为厚别，一是为附远。厚别是为了使男女有别，防止家庭成员的乱伦。《礼记·曲礼上》载："取妻不取同姓。"郑玄注："为其近禽兽也。"③ 防止乱伦的意义如费孝通所言，是为了防止已有的家庭关系和社会关系被新生的、由性爱带来的亲密关系破坏，因此生活上密切合作的已有结构决不容许性的闯入，这是同姓不婚的一个重要功能。外婚的意思是向原来没有社会关系，或是本来不属于密切合作的生活团体的人中建立两性关系，这样性的需要就可以不必破坏已有结构而得到满足了。④ 由于同姓不婚，所以姓对于妇女来说尤其重要，并形成一种习惯，连买妾不知其姓都要卜问吉凶。

同姓不婚的另一个意义在于借婚姻与异姓结成联盟，以扩大家族的外援，这就是"附远"的含义。人类学家谈到它的优越性时说："族外婚使通婚双方的家族团体的生育能力和生产能力都得到提高，开发的资源地域大于单独一个或扩大家庭所能开发的范围；它促进了贸易；它提高了家族团体人口容量的上限，使其人口增加到足以进行需要大量劳动力的季节性活动（如全社团的狩猎活动和收割等）。此外，在村际战争对村落有威胁的地方，能否动员大批武士具有决

---

① 《初民社会》，第33页。
② 《礼记集解》，第707页。
③ 《礼记集解》，第46页。
④ 《乡土中国 生育制度》，第144页。

定性意义。"① 因此在亲属关系起重要作用的原始部族中，人们更愿意与那些有很多兄弟的人结亲，因为婚姻是扩大亲属圈的有利时机，缺乏亲属就意味着孤立无援。阿拉配什人的父亲在给儿子选择媳妇时，要考虑未来儿媳的兄弟和堂兄弟，因为这些都是儿子将来的朋友，这样的朋友自然越多越好。阿登就是一个反例。他因为一系列的愚蠢行为，成了形影相吊的寡人。他的父母是一对表兄妹，他的亲属只有两个舅父，阿登又娶了自己的两个姊妹为妻，第二次失去了以联姻扩大亲属网络的机会，因此到他的女儿长大后，便没有人愿意选择这样一个没有亲属的人做媳妇，于是这个家庭便处在前途黯淡的境地，正常的种族繁衍无法进行，更谈不上发展经济实力了。② 这种情况正如顾炎武在《日知录》卷六所说："是知礼不娶同姓者，非但防嫌，亦以戒独也。"在周代，天子、诸侯、卿大夫之间皆联络有亲，天子与诸侯，非兄弟之国，即甥舅之国。这是以联姻建立起来的政治联盟，正所谓"既内自尽，又外求助，昏礼是也"③。如果实行族内婚，就等于自动退出联盟而陷于孤立无援的境地。《国语·鲁语上》将婚姻联盟的意义说得更清楚，"鲁饥，臧文仲言于庄公，曰：'夫为四邻之援，结诸侯之信，重之以婚姻，申之以盟誓，固国之艰急是为。'"④ 又《左传》文公二年："襄仲如齐纳币（为鲁侯娶妻），礼也。凡君即位，好舅甥，修婚姻，娶元妃以奉粢盛，孝也。"⑤ 正是出于这个考虑，当春秋时许国、齐国都欲娶卫侯之女时，卫侯将与许，其女曰："古者诸侯之有女子也，所以苞苴玩弄，系援于大国也。言今者许小而远，齐大而近。若今之世，强者为雄。如使边境有寇戎

---

① 马文·哈里斯著，李培荣、高地译：《文化人类学》，东方出版社1988年版，第150页。
② 《性别与气质》，第91页。
③ 《礼记集解》，第1238页。
④ 《国语集解》，第147—148页。
⑤ 《春秋左传注》（修订本），第526页。

之事，维是四方之故，赴告大国，妾在，不犹愈乎？今舍近而就远，离大而附小，一旦有车驰之难，孰可与虑社稷？"可是"卫侯不听，而嫁之于许。其后翟人破攻卫，大破之，而许不能救"。① 类似的事情也发生在郑太子忽的身上。据《左传》桓公十一年记载，郑太子忽两次拒绝与齐女的婚事，郑卿祭仲很不以为然，对太子说："必取之。君多内宠，子无大援，将不立。三公子皆君也。"② 后来发生的事情不幸被其言中，太子忽虽被立为郑君，却因无大国支援而在国内的政权斗争中被驱逐。《诗经·郑风·有女同车》序云："有女同车，刺忽也。郑人刺忽之不昏于齐。太子忽尝有功于齐，齐侯请妻之。齐女贤而不取，卒以无大国之助，至于见逐，故国人刺之。"在周代，姬姓和姜姓是最大的政治同盟。根据刘启益先生的研究，西周十二王十一代，如果不计孝王，从武王到厉王恰好是每隔一代周王，就要娶一个姜姓女子为妻。这说明姬姜两姓有着悠久的互婚历史，是两个互为婚姻的政治集团。③ 至于"以女赠婚"之例更屡见不鲜。春秋时晋国公子重耳四处流亡，狄人赠之以二女——季隗和叔隗；入齐，桓公妻之；至秦，秦伯纳女五人。各国诸侯何以频频赠女与一个浪迹天涯的他国公子，不过是觉得其奇货可居而已，这与吕不韦赠赵姬于秦公子异人的用意一样。自汉迄唐，每以宫人或宗室女加以公主封号，嫁与异族，也都属于赠婚以交好的性质。

在外婚制下，娶妻越多外援越多，自己的势力就越大，这种婚姻模式被称为"资源性一夫多妻制"。④ 特罗布来恩人的酋长之所以妻子要多多益善，是要借众多小舅子给他送来大量的粮食以维持他对部落的控制；蒙都哥莫人的多妻制也是为可以支配众多小舅子们为

---

① 《列女传》，第 26 页。
② 《春秋左传注》（修订本），第 131 页。
③ 刘启益：《西周金文中所见的周王后妃》，载《考古与文物》1980 年第 4 期。
④ 《历史中的性别》，第 43 页。

自己做事；澳大利亚的头人同样因多妻而有一大批护从者，并且可以行使较大的权力。周天子娶妻必须多于诸侯，诸侯必多于卿大夫，等级越高，配偶越多，不仅是等级的象征，也是以此保证高等级的人永远处于政治上的绝对优势。为了保证等级的优势，礼还对诸侯、卿大夫的联姻范围作做了具体规定，要求"诸侯不下渔色"，即诸侯不能与本国卿大夫通婚。这样做一方面是因为彼此不能敌体，同时也是为了扩大国与国联盟的范围。对《公羊传》僖公二十五年，何休《解诂》言说宋诸侯内娶大夫之女的恶果："宋以内娶，故公族以弱，妃党益强，威权下流，政分三门，卒生篡弑，亲亲出奔。"① 内娶是指娶本国大夫之女，这样做的后果是诸侯势力削弱，妃子父族的势力反而增强了。大夫只能在本国通婚，不得外娶和外嫁，其用意也是为限制本国大夫与他国建立婚姻联盟，从而威胁本国君主的统治。婚姻除用以结盟外，也可以用来作为征服的象征。印加人和阿兹特克人的首领就娶了被他们征服的部落首领的女儿。在17世纪的弗吉尼亚，说阿尔贡金语的头领波瓦坦与其他部落村里的妇女结婚，待她们为他生下一个小孩后即送她们回本部落，以此加强对这些部落的统治。② 周幽王娶褒姒、晋献公娶骊姬，这些女子也是军事征服的战利品。周代天子娶妻曰"备百姓"，也是取所生众子分封一地，统领一方的含义。联姻还可以起到消除敌意，瓦解对手斗志，消灭对方的目的。如赵襄子灭代国，利用的就是自己的姐姐。据《战国策·燕策一》记载："昔赵王以其姊为代王妻，欲并代，约与代王遇于句注之塞，乃令工人作为金斗，长其尾，令之可以击人。与代王饮，而阴告厨人曰：'即酒酣乐，进热饮，即因反斗击之。'于是酒酣乐，取热饮，厨人进斟羹，因反斗而击之，代王脑涂地。其姊闻之，摩笄以自刺也，故至今有摩笄之山，天下莫不闻。"③

---

① 《春秋公羊传译注》，第252页。
② 《历史中的性别》，第43页。
③ 《战国策新校注》，第1037页。

第三章 公共领域中的性别分化

在两性劳动分工中，生育和抚养职能主要由妇女承担，这决定了她们在生产领域中的劳动要以孕养子女为前提，因此她们的生产生活空间主要限定在家庭领域中。男子则可以远离家庭，去从事一些非家庭领域的活动，如宗教、政治、战争等，进而形成了一个与家庭领域并列的公共活动领域。在这个领域中逐渐建立起一定的组织，形成一定的组织规则，成为这个领域中的主人。而妇女在多数情况下不属于这个领域，她们无权制定规则，反而成为这些规则的规范对象。考察性别在公共领域中的分化就是本章的主要内容。

第一节　宗教活动中的两性区分

童恩正在《人类与文化》一书中说：从目前掌握的资料看，我们可以肯定地说，所有的民族、所有的社会都存在我们可以称为宗教的某种信仰。这些信仰因文化和历史发展的不同而形态各异，但有一点是共同的，即它们都相信超自然力量的存在，也就是相信存在着非人类和自然规律产生的力量。在很多文化中，宗教意识渗透到人们生活的各个方面，以至于要在人们的活动中区分什么是宗教性的，什么是政治性的，什么是社会性的，有时是一件很困难的事。在早期社会中，这三类活动往往合而为一。一般而言，宗教可以被视为一种社会观念的系统，它包括了一系列的信仰及表达这些信仰的行为。这些信仰和行为使人类与超自然力量发生关系，并且反过来影响到人类社会生活的安排。①信仰通过行为特别是仪式表达出来，因此宗教信仰系统和宗教仪式系统构成了宗教的两个重要的组成部分。

一、两性劳动分工与宗教活动

关于宗教的起源一直存在分歧，不过有一点毋庸置疑，即宗教来源于人们的生产生活，是为满足人类的需要而创造出来的。在原始

---

① 《人类与文化》，第174—176页。

民族中，宗教活动的原则是：凡是对人们的生产生活具有重要意义的事物或人物如狩猎、农事、森林、动物、天象、土地、武器工具、战争、文化英雄、祖先等都可以成为人们宗教活动的对象。他们的宗教活动既是想象丰富的，又是充满理性的。由于宗教活动与人们的生产生活密切相关，所以伴随着劳动分工的不同，两性的宗教活动也有区别。

在狩猎采集文化中，狩猎是最重要的经济活动，狩猎者针对狩猎的仪式和"法术"特别多，目的是希望大自然能够赐予他们更多的猎物。他们相信，自然界充满了精灵、鬼怪，它们寄居在各种自然现象的背后以及各种动植物体内。这些精灵鬼怪既可行善，又可为恶；它们对人是友善相待还是恶意相加，与人们对待它们的态度有关，如果虔诚供奉、恪守禁忌，精灵就会待之以善，允有收获；相反，就会遭受惩罚，徒劳无功。因此每逢出猎，猎人们便要向这些精灵祷告、献祭，有的还要施以法术。例如斯里兰卡的维达人除了向精灵祈祝外，还有一种独特的箭祭。一支"圣箭"竖立在地上，人们围着它跳跃起舞，寄希望于射出的箭能打中猎物。西伯利亚从事渔猎业的诸民族，渔猎崇拜颇为繁盛，在渔猎前后要举行敬祀渔猎活动佑助者的仪式。狩猎法术、仪式在北美人中也很流行。他们在集体狩猎前用舞蹈形式表演与野兽搏斗的过程，以期捕获更多的野兽。曼丹人有拘招牛群的"野牛舞"，苏人有熊舞等。[1] 这种狩猎舞蹈有助于我们理解中国古籍上历来为人们疑信参半的记载，如《尚书·尧典》中的"夔曰：于予击石拊石，百兽率舞"[2]，《吕氏春秋·古乐》中的"帝尧立，乃命质为乐，质乃效山林溪谷之音以歌……乃拊石击石以象上帝玉磬之音，以致舞百兽"。[3] 那些舞蹈的野兽是不是也是一种由人扮演的狩猎法术呢？

---

[1] ［苏］托卡列夫著，魏庆征译：《世界各民族历史上的宗教》，中国社会科学出版社 1985 年版，第 111，187，138 页。

[2] 《尚书今古文注疏》，第 71 页。

[3] 《吕氏春秋》见《诸子集成》第 6 册，第 52 页。

在猎物被杀死之后，通常还要有一个安抚牺牲者的仪式，因为人们相信动物和人一样是有魂灵的，为了防止这些魂灵作祟报复，和它们保持友好关系被认为是极其重要的。在北方寒冷地区最为典型的狩猎仪式恐怕要数猎熊仪式了，人们将熊视若半神圣的动物、"山林之子"，等等。林惠祥在《文化人类学》中曾描述过日本北海道的阿伊努人带有半宗教性质的猎熊过程。猎人们在出发以前照例须由老辈举行一次聚会以祈神帮助。发现熊穴后，便先行祈祷。熊被杀死后还要对熊表示敬仰之意，并行额手礼。① 在加拿大，熊被打死后，猎人把长烟袋锅塞进它的嘴里，并通过烟袋嘴吹气，以便让烟充满熊的嘴和喉咙。他向熊的魂灵念咒，恳求它不要因为它的身死而对他怀恨在心，并且不要妨碍他今后的每次打猎。对狩猎中被打死的动物表示礼节是一种最为普遍的风俗。② 西伯利亚许多民族捕杀熊时害怕熊迁怒于己，往往要表白一番："杀你的人不是我们，是俄罗斯人。"③《仪礼·乡射礼》记录的获者祭侯仪式应当就是这类狩猎习俗仪式化的反映。原文是："司马洗爵，升，实之以降，献获者于侯。荐脯醢，设折俎。获者执爵，使人执其荐与俎，从之。适右个，设荐俎。获者南面坐，左执爵，祭脯醢，执爵兴，取肺坐祭，遂祭酒。兴，适左个、中，皆如之。"④ 侯，是指射箭的靶子，其质是兽皮或布，布上画有虎豹等野兽形象，射过之后，获者以酒肉等祭侯。《周礼·冬官·梓人》记载天子祭侯的祝词是："惟若宁侯，毋或若女不宁侯不属于王所，故抗而射女。强饮强食，诒女曾孙诸侯百福。"⑤ 这里以侯指代被射杀的动物，祝词既表达了对猎杀行为的辩解（女不宁侯），也表达了

---

① 林惠祥：《文化人类学》，商务印书馆2002年版，第91页。
② ［法］列维·布留尔著，丁由译：《原始思维》，商务印书馆1981年版，第229页。
③ 《世界各民族历史上的宗教》，第86—187页。
④ 《仪礼注疏》，第331—333页。
⑤ 《周礼正义》，第3404—3405页。

希望其后代子孙多福的愿望,为的是平息猎物魂灵的愤怒。《尚书》和《吕氏春秋》记载的狩猎法术以及《仪礼》中的祭侯仪式之所以能保存下来,说明狩猎法术和祭祀活动在前人生活中非常重要和突出,但是随着原始生活的仪式化,它的最初面貌几乎辨认不出来了。

除了渔猎仪式外,男人其他的宗教形式如澳大利亚图腾崇拜仪式以及生产工具的崇拜仪式也很典型。与男人丰富的仪式活动相比,妇女参加的宗教活动主要与园圃农业、家务劳动有关。在南非,祖鲁妇女承担着园艺劳动,便由她们举行敬拜天后的农作物增产仪式。据说女神天后是农业的倡始者,能赐予土地丰饶。[1] 这类增产仪式由妇女举办往往还与妇女的生育功能有关,即生殖巫术。许多民族相信妇女的生殖力可以带来谷物的丰产,因此古希腊的地母节庆典要由妇女向神奉献和实施多产魔法[2];北美曼丹人每逢玉米种植季节由全村老妪扮演玉米的佑护者月宫女神,以祈求玉米生长旺盛;帕尼部落甚至以少女献祭的方式求得物产丰饶,根据民间传说少女的遗体被脔割埋入土中,血浆则洒布在禾苗之上——他们笃信,献祭人血,可保谷物丰稔。[3] 在一些民族,妇女还参加祈雨仪式。弗雷泽在《金枝》中记录了很多求雨仪式,其中不少是女人主持的,如南非、马其顿、俄罗斯西南部、塞尔维亚、亚美尼亚等地。[4] 另外,有些民族如西伯利亚大多数民族以及日本阿伊努人,妇女有敬拜家庭火塘的习俗,这与烧饭属于妇女的家务劳动很有关系。这种习俗认为火、家庭火塘的化身是女性,因此西伯利亚人称之为火婆婆、火妈妈等。埃文克人每逢行将进餐,家庭主妇便将少许佳肴掷入火塘,并叨念着:喂,请吃吧,

---

[1] 《世界各民族历史上的宗教》,第159页。
[2] 裔昭印:《古希腊的妇女——文化视域中的研究》,商务印书馆2001年版,第248页。
[3] 《世界各民族历史上的宗教》,第137页。
[4] [英]詹·乔·弗雷泽:《金枝》,中国民间文艺出版社1987年版,第101,105—110页。

吃得饱饱的；给你一只野兽，也好吃得饱饱的。①

　　无论是渔猎崇拜还是农业崇拜都是希望满足人的某些物质需要，它们根源于人们的生产活动，并因男女生产活动的不同而有别。从这一观点出发，就不难理解为什么中国古代宗教活动很发达而妇女参与得并不多，其根源在于两性分工体系决定了哪些宗教活动妇女能参加，哪些活动妇女不能参加。这不是按性别进行任务分配的问题，而是按性别分配权力的问题。夏、商、周三代的宗教体系与原始社会的宗教是一脉相承的，只是经过了等级制的安排。低等级的男人不能祭祀高等级的神祇，如天地之祭只能是天子的专利。中国古代的神灵可分为天神、地祇、人鬼三类，殷人的天神有帝、日、云、风、雨、雪等，地祇有土、山、川、四方等，人鬼有先公先王、先妣、诸子、旧臣等。殷人的帝，是自然的主宰，有一个以日月风雨为其臣工使者的帝廷。帝之令风雨、降祸福是以天象示其恩威，而天象中风调雨顺实为农业生产的重要条件，所以殷人的帝主要是农业生产的神，卜辞"帝令雨""令风"等即是此类。土即社，祭社是为求地利、报地功，卜辞"求年于社"即是此义。四方之祭也离不开祈雨祈年和祓除灾祸，如"求年求雨于方"与"宁于四方""宁风雨于方"之类。可见，获得好收成是殷人求神的一个主要目的。②周代祭祀系统也具有相似性。《周礼·春官·大宗伯》载："以禋祀祀昊天上帝，以实柴祀日、月、星、辰，以槱燎祀司中、司命、风师、雨师，以血祭祭社稷、五祀、五岳、以狸沉祭山、林、川、泽，以副辜祭四方百物。"③这个神祇系统包括昊天上帝、日月星辰、司中、司命、风师、雨师等天神，社稷、五祀（金木水火土）、五岳、山林川泽等地祇以及被称为"百物"的各种小神。百物小祀见于礼书者主要有"五祀"和"大蜡"。《礼

---

① 《世界各民族历史上的宗教》，第184—185页。
② 陈梦家：《殷墟卜辞综述》，中华书局1988年版，第561—605页。
③ 《周礼正义》，第1297、1314页。

记·月令》所载的"五祀"是"户、灶、中霤、门、行"（郑玄注）诸神[1]；大蜡是原始民族中习见的农事祭祀，在一年的农业生产中举凡一切有利于农业丰收的人、物皆报祭之，如司啬、农、邮表畷（田间庐舍和道路）、猫、虎、坊（水坝）、水庸（沟渠）、昆虫等，这是农人的节日。无论是天神、地祇还是百物小祭都来自人们的生产生活，它们之所以成为祭祀对象在于它们对民生的意义。这一点《礼记·祭法》说得很清楚："夫日、月、星辰，民所瞻仰也，山林、川谷、丘陵，民所取财用也。非此族也，不在祀典。"[2]周人载在祀典上的天神无一例外都是天上的星宿，人们观察了解这些星宿的运行规律以观象授时，是为了适应农业生产掌握时节的需要，山林、川谷则是人们赖以获取生活生产资料的自然资源，也自然成为人们崇拜的对象。可见中国的祭祀原则与原始部族的仪式活动原则是一致的。从性别角度来看，这些祭祀虽然有等级之分，但大多数是由男性操纵的，且不说郊祭天地、四望山川之类只有天子诸侯举行的祭祀活动，即使像蜡祭这样的民间祭祀活动也主要是男人的娱乐。《周礼·春官·大司乐》记载了一套在大小祭祀及其他交接之礼中负责用乐的自上而下的乐官制度，这些乐官及舞乐之人皆是男性。《周礼·春官·龠章》中的龠章是掌乡野祭祀用乐的乐官，其执掌有助于我们了解乡间野祀。"龠章掌土鼓豳龠。中春昼击土鼓，吹豳诗以逆暑，中秋夜迎寒，亦如之。凡国祈年于田祖，吹豳雅，击土鼓，以乐田畯。国蜡祭，则吹豳颂，击土鼓，以息老物。"[3]迎寒暑、祈丰年、祭农神、索鬼神之祭，都要由"龠章"击土鼓吹豳龠以"致鬼神祇"。《诗经·小雅·甫田》载："琴瑟击鼓，以御田祖，以祈甘雨，以介我稷黍，以谷我士女。"[4]

---

[1] 《礼记集解》，第 490 页。
[2] 《礼记集解》，第 1204 页。
[3] 《周礼正义》，第 905—914 页。
[4] 《诗经注析》，第 670 页。

这是周王为祈求丰年和人民幸福，祭祀土地神、四方神和农神的乐歌。蜡祭通于王国及都邑，其在民间者谓之腊。《礼记·郊特牲》载："黄衣黄冠而祭，息田夫也。野夫黄冠。黄冠，草服也。"① 这是说服黄衣黄冠的农夫参与腊祭，祭后，在党正的率领下饮酒宴乐，放松身心。在《礼记·杂记》"百日之蜡，一日之泽"② 中蜡祭被视为君上在丰收后施行的恩泽。具体如《周礼·地官·党正》所言："国索鬼神而祭祀，则以礼属民而饮酒于序，以正齿位。"③ 祭后，党正在学校（序）举行饮酒礼，以序长幼。这与《诗经·豳风·七月》"九月肃霜，十月涤场。朋酒斯飨，曰杀羔羊。跻彼公堂，称彼兕觥，万寿无疆"④ 的描述是一致的。《龠章》注疏引毛传云："公堂，学校也。"又引金鹗云："野人饮酒皆在乡学中。"这些在乡学中举行的活动，参加者主要是作为农夫的男人和基层农官。

上述蜡祭妇女当也参与其中，否则孔子也不会有"一国之人皆若狂"的说法。此外，礼书所记与妇女直接相关的祭祀活动还有祭奠先炊老妇之礼。《礼记·礼器》载："夫奥者，老妇之祭也。盛于盆，尊于瓶。"⑤ 盆瓶都是妇女使用的炊器，因此奥者之祭是对先炊老妇的祭祀，这与烧饭是妇女的基本劳动有关。中国古人典礼仪式中每食必"祭"，如祭肺、祭脯醢等，都是在食前以肉、菜祭祀上古发明炊事的人，以表示食不忘本。除了参与宗庙祭祀外，上层妇女还可以进行一些内祭祀。《周礼·天官·女祝》载："女祝掌王后之内祭祀，凡内祷祠之事"⑥，包括六宫之中的灶祭、门祭、户祭、疾病祈福之类群小祀。可见在周代，祭祀是分内外的，王后只能参与后宫中的内

---

① 《礼记集解》，第 697 页。
② 《礼记集解》，第 1115 页。
③ 《周礼正义》，第 870 页。
④ 《诗经注析》，第 415 页。
⑤ 《礼记集解》，第 649 页。
⑥ 《周礼正义》，第 562 页。

祭祀，所以当天子祭天时，由于王后无法参加祭天大礼，根据主人初献、主妇亚献的祭祀程序，天子初献后的亚献只能以宗伯代替。① 至于民间妇女，其祭祀活动应该也是与她们的活动范围正相关的。

二、男巫、女巫及其社会地位

巫术是指一种特殊的信仰和行为，人们相信通过一定的仪式或符咒，就可以利用超自然力量去劝导甚至强迫自然界按照自己的意志行动。而巫师就是一个通晓这种超自然力量的专家，其主要职能有两项，一是祛除疾病和不祥，预言未来，确保狩猎、出袭、制造、出海等各项事业的成功，这是用于善意的巫术；二是黑巫术或妖术，用于使人生病和致死。前者主要用于公众利益，因此容易成为公共权力的来源；后者主要服务于个人，因此尽管在社会上很有市场，但若对公共管理不利，就会受到正统势力的打击。在澳大利亚，第厄利人的长老们所讨论的问题之一就是被怀疑为巫术杀人的案件，并决定是否杀死犯暗杀罪的巫觋。②

在特罗布来恩人中，几乎所有重要的事业都离不开巫术，因此巫术也根据两性的生产劳动而有严格的区分。在田园耕种、捕鱼、狩猎、伐木、大独木舟的营造、库拉贸易、潜水打捞珍贵贝壳、风向及气候的预测、战争、保障海上安全和那些没有妇女参加的活动中，巫术只能由男子来实施。与财产、社会地位一样，巫术也是传男不传女，由舅父传给外甥。女人只能从事一些与她们的活动有关的巫术，如初孕、流产、制裙、治牙巫术等，而从不表演园艺耕作这种重要的公共仪式。这种最受土著人重视、最为严格遵守的巫术，是由村里的巫师在整个村社的田园上进行的。甚至在像除草这样的专由女人干的园艺耕作阶段，在正式的仪式中也不得不由男性园艺巫师来主持开幕式。

---

① 《白虎通疏证·嫁娶》注，第484页。
② 《初民社会》，第433页。

风、阳光和雨水,都完全由男性巫师的双手和嘴唇来控制。男性的巫术程序对妇女来说是严格的禁忌。如果某一代男性绝嗣,妇女也可以学习这种巫术,但不许施行。当她生下一个男性继承人时,以后要将巫术传给儿子。由于巫术据信可以使田园巫师、捕鱼和狩猎的组织者、航海的领导者等由于神力的帮助增加事业成功的机会,因此某项事业的首领常常通晓巫术,他们都无一例外地要在各自的事业中使用合适的巫术,也只有他们有权组织施术。借助于巫术的神力,他被视为比同伴具有更渊博的知识和更强大的预言能力,巫术不但有助于实现自己的雄心壮志并赢得全部胜利,而且通过他们所从事的事业与社区的整体利益联系在一起。① 巫术的神力在生产活动及其他活动中的重要作用,使之成为某种权力工具和权力行使者的重要标志。

巫师的超自然力量使他们在许多社会是重要而有势力的人物,因此巫师与首领合二为一、势力甚至超过首领的现象在原始民族中都不乏其例。北美印第安人认为巫师是与神秘世界打交道的中间人,他们在村中起的作用和影响往往比酋长还重要。苏族起来与白人斗争,不是由战争首领领导的,而是巫师把人们团结起来的。② 在南美洲热带森林的某些印第安人中,较大村落的头目往往也是巫师,他们因具有超自然的法力而受人尊敬,领导村民主持祭仪。③ 南比可瓦拉人有些首领同时也是医者、药师和巫师。只有首领和巫师可以娶好几个太太。④ 东欧科米人结组行猎,小组的首领必然是巫师。首领之所以善选猎场,猎获尤丰,其原因就在于神助。人们笃信:娴于巫术的头人,能竭力使他人狩猎失途,谁的法术高强,他所率领的群体必然大有收获。⑤

---

① 《原始的性爱》,第49—54,401页。
② 《美洲印第安人与伊女伊人探密》,第75页。
③ [美]艾问·约瑟斐著,贾士蘅译:《美洲印第安人的文化》,台湾商务印书馆股份有限公司2004年版,第250页。
④ 《忧郁的热带》,第404—405页。
⑤ 《世界各民族历史上的宗教》,第212页。

在非洲，酋长常常是巫师。在尼罗河上游的部落中，大部分酋长都是祈雨巫师。因为雨在这个地区与人们的生活息息相关，如果不适时下雨，对部落来说就意味着难以言状的艰难困苦。所以巫师们以自己所具有的为人求雨的能力大小赢得不同程度的威望。① 巫术有个特点，如果事业成功了，当然要归功于巫师的法术；如果失败了也有借口，是因为巫术被破坏所致，总之巫术本身是不受怀疑的。事实上，首领的成功并非依靠巫术的结果，主要是他们比别人掌握了更多的实际知识和技能，而这个素质是巫师必须具备的。也就是说，从事巫师、巫医等类职业的人必须具备两种能力，一种是与神交际沟通的能力，一种是对实际知识和技能的掌握。巫师的职能是在神助下对现实生活的指导，他们必须通晓一定的医疗技术、自然知识，深知人情世故，富有组织能力，所有这些对他们的施术提供了一定的现实依据。印第安人的巫师有各种义务，他指挥所有的宗教仪式和舞蹈，向"超自然力量"询问良策并观察自己施术后的结果，向战士们建议出征的路线，医治病人。巫师懂得一些药用植物的效能，但他们从不认为自己是科学行医，而总是通过一种驱魔的方式来给人治病，让人相信科学是来自魔力。② 北美奥日贝人的巫师很切实地研究当地行猎的条件、兽类的习性，等等，也经常从归来的猎人那里搜集一些与此有关的情况。他们在行巫的同时，也常给予求助于他的猎人们一些纯粹实用的指示。③ 北美迈杜人的神巫势力更盛，甚至超过酋长，他控制了社会生活的要害，是政教合一的领袖。他规定人民的仪式生活，判决争讼，保证收获，防止疫病，施魔术以加害敌人，而且也常亲自带战士临阵。除此

---

① 《金枝》，第131页。
② 《美洲印第安人与伊女伊人探密》，第76页。
③ ［苏］柯斯文著，张锡彤译：《原始文化史纲》，人民出版社1955年版，第175—176页。

之外，他还是部落神话和古俗的权威，将这些高等学问教给人民。①可见巫师要想显身社会，单纯依靠与神灵的沟通是不够的，还必须插手现世的社会事务。要做到这一点，有赖于相当的知识技能和处理事情的能力。在这方面，男性无疑是占有优势的，因此妇女虽不能说不从事巫术活动，但在重要性和所掌握的权力上看无法与男巫相比。

有关原始宗教中巫师的情况比较复杂，②以上所举不能代表所有情况，但从一个侧面反映出男性巫师具有的优势。很多民族也有女巫，如我国南方的壮族、布依族、侗族、仫佬族、瑶族、苗族、黎族、傣族、白族、彝族、羌族等民族都有女巫。在北方民族中，女萨满则很常见。萨满最早是古代女真族对巫妪的称呼，后来，北方各族对各类巫师都可称作萨满。南宋学者徐梦莘在《三朝北盟会编》卷三中说："珊蛮（萨满）者，女真语巫妪也。以其变通如神，粘罕以下皆莫能及。"锡伯族传说中萨满的始祖，是一位身披神衣，手持神鼓的女萨满。其他许多民族也有类似的传说。据统计，从 1900—1945 年间，鄂伦春族两个地区共出现 39 名萨满，其中男萨满 15 名，女萨满 24 名。鄂温克人有种说法是"90 个女萨满，70 个男萨满"。有清一代，满族宫廷中的萨满祭祀，执祭者均为女性，称为"萨满妈妈"。蒙古族举行某些仪式时，一般也由女萨满主持。③大致而言，萨满的职能可以分为两类，一类是主持全氏族的各种祭祀活动，目的是凝聚全氏族，增强氏族血缘的纽带联系；另一类是专门跨氏族跳神医病的人员，汉语称之为"大神"，女性萨满多属于跳神治病一类。她们有一定的医疗技术，如治疗天花、麻疹的土法，接生或治疗妇女不孕、

---

① 《文化人类学》，第 186 页。
② 童恩正的《中国古代的巫、巫术、巫术崇拜及其相关问题》一文对原始宗教有过详细分析，载童恩正：《人类与文化》，第 311—337 页。
③ 王子今：《古史性别研究丛稿》，社会科学文献出版社 2004 年版，第 27—28 页。

接骨正骨等传统手段。① 不过萨满并非特殊阶层,他们没有脱离生产,也没有什么特殊待遇。赫哲人说他们是尊重他的神,并非尊重他人。② 关于这些民族中的巫师的社会地位,童恩正指出:"尽管他们不承担行政责任,由于他们一般都具有比较丰富的知识,享有较高的威信,所以在农业生产、军事、狩猎等活动中,也能产生较大的影响,因为这些活动,都是离不开巫术的。"③

在对民族志材料有所了解之后,再来看看我国史前时期的状况。据文献记载,我国在传说时代宗教活动也曾发展到十分活跃的程度,《国语·楚语下》观射父的一段话是现存记载中最有价值的资料,不妨全文录入:

> 古者民神不杂,民之精爽不携贰者,而又能齐肃衷正,其智能上下比义,其圣能光远宣朗,其明能光照之,其聪能听彻之,如是则明神降之,在男曰觋、在女曰巫。是使制神之处位次主,而为之牲器时服。而后使先圣之后有光烈而能知山川之号,高祖之主,宗庙之事,昭穆之世,齐敬之勤,礼节之宜,威仪之则,容貌之崇,忠信之质,禋洁之服而敬恭明神者,以为之祝。使名姓之后,能知四时之生,牺牲之物,玉帛之类,采服之宜,彝器之量,次主之度,屏摄之位,坛场之所,上下之神祇,氏姓之所出,而心率旧典者为之宗。于是乎有天地神民类物之官,是谓五官。各司其序,不相乱也。民是以能有忠信,神是以能有明德,民神异业,敬而不渎,故神降之嘉生,民以物享,祸灾不至,求用不匮。及少皞之衰也,九黎乱德,民神杂糅,不可方物。

---

① 宋瑞芝主编:《中国妇女文化通览》,山东文艺出版社 1995 年版,第 445 页。
② 黄任远:《赫哲那乃阿伊努原始宗教研究》,黑龙江人民出版社 2003 年版,第 165 页。
③ 《人类与文化》,第 319 页。

夫人作享，家为巫史，无有要质。民匮于祀，而不知其福。烝享无度，民神同位。民渎齐盟，无有严威。神狎民则，不蠲其为。嘉生不降，无物以享。祸灾荐臻，莫尽其气。颛顼受之，乃命南正重司天以属神，命火正黎司地以属民，使复旧常，无相侵渎，是谓绝地天通。其后，三苗复九黎之德，尧复育重、黎之后不忘旧者，使复典之。以至于夏、商，故重、黎世叙天地，而别其分主者也。①

这一大段描述或许有些以今况古的成分，但至少说明了中国史前传说时代的宗教活动，由民间自发到被政治力量控制的发展过程。在早期，民神不杂，只有那些天赋异禀的人才有资格为巫，女人同男人一样也可以为巫，祝宗者也都由名门之后担任，后来却发展到任何人都可以行使巫史职能、人神杂糅的混乱局面，神灵已无威严可言，最后经颛顼的整顿终将宗教活动纳入行政力量的控制之下。

中国虽然最终没有发展成为宗教国家，但掌握人神交通的能力仍然是获取权力的重要工具。商代是神权发达的社会，《尚书·君奭》篇中巫咸、巫贤都是当时重臣，同时也有专门的卜人、贞人一类的神职人员。到了周代，除了家祭外，巫卜祝宗也是国家官僚机构的一部分。据《周礼·春官·大宗伯》记载，大宗伯是周代职司典礼与祭祀的最高官职，"大宗伯之职，掌建邦之天神、人鬼、地祇之礼，以佐王建保邦国"。② 其下具体负责卜筮祝祷的官属有大卜、卜师、卜人、龟人、菙氏、占人、筮人等卜筮之官以及大祝、小祝、丧祝、甸祝、诅祝、司巫、男巫、女巫等祝祷之官。大卜至筮人是掌卜筮之官，以卜筮问鬼神之事。"大祝掌六祝之辞，以事鬼神祇，祈福祥，求永贞……掌六祈，以同鬼神祇……作六辞，以通上下亲疏远近……辨六号……辨九祭……辨九拜……凡大禋祀、肆享、祭祇，则执明水

---

① 《国语集解》，第512—516页。
② 《周礼正义》，第1296页。

火而号祝……相尸礼,既祭,令撤。大丧,始崩,以肆鬯涗尸,相饭,赞敛,撤奠……国有大故、天灾,弥祀社稷,祷祠。大师,宜于社,造于祖,设军社,类上帝,国将有事于四望,及军归献于社,则前祝。大会同,造于庙,宜于社,过大山川,则用事焉,反行,舍奠。建邦国,先告后土,用牲币。"① 六祝、六祈、六辞、六号、九祭、九拜是大祝之官法,其具体职能是凡遇国家大事,负责祭祀各类神祇祈祷求福,如祭天神,祭宗庙,祭地祇,天子丧,遭兵寇,遇水旱瘟疫,王出征,会见诸侯,分封诸侯,等均需要向各类神灵祷告祭奠以求神助。"小祝掌小祭祀将事侯禳祷祠之祝号,以祈福祥,顺丰年,逆时雨,宁风旱,弥灾病,远罪疾。"② 小祝是大祝的助手,并负责山川、四方百物等小祭祀以及遇水旱灾害祈福禳灾等事。"丧祝掌大丧劝防之事","小丧亦如之,掌丧祭祝号。王吊,则与巫前。掌胜国邑之社稷之祝号,以祭祀祷祠焉。凡卿大夫之丧,掌事,而敛饰棺焉"。③ 遇王、后、世子、三公、内诸侯、卿大夫之丧事,丧祝负责引柩下葬之事,并负责战败之国社稷的祭祀祈祷之事。"甸祝掌四时之田表貉之祝号。"④负责四时田猎、讲武治兵之祭,以提高士气。"诅祝掌盟、类、造、攻、说、禬、祟之祝号。作盟诅之载辞,以叙国之信用,以质邦国之剂信。"⑤诅祝掌盟诅之法,见《左传》僖公二十八年传:"王子虎盟诸侯于王庭,要言曰:'皆奖王室,无相害也,有渝此盟,明神殛之,俾坠其师,无克祚国,及而玄孙,无有老幼。'"⑥"司巫掌群巫之政令。若国大旱,则帅巫而舞雩。国有大灾,则帅巫而造巫恒。"⑦ 司巫是男巫、

---

① 《周礼正义》,第 1985—2030 页。
② 《周礼正义》,第 2032 页。
③ 《周礼正义》,第 2044、2051—2055 页。
④ 《周礼正义》,第 2055 页。
⑤ 《周礼正义》,第 2060 页。
⑥ 《春秋左传注》(修订本),第 466—467 页。
⑦ 《周礼正义》,第 2062、2066 页。

女巫之统官。"男巫掌望祀望衍授号，旁招以茅。冬堂赠，无方无筭。春招弭，以除疾病。王吊，则与祝前。"① 根据祝官所授之神号，男巫用茅招四方之神，冬岁终，以礼送诸不祥。春天到，招福以祛除疾病。另据《周礼·春官宗伯·叙官》载："凡以神士者无数，以其艺为之贵贱之等。"② 神士即男巫中有学问才智者，因其掌鬼神祇之法，其事繁要，涉及天文历法，故选男巫中有学问才智者充任。

神职人员的官僚化是与宗教活动的制度化、等级化相伴随的。《汉书·郊祀志》追述周代的祭祀制度："周公相成王，王道大治，制礼作乐，天子曰明堂辟雍，诸侯曰泮宫。郊祀后稷以配天，宗祀文王于明堂以配上帝。四海之内各以其职来助祭。天子祭天下名山大川，怀柔百神，咸秩无文。五岳视三公，四渎视诸侯。而诸侯祭其疆内名山大川，大夫祭门、户、井、灶、中霤五祀，士庶人祖考而已。各有典礼，而淫祀有禁。"③ 宗教活动的政治化使得女性基本被排除在外，在庞大的神职系统中由女性任职的只有女祝和女巫，而且职位低微。女祝并不是宗伯属官，而是司徒所属内宫女官，"掌王后之内祭祀，凡内祈祷之事。掌以时招、梗、袷、禳之事，以除疾殃"，④ 负责后宫中灶神、门神、户神之祭以及内宫祈禳之小事。另一个值得一说的是女巫。《周礼·女巫》记载："女巫掌岁时祓除、衅浴。旱暵，则舞雩。若王后吊，则与祝前。凡邦之大灾，歌哭而请。"女巫职责之一是在特定时节，在河边以香草浸水，人们用被香草薰过的水洗濯以祓除不祥。有关祓除衅浴之事，古书多有记载。《韩诗外传》载："郑国之俗，三月上巳，之溱、洧两水之上，招魂续魄，秉兰草，祓除不祥。"⑤ 这类风俗直到汉代仍很盛行。《西京杂记》载："高祖与戚夫人，正月

---

① 《周礼正义》，第 2072—2075 页。
② 《周礼正义》，第 1294 页。
③ 《汉书》，第 1194 页。
④ 《周礼正义》，第 562—563 页。
⑤ 《后汉书》，第 3111 页。

上辰，出百子池边，灌濯以祓妖邪。"①《史记·吕太后本纪》载："三月中，吕后祓，还过轵道，见物如苍犬，据高后腋，忽弗复见。卜之，云赵王如意为祟。高后遂病腋伤。"②据《汉书·五行志》载："高后八年三月，祓霸上，还过枳道"③，可知祓除地点在灞水。"祓灞水"事又见《史记·外戚世家》载："武帝祓霸上还，因过平阳主。"④《汉书·元后传》载：王莽"令太后四时车驾巡狩四郊，存见孤寡贞妇。春幸茧馆，率皇后列侯夫人桑，遵灞水而祓除"。⑤所以郑玄《女巫》注说："岁时祓除，如今三月上巳如水上之类。"这是举汉制为例，说明两周之时有于水边洗濯祓除不祥之俗。《后汉书·礼仪志上》载："是月上巳，官民皆洁于东流水上，曰洗濯祓除去宿垢疢为大洁。洁者，言阳气布畅，万物讫出，始洁之矣。"⑥南朝梁人刘昭作注补充，"蔡邕曰：《论语》'暮春者，春服既成，冠者五六人，童子六七人，浴乎沂，风乎舞雩，咏而归'。自上及下，古有此礼。今三月上巳，祓禊于水滨，盖出于此"。祛除不祥属于驱邪风俗，定期或不定期驱邪在世界范围内是一种普遍现象。不定期驱邪与临时灾祸相关，定期驱邪一般是一年一次，为的是使人们摆脱身上及其周围长期积累起来的邪气，开始新的生活。史书虽未明言是由女巫为人们祓除不祥的，但根据习俗，在汉代很可能仍是女巫在从事这一活动。

女巫的另一个职能是于天旱之时，祈求甘雨。若不成功，按照惯例女巫很可能被曝晒或被烧死，这样做是希望以施术者为牺牲感动神灵。《说文》巫字下谓"巫，祝也。女能事无形，以舞降神者也。象人两袖舞形"。⑦根据甲骨卜辞，商代似乎即有焚巫求雨的事情，

---

① 《周礼正义》，第 2075—2077 页。
② 《史记》，第 405 页。
③ 《汉书》，第 1397 页。
④ 《史记》，第 1978 页。
⑤ 《汉书》，第 4030 页。
⑥ 《后汉书》，第 3110 页。
⑦ 《说文解字注》，第 201 页。

甲骨文屡见像人交股于火上的字形，疑焚人求雨之俗起源甚早。① 春秋时这种人祠之俗似仍有遗风，《礼记·檀弓下》云："岁旱，穆公召县子而问然，曰：'天久不雨，吾欲暴尪而奚若？'曰：'天则不雨，而暴人之疾子，虐，毋乃不可欤！''然则吾欲暴巫而奚若？'曰：'天则不雨，而望之愚妇人，于以求之，毋乃已疏乎！'"② 类似曝巫焚巫之事又见《左传》僖公二十一年："夏，大旱。公欲焚巫、尪。臧文仲曰：'非旱备也。修城郭、贬食、省用、务穑、劝分，此其务也。巫、尪何为？'"③《艺文类聚》卷一百引《神农求雨书》也有类似记载："……开北门，取人骨埋之，如此不雨，命巫祝而曝之，曝之不雨，神山积薪，击鼓而焚之。"④ 董仲舒在江都为相时推行阴阳灾异的求雨之术。《史记·儒林列传》记董仲舒"为江都相。以《春秋》灾异之变推阴阳所以错行，故求雨闭诸阳，纵诸阴，其止雨反是。行之一国，未尝不得所欲"。⑤《春秋繁露·求雨》中记录了求雨的具体方式，"春旱求雨，令县邑以水日祷社稷山川，家人祀户。无伐名木，无斩山林。暴巫，聚尪。……择巫之洁清辩利者以为祝。……季夏祷山陵以助之。令县邑十日一徙市，于邑南门之外。五日禁男子无得行入市。……聚巫市傍，为之结盖。……秋暴巫尪至九日，无举火事。……四时皆以庚子之日，令吏民夫妇皆偶处。凡求雨之大体，丈夫欲藏匿，女子欲和而乐"。⑥

从以上材料看，我国自传说时代就巫觋并存，女巫或许拥有比较重要的社会地位。但是随着宗教活动的政治化，神职人员成为国

---

① 《春秋左传注》（修订本），第 390 页杨伯峻注。
② 《礼记集解》，第 307 页。
③ 《春秋左传注》（修订本），第 390 页。
④ 〔唐〕欧阳询撰，汪绍楹校：《艺文类聚》，上海古籍出版社 1982 年版，第 1723 页。
⑤ 《史记》，第 3128 页。
⑥ 〔清〕苏舆撰，钟哲点校：《春秋繁露义证》，中华书局 1992 年版，第 426—427 页。

家官僚体系的一部分,女性就不可避免地被排挤出这个系统之外。与把持着一切重要祭祀活动的男性神职人员相比,女性仍然停留在自己"巫"的位置,所能做的也只剩下被除灾邪、衅浴舞雩之类巫术小事,而那些男性神职人员,"他们与原始宗教中的巫已有本质的区别。不论从身份、地位、信仰、职能诸方面来看,他们都应该属于祭司的范畴,而非传统的巫了"。① 随着宗教与巫术以及官方信仰需要和民间宗教的分化,巫术在民间的继续流行日益成为旁门左道,遭到正统势力的排斥和打击,汉代巫家不得为吏的规定就反映了巫者的尴尬地位。②

但巫术在社会上一直很有市场,这不能不说是原始信仰的顽固。习巫成风自商代以来就有。《尚书·伊训》载:"敢有恒舞于宫,酣歌于室,时谓巫风。敢有殉于货色,恒于游畋,时谓淫风。"孔安国传:"常舞则荒淫,乐酒曰酣,酣歌则废德。事鬼神曰巫,言无政。"③《伊训》虽系伪古文,但据《墨子·非乐》所言或有所本:"先王之书,汤之官刑有之曰:其恒舞于宫,是谓巫风。其刑君子出丝二卫,小人否,似二帛黄径。"④ 东周时南方的几个主要国家,如陈、楚、吴、越等,均以巫风盛行而见于史书。⑤《诗经·陈风》首篇两章《宛丘》《东门之枌》皆是对陈国好巫的讽刺。《汉书·匡衡传》说:"陈夫人好巫,而民淫祀。"张晏注:"胡公夫人,武王之女大姬,无子,好祭鬼神,鼓舞而祀。"⑥ 又《汉书·地理志》载:"周武王封舜后

---

① 《人类与文化》,第328—329页。
② 《太平御览》卷七三四引《东观汉记》载:"高凤年老,执志不倦,名声著闻。太守连召请,恐不得免,自言本巫家,不应为吏。"中华书局1960年版,第3736页。
③ 〔汉〕孔安国撰,〔唐〕孔颖达等正义:《尚书正义》,见李学勤主编:《十三经注疏》(整理本),北京大学出版社2000年版,第244页。
④ 《墨子间诂》见《诸子集成》第4册,第160页。
⑤ 《人类与文化》,第330页。
⑥ 《汉书》,第3335—3336页。

妫满于陈，是为胡公，妻以元女大姬。妇人尊贵，好祭祀，用史巫，故其俗好巫鬼。"① 《诗经·陈风·宛丘》中"坎其击鼓，宛丘之下。无冬无夏，值其鹭羽"②、《东门之枌》"东门之枌，宛丘之栩。子仲之子，婆娑其下"③的诗句反映了陈地犹有大姬歌舞好巫之遗风。而楚国国力的衰落也与统治者信巫有关。《史记·孟子荀卿列传》记荀卿在楚国时："嫉浊世之政，亡国乱君相属，不遂大道而营于巫祝，信机祥。"④《吕氏春秋·侈乐》说："楚之衰也，作为巫音。"⑤桓谭在《新论·言体》中也指出信巫误国："昔楚灵王骄逸轻下，简贤务鬼，信巫祝之道，斋戒洁鲜，以祀上帝，礼群神，躬执羽绂，起舞坛前。吴人来攻，其国人告急，而灵王鼓舞自若，顾应之曰：'寡人方祭上帝，乐明神，当蒙福祐焉。不敢赴救。'而吴兵遂至，俘获其太子，及后姬，甚可伤。"⑥屈原在《楚辞·九歌》中也描绘了楚地巫风之盛。以至于到汉代，《淮南子·人间训》仍有"荆人鬼，越人礼"⑦的说法。《汉书·郊祀志》载："粤人俗鬼"⑧；《后汉书·第五伦传》载："会稽俗多淫祀，好卜筮。民常以牛祭神，百姓财产以之困匮。"⑨这种信巫之俗，正如鲁迅所说："中国本信巫，秦汉以来，神仙之说盛行，汉末又大畅巫风，而鬼道愈炽。"⑩巫风虽盛，但在

---

① 《汉书》，第1653页。
② 《诗经注析》，第364页。
③ 《诗经注析》，第365页。
④ 《史记》，第2348页。
⑤ 《吕氏春秋》见《诸子集成》第6册，第48页。
⑥ 钟肇鹏选编：《续百子全书》第四册，北京图书馆出版社1998年版，第579—580页。
⑦〔汉〕刘安：《淮南子》见《诸子集成》第7册，上海书店1986年版，第306页。
⑧ 《汉书》，第1241页。
⑨ 《后汉书》，第1397页。
⑩ 鲁迅：《中国小说史略》第五篇，见《鲁迅全集》第9卷，人民文学出版社1981年版，第43页。

有识之士的眼里，巫术不过是骗人的把戏。

与这种大环境相应的是，女巫在社会上也比较活跃。刘邦设立神祠制度时曾在"长安置祠祝官、女巫"。① 女巫字样在考古出土的秦汉简帛中也常见到。云梦睡虎地秦简《日书》甲种"星"字题下："斗，利祠及行贾、贾市，吉。取妻，妻为巫。生子，不盈三岁死。可以攻伐。""门"字题下："屈门，其主昌富，女子为巫，四岁更。"《日书》乙种简103也有"取妻，妻为巫"的文字。乙种"七月"题下："翼，利行。不可臧（藏）。以祠，必有火起。取妻，必弃。生子，男为见（觋），女为巫。"又"生"字题下："庚寅生，女子为巫。"又"盗"字题下："其女若母为巫，其门西北出，盗三人。"天水放马滩秦简《日书》甲种也有"女子为巫男子为祝"的记载。另外长沙马王堆汉墓出土帛书《五十二病方》有"巫妇"字样。②

在史书中频繁出现的女巫，在现实中又扮演了什么角色呢？如上文所举，在春秋时的县子、臧文仲看来，祈雨之事不过是自欺欺人之举，女巫也不过是些愚妇人而已。在西门豹治邺的故事中，女巫的装神弄鬼则成了横征暴敛者的帮凶。据《史记·滑稽列传》褚少孙补述：

> 魏文侯时，西门豹为邺令。豹往到邺，会长老，问之民所疾苦。长老曰："苦为河伯娶妇，以故贫。"豹问其故，对曰："邺三老、廷掾常岁赋敛百姓，收取其钱持归。当其时，巫行视小家女好者，云是当为河伯妇，即聘取。洗沐之，为治新缯绮縠衣，闲居斋戒；为治斋宫河上，张缇绛帷，女居其中。为具牛酒饭食，十余日。共粉饰之，如嫁女床席，令女居其上，浮之于河中。始浮，行数十里乃没。其人家有好女者，恐大巫祝为河伯取之，以故城中益空无

---

① 《史记》，第1378页。
② 以上所引见王子今：《古史性别研究丛稿》，第22页。

人,又困贫,所从来久远矣。民人俗语曰'即不为河伯娶妇,水来漂没,溺其人民'云。"西门豹曰:"至为河伯娶妇时,愿三老、巫祝、父老送女河上,幸来告语之,吾亦往送女。"皆曰:"诺。"至其时,西门豹往会之河上。三老、官属、豪长者、里父老皆会,以人民观之者三二千人。其巫,老女子也,年已七十。从弟子女十人所,皆衣缯单衣,立大巫后。西门豹曰:"呼河伯妇来,视其好丑。"即将女出帷中,来至前。豹视之,顾谓三老、巫祝、父老曰:"是女子不好,烦大巫妪为入报河伯,得更求好女,后日送之。"即时吏卒共抱大巫妪投之河中。有顷,曰:"巫妪何久也?弟子趣之!"复以弟子一人投河中。有顷,曰:"弟子何久也?复使一人趣之!"复投一弟子河中。凡投三弟子。西门豹曰:"巫妪、弟子是女子也,不能白事,烦三老为入白之。"复投三老河中。西门豹簪笔磬折,向河立待良久。长老、吏傍观者皆惊恐。西门豹曰:"巫妪、三老不来还,奈之何?"欲复使廷掾与豪长者一人入趣之。皆叩头,叩头且破,额血流地,色如死灰。西门豹曰:"诺,且留待之须臾。"须臾,豹曰:"廷掾起矣。状河伯留客之久,若皆罢去归矣。"邺吏民大惊恐,从是以后,不敢复言为河伯娶妇。①

女巫还与汉代屡次出现的巫蛊之祸关系甚密。巫蛊是巫师施行的加害于人的邪恶巫术,或称之为妖术。许多民族笃信妖术。在非洲阿赞德人中,几乎每个领域都会涉及妖术。假如枯萎病侵袭了根块作物,假如灌木的遮挡使猎物找不到了,假如女人们辛苦地将池中的水淘干而只得到极少的鱼,假如一个妻子不愿理会她的丈夫,假如一个巫术仪式没有达到目的,等等,都可以归结为妖术在作祟。总之,妖术解释了不幸事件。当人们对妖术产生怀疑时,人们将求诸占卜,以便证

---

① 《史记》,第 3211—3212 页。

实妖术是不幸的原因并确认由哪个术士所为,然后采取防范措施。①因此妖师或黑巫师是一个令人憎畏的角色,给人的印象一般是神秘而阴险的。但是由于他也可以致恶人或仇人于死地,所以也成为社会上不可缺少的人物。施术的方法一般是对与受害人有关的某种东西如身体上的毛发、指甲等或模拟受害人的偶人念咒施法。在平原阿拉配什人中,这些东西是受害人的某些弃物,如一块吃剩的食物、一条残破的树皮布。②中华人民共和国成立以前,水族巫师准备谋害某人时,先取得对方使用过的一只鞋,并探听到对方的生辰八字,以鞋为主要对象念咒作法。③古代以偶人施巫很常见,偶人大致是用桐木削制成仇人的形象,有的刺入铁针,埋入地下,用恶语诅咒,以为能使对方罹祸;也可用纸人、草人、木偶、泥俑、铜像乃至玉人作受害者的替身。④汉武帝时发生了多起巫蛊之祸,如公孙贺之子公孙敬声,"使人巫祭祠诅上,且上甘泉当驰道埋偶人,祝诅有恶言"。于是"父子死狱中,家族"。⑤数月后,卫皇后之女"诸邑公主、阳石公主皆坐巫蛊死"。⑥将军公孙敖"坐妻为巫蛊,族"。⑦这些都是汉武帝时有名的巫蛊之案,虽然史书没有明确说明件件都是女巫所为,但在陈皇后巫蛊案中,女巫是起主要作用的。《汉书·外戚传上》载:陈皇后"闻卫子夫得幸,几死者数焉。上愈怒。后又挟妇人媚道,颇觉。元光五年,上遂穷治之,女子楚服等坐为皇后巫蛊祠祭祝诅,大逆无道,相连及诛者三百余人。楚服枭首于市。使有司赐皇后策曰:'皇后失序,惑于巫祝,

---

① [英]菲奥纳·鲍伊著,金泽、何其敏译:《宗教人类学导论》,中国人民大学出版社2004年版,第255—256页。
② 《性别与气质》,第19页。
③ 《人类与文化》,第190页。
④ 《古史性别研究丛稿》,第139页。
⑤ 《汉书》,第2878页。
⑥ 《汉书》,第208页。
⑦ 《史记》,第2942页。

不可以承天命。其上玺绶，罢退居长门宫。'"① 楚服就是那个给皇后招来横祸的女巫，而"妇人媒道"就是指她所行的巫蛊之术。《汉书·武五子传》则记载了另一起与女巫有关的政治事件——广陵厉王刘胥利用女巫谋求帝位之事。"始，昭帝时，胥见上年少无子，有觊欲心。而楚地巫鬼，胥迎女巫李女须，始下神祝诅。女须泣曰：'孝武帝下我。'左右皆伏。言：'吾必令胥为天子。'胥多赐女须钱，使祷巫山。会昭帝崩，胥曰：'女须良巫也！'杀牛塞祷。及昌邑王征，复使巫祝诅之。后王废，胥寖信女须等，数赐予钱物。宣帝即位，胥曰：'太子孙何以反得立？'复令女须祝诅如前。……胥又闻汉立太子，谓姬南等曰：'我终不得立矣。'乃止不诅。后复使巫祝诅如前。"然而事情终于暴露："居数月，祝诅事发觉，有司按验，胥惶恐，药杀巫及宫人二十余人以绝口。"② 汉成帝时发生了"许皇后坐巫蛊废"③的事件。《三国志·魏书·董卓传》裴松之注引《献帝起居注》记载董卓主要将领李傕事迹，说他"性喜鬼怪左道之术，常有道人及女巫歌讴击鼓下神，祠祭六丁，符劾厌胜之具，无所不为"。④

在以上案例中，女巫是作为社会的破坏力量出现的，她们所行的法术自春秋以来就被斥为旁门左道。东汉王符也对巫觋欺民进行过尖锐的批判，他说："《诗》刺'不绩其麻，市也婆娑'。又妇人不修中馈，休其蚕织，而起学巫祝，鼓舞事神，以欺诬细民，荧惑百姓妻女。羸弱疾病之家，怀忧愦愦，易为恐惧。至使奔走便时，去离正宅，崎岖路侧，风寒所伤，奸人所利，盗贼所中。或增祸重祟，至于死亡，而不知巫所欺误，反恨事神之晚，此妖妄之甚者也。"⑤ 所以说尽管

---

① 《汉书》，第 3948 页。
② 《汉书》，第 2762 页。
③ 《汉书》，第 1334 页。
④ 《三国志》，第 156 页。
⑤ 《后汉书》，第 1634 页。

女巫在民间有一定的活动空间,甚至具有职业化的特征,但这不代表她们有较高的社会地位。

三、妇女禁忌

许多部族都有妇女不祥的观念,因此很多重要活动存在妇女禁忌,认为女人在场会破坏男人的事业。阿布哈兹人的农事祭祀不让妇女接触祭祀食物,甚至宴饮也不能涉足[①];特罗布来恩人在战争、海上探险、田园耕作,以及一两种重要巫术仪式的过程中必须禁止同女人有任何接触[②];安哥拉的风俗是女人在场必致铸铁不成;印度的阿萨姆人在出战前后不敢和女人同宿或吃女人所煮的食物[③]。在克里克联盟的印第安人和其亲属部落间,战士在出征前三天不接近妻子;南非的巴佩迪人和巴聪加人不仅战士,就连留居村里的人也不能接近妇女,否则他们的战士所经之地就会荆棘丛生,战争就会失利;中婆罗洲的卡杨人甚至认为,男人如果碰了一下织布机或妇女的衣服都会在渔猎和战争中失利;诺特卡桑德岛上的印第安人把戒绝同妇女交往看成是捕鲸是否成功的关键,有位头人未能捕住一只大鲸,据说过错在于他手下人违犯了这条戒律;哥伦比亚的卡利尔印第安人在布置陷阱猎熊之前一个月就同妻子分居,不用妻子的器皿,只用桦树皮特制的杯子喝水,如果没有做到这一点,落入陷阱的熊就要逃脱;特兰西瓦亚的一些日耳曼人规定在整个播种时期任何人不得与妻子同宿,匈牙利的一些地方以为不这样,庄稼就会糜烂。[④] 妇女禁忌成为将妇女排除在祭祀、渔猎、战争、出海、农耕等重要活动之外的宗教理由,同时也构成了对妇女行为的宗教规范。

周代社会也以妇女参与男人的事业为不祥。《尚书·牧誓》中

---

① 《世界各民族历史上的宗教》,第198页。
② 《原始的性爱》,第468页。
③ 《文化人类学》,第255页。
④ 《金枝》,第317、324、326,209—210,36—40页。

武王在声讨商纣的罪状时说："古人有言曰：'牝鸡无晨。牝鸡之晨，惟家之索。'今商王受，惟妇言是用。"①看来这是周人由来已久的观念。《左传》襄公二十五年记春秋时郑国讨伐陈国，当陈侯狼狈地步行逃难时，遇到正与母妻一起坐车出逃的贾获，贾获把车让与陈侯乘坐，自己则与母妻下车逃难，"公曰：'舍而母。'辞曰：'不祥。'与其妻扶其母以奔墓。"②陈侯本想让贾获的母亲留在车上以免颠沛之苦，但被贾获以妇女"不祥"为由婉拒。"国之大事在祀与戎"，在男女有别的文化环境下，妇女更要远离战争。因此，当郑文公夫人芈氏、姜氏慰劳楚成王于柯泽时，"楚子使师缙示之俘馘，君子曰：'非礼也，……戎事不迩女器。'"③郑文公和楚成王的行为都是非礼的。战争要远离女人，即使是接触女人的器物也是非礼。《列女传·赵津女娟》的故事也说明了这一点。赵简子南伐楚，至河。津吏醉不能渡，欲杀之。津吏女娟既说简子而免其父，且请操戟而渡。简子曰："不谷将行，选士大夫斋戒沐浴。义不与妇人同舟而渡也。"④赵简子的话很有代表性，说明战争前将士们也要斋戒沐浴，禁绝与妇女接触。这些做法与上文所举土著民族的做法如出一辙。

综上所述，我们发现宗教既反映了现实社会中的两性关系，也是社会区分两性的一个重要手段。如同道德、法律一样，宗教与社会结构的其他方面相适应，如经济活动、政治活动、军事活动等，成为社会统一体中相互依存和不可分割的组成部分。它们的功能在于在建构和维持社会秩序特别是人与人之间的关系，因此尽管宗教本身是虚妄的，但它的社会功能却是实在的。不过与道德、法律不同的是，宗教不是以现实力量解决问题，而是以超自然力量解决人世间的问题，

---

① 《尚书今古文注疏》，第286页。
② 《春秋左传注》（修订本），第1102页。
③ 《春秋左传注》（修订本），第399页。
④ 《列女传》，第63页。

这种方法有时更有效、更能迷惑人。因此，宗教与其说是人与神秘力量之间的关系，不如说是人与人之间的关系，其中就包括现实中的两性关系，宗教信仰是使性别发生分化的一种重要方式。在这方面，法国人类学家列维·斯特劳斯对南美波洛洛印第安人接魂仪式的解释就很具有代表性。当一个人死亡的时候，波洛洛人要举行仪式将死者接入灵魂社会里面，灵魂世界是男人以舞蹈和竞技的形式表演出来的。这场令人目眩的形而上学的舞蹈，在斯特劳斯看来不过是一场邪恶的闹剧。他指出："把妇女排斥于仪式之外，不愿让她们知道其真正的实情，毫无疑问的是为了加强男人与女人之间的区分。在那区分里面，女人在地位与住屋方面享有优先权，男人则独有宗教的秘密。"这种生者与死者之间的关系所发展出来的意象，"最后追究起来，仍然只是在宗教思想的层面上，企图掩饰、美化或正义化存在于生者与生者之间的实际现实关系"。① 可见宗教不仅是观念信仰，正如《论馈赠》中文版序所言："宗教为某些社会群体和集团提供了现成的有关新形式的权力再现和其合法性的实例，这些群体集团和其代表常把自己源于超自然的理论合法化，以此证明自己在社会中超越众人之上的地位的合理性。"② 能否参加宗教活动，本身就意味着权利。从世界的眼光来看，"若说妇女全被排斥于宗教生活以外自然也是错的。妇女在宗教上的限制是在于权利、正式的代表、独创性以及新宗教的创设"。③

第二节 男性政治团体对妇女的排斥

在人类社会组织中，家庭虽然是最简单的一种形态，但却是一

---

① 《忧郁的热带》，第312、314页。
② [法]马赛尔·莫斯著，卢汇译：《论馈赠——传统社会的交换形式及其功能》，中央民族大学出版社2002年版，第21页。
③ 《文化人类学》，第191页。

种重要的群体基础，因为只有在这种关系上才能建立更复杂的社会组织。一般说来，家庭能够提供必要的生活资料，但并不是什么都可以如愿以偿，如果有更广泛的社会组织，生活会得到改善。因此，纯粹以家庭为内核的社会组织，可能只在理论上存在。因为人类的生存斗争和生产生活资料，必然会促进家庭之外的联合，使社会团体的存在成为必要，从而履行其必须具备的政治、经济、教育、宗教或军事职能。文化人类学上所谓的社会团体是指一群人构成的集体，在一定的时期之内，彼此间以有连续性的可以预期的方式发生联系。这种团体的出现，往往是为了争取某一共同的利益或目标，而其成员则被要求为争取这种利益或目标而行动。社会团体的大小和性质种类有很多，大致可分为自愿的和非自愿的两种。非自愿性团体是指参加者不需表达自己的愿望，而是由于自然的原因如年龄的增长或性别的不同而自动成为某一团体的成员，不过有时需要履行一定的仪式程序方可入会。单性社团、年龄群属于这一类型的社会团体。自愿性团体是指参加者不能自动成为某团体的成员，而必须提出申请。军事团体、秘密结社等属于这一类型的社会团体。[1] 社会团体也是在权力、地位方面形成性别分化的重要因素。

一、男子会社与我国考古学上的聚落形态

男子会社是一种单性社团，是指只有男子才能参加的社会团体。许多部族中的男子会社是以加强男子的优越地位为目的，并且给男人一个避开女人以讨论某些诸如狩猎、宗教、战争、贸易等重要事务的机会。相比之下，在人类学家已调查过的部落社会中，妇女社团比较少见。男子会社是由全体成年男子组成的社会团体，这种社会团体常常与会所制度相联系。一般来说，男子会所是会社成员食宿、娱乐、议事、信息交换、举行仪式的地方，是集宿舍、浴室、会议室、武器

---

[1]《人类与文化》，第 150—159 页。

库、作坊、学校、宗教会堂、娱乐场所于一体,具有多种功能的男性活动场所。文化不同,会社功能也各有侧重,有担负政治、经济、教育、宗教上的大功能的,也有不过是一个社交俱乐部的。在巴西的梅海纳库印第安人中,男人们在会所进行信息和劳动交换。一个男人找到一个钓鱼的好去处,就会慷慨地通知其他伙伴;男人们也在那里组织集体钓鱼、盖房子和收获等经济活动。按照习惯,会社的任何人都有义务帮助要求援助的村民。① 在战争频繁的时期,男子会社就是最主要的军事力量,这时会所就充当武器库用。在美拉尼西亚,有些会所里面设有供青年男子堆放武器的搁架。② 在新几内亚的梅·恩加,未婚男子会社组织了全部的战士,入会仪式给部落一个机会向敌人显示其战斗人员的数量和威力。③ 在萨摩亚,"奥玛珈"是成年男性的组织,人们称之为"村庄的中坚"。年轻后生们在这里学习演讲,学习公共礼仪,也在这里筹划和决定集体事务④,因此这里也是一所学校。男子会社也是举行宗教活动的场所。梅海纳库人的男子会所是"精灵所在之地",屋里的橡木架上悬挂着面具、牛吼器⑤、乐器以及能使住在里面的精灵得到抚慰的服装。⑥ 美拉尼西亚人把镶嵌有

---

① 《无声的交流》,第 76 页。
② 《消亡中的原始人》,第 257 页。
③ 《人类与文化》,第 154—155 页。
④ [美]玛格丽特·米德著,周晓虹、李姚军、刘婧译:《萨摩亚人的成年——为西方文明所作的原始人类的青年心理研究》,浙江人民出版社 1988 年版,第 26、60—61 页。
⑤ 牛吼器是在澳洲、非洲、美洲、大洋洲等很多地区流行的具有宗教意义的非正式乐器,由系着一根绳的薄而长的扁木片做成,绳的另一端可再系上一根棍子,旋转时木片发出旋风似的声音。它们在宗教仪式上发出的声音以及吹奏喇叭、圣笛发出的声音被男人说成是神灵的语声,是男人的保护神。牛吼器对妇女来说是严格的禁忌,妇女窥知其中的秘密会遭灭顶之灾,美国人类学家马格丽特·米德指出,牛吼器垄断是维护成年男人对妇女和儿童权威的一种方法。
⑥ 《无声的交流》,第 76 页。

祖先颅骨的偶像敬奉于男子会社中，以期从祭祀祖先中汲取力量。①北美普艾布罗人不仅在男子会所——"基瓦"中举行仪式，也在基瓦中集会，举行宗教活动。②这种男性组织因其拒绝妇女参加而被称为男子会社。如果一名美拉尼西亚妇女在某种情况下碰巧看见了保存在会所里的神圣的祭品，她就会有被处死的危险。在某些较小的岛上，不仅会所的房子，还有房子周围的很大范围内，都严禁妇女和儿童进入。③在巴西波洛洛人中，未婚妇女如果有意或无意间走近会所的话，有被捉去强奸的危险。④因此，在美拉尼西亚、新几内亚以及南美部分印第安社会中，男子会社也具有申断男性统治的功能。男子会社流行于很多民族，如美拉尼西亚、新几内亚、非洲、美洲、印度尼西亚、澳大利亚等处。这种组织提供了一种与亲属关系交错，并补充亲属关系的纽带，促使一群男子就一个目标而集体行动，而不问其亲属关系如何。与妇女的家庭生活相对，男子会社为男人提供了交际联合的社会空间。与分散于家庭中的妇女相比，男子会社既是男人统一体的象征，也是一种实在，同时它又表现为一种性别权力，因为只有男子方能参加。

最能表明男子会社的重要性和实力的，莫过于会所建筑了。为了有别于民宅，会所房屋往往很独特也很高大，布局和结构与一般房屋也不一样。你只要想想文明社会里高大庄严的王宫、总统府给人们造成的异常心理，就知道会所建筑为什么要营造得如此与众不同。美拉尼西亚人的村庄是朴素的，但会所建筑往往都是些庞然大物，巍然高耸，构架复杂，有栋、椽、系梁、承梁板，全都盖着绝不漏水的

---

① 《消亡中的原始人》，第257页；《世界各民族历史上的宗教》，第79页。
② 《美洲印第安人的文化》，第155页。
③ 《消亡中的原始人》，第255页。
④ 《忧郁的热带》，第292页。

茅草顶，形同飞机库。① 不仅如此，从整个村落布局来看，会所和广场常常建在村落中央，四周分散着民宅。在莫特洛克群岛，首领和氏族中所有男人睡在村子中心的集体住宅中，其周围是女人和女孩居住的小房子。② 巴西波洛洛村落是由一些房屋围成一个同心圆圈组成的。圆圈中央另有一间房子，比其他房子大很多，这就是男子会所。男人们如果不狩猎捕鱼，不忙着在跳舞场举行公共仪式的话，就在会所中消磨时间。未婚男子在里面过夜，已婚男人在里面休息、抽烟、聊天。妇女住在外围的房子里，这些房子围绕男子会所圈成圆圈来建造，男人一天要在会所与家居房之间来回走好几趟。③ 南美热带森林的某些部落如蒙杜鲁库人、查科博人、莫塞特内人以及上文提到的梅海纳库的男子会所也建在广场中央。④ 普艾布罗人的村落建筑更是闻名于世。它们建在侧面陡峭的岩石高坪上，如同一个半圆形的体育场，一层一层围着中央广场落到地面，形成许多平台，在广场中有许多基瓦，往往是嵌入地下的半地下式建筑。⑤ 特罗布来恩人虽然没有男子会所，但其村落布局仍是向心结构。它是由内外两圈房子围绕中心广场建的，内圈房子是贮藏室，外圈房子是居住房，两圈房子之间是环形街道，它们都面向中央广场而建。广场是公共生活和节庆活动的场所，酋长的房子也在其中。广场是村里男人的财产，他们占据中央广场，或者聚会讨论园艺耕作的前景，或者为一次出海作业或一次仪式做准备。环形街道是家庭生活和日常活动的舞台，属于妇女。街道上到处是女人，她们忙着自己的家务活儿。⑥ 这种村落布局表达的社会学原则与波洛洛人是一致的。中央广场与男性活动之间、环形街道与女性

---

① 《消亡中的原始人》，第256—257页。
② 《反自然的社会》，第189页。
③ 《忧郁的热带》，第265页。
④ 张岩：《从部落文明到礼乐制度》，三联书店2004年版，第153页。
⑤ 《美洲印第安人的文化》，第154页。
⑥ 《原始的性爱》，第12、54—55页。

活动之间存在着对应的关系。

类似的例子很多，不必备举。现在让我们把眼光收回国内看看我国考古学上发掘的聚落遗址的情况。近年来，随着对宝鸡北首岭等多处新石器时代聚落遗址较完整的揭露，我国考古学界在聚落形态的研究方面也取得了可喜的进展。张岩先生在《从部落文明到礼乐制度》一书中用专节对我国新石器时代的聚落形态做过详细的搜集整理和分析。

宝鸡北首领遗址由居住区和同期墓地组成。居住区中央有一个约6000平方米的广场，所有房屋环绕广场而建，面向广场。半坡遗址由居住区、墓地、窑场三部分组成，其房屋绝大部分是背对壕沟、面向中央建成。姜寨遗址也是典型的向心布局：居住区所有房屋背对着围沟，所有房门面向中央广场。在半坡、姜寨两个遗址中均发现坐落于广场中央的"大房子"。汪宁生通过与人类学材料的比较，认为西安半坡、临潼姜寨的大房子很可能就是男子集会房屋或男子会所。[①]1954—1957年发掘的西安半坡原始村落遗址中，有大型地面房屋一座，大概是一座面积约为160平方米的长方形大房子。这座大房子位于整个村落之中，与它同一时期或稍早稍晚的大约有27座方形或圆形小房子，彼此间保持相等的距离。小房子的门皆南向，面向这座大房子；大房子内很少发现日用器物。人们对这座大房子的用途颇有争论——它是氏族共居的大型住宅还是公共活动场所？很多人把它作为当时为母系氏族社会的证据，甚至认为它是母系家族中老人及未婚者所居。汪宁生指出，既然周围有二十几个小房子可供个体家庭居住，说明这座大房子不是易洛魁人似的公共住宅，而且房屋内部没有卧室痕迹，又很少发现日用器物，也不像是公共宿舍。从四周众多小房子都面向它来看，它应属于公共集会房屋，这与一些民族如新西兰

---

① 汪宁生：《中国考古发现中的"大房子"》，载《考古学报》1983年第3期。

毛利人的集会房屋多位于村落中心广场上的情况可相印证。1972年临潼姜寨遗址第一期共发现较完整的房址100多座，其中有5座是大型房屋。以一座大型房屋为中心，四周围绕着中小型房屋，形成一组。各组之间为广场，房屋之门面对广场。大型房屋的面积在80平方米以上，一般房屋只有20平方米左右。房中心为大型深穴灶坑，坑两侧有高出居住面的平台两个，多用草泥涂抹并经火烧，应是人们夜间睡觉之处。汪宁生认为这座大房子很可能是男子会所。

上述北首领、半坡、姜寨等遗址是我国六七千年前聚落布局的典型形态。与之大致同期的甘肃大地湾遗址居住区内发掘出的百余座房子，也是面向中心围绕一个中央广场。在遗址中心区有一组大型建筑遗址，其中F901正面是长方形主室，两边是与主室相通的东、西侧室。主室中央有一个直径2.6米的大火塘。包括附属设施在内，F901总面积约420平方米。其前方是一片近千平方米由路土筑成的平整广场。时间再向后，距今5000年左右，出现了规模更大的中心聚落，如河南郑州的大河村、山东泰安大汶口、莒县陵阳河大朱村、湖北京山县屈家岭，等等。这些大型聚落的特征，除了内聚式布局之外，都在中央广场出现了较大型建筑。[①]"这些大房子之类公共建筑……是聚落内婚姻嫁娶、生产活动、农耕巫术礼仪等大小事务的管理与协商的中心。"[②]这种"内聚式环形布局"并非仅见于我国的新石器时代。在乌克兰科罗米辛那新石器时代特里波列文化的聚落遗址中，房屋的排列也是典型的"内聚式环形布局"。为将房门统一朝向中央广场，所有房门都开在房屋的山墙上。在中央广场还设有面积很大的"大房子"。[③]到目前为止，这些大房子和大型建筑是否是男子会所，还难

[①] 《从部落文明到礼乐文制度》，第152—154页。
[②] 王震中：《中国古代的国家起源与王权的形成》，中国社会科学出版社2013年版，第85页。
[③] 《中国文明起源的比较研究》，第90页。

以断定，即使真是这一类组织，其具体情况与上文所引其他部族的男子会社也未必相同，但是在功能上一定会有类似之处。从这些建筑遗址的年代来看，后期的大型建筑属于中原龙山文化时期。龙山文化是父系制文化，其活动时代和活动地域与传说时代中"五帝"的事迹相符合。因此，这些大房子、大型建筑即使不是男子会所，结合中国"男外女内"的文化传统，它们作为男性活动场所的可能性还是很大的。

二、男性年龄级群的政治作用

年龄级群是根据年龄组织起来的社会群体，以年龄阶段为标志，不同的年龄段享有不同的社会权力、地位和声望，承担不同的责任。男女因处于同一年龄段可以同属于一个年龄级群，但由男性组织起来的年龄级群通常成为社会管理的一种重要方式。世界各地区对年龄阶段的划分并不相同，但从总体来说，大致都可分为三个阶段：儿童期、成年期、老年期。儿童期是进入社会的准备期，不享有社会权力；往往在经过一定的仪式后，进入成年期，才掌握社会的实权；进入老年期后权力移交出去，作为顾问而颐养天年。许多社会都有年龄组织，如东非的马赛人和南迪人，乌干达东北部的卡里莫姜人，北美希达查等5个平原印第安人，巴西的沙凡特人，日本静冈县贺茂村伊滨部，台湾的阿美人（母系社会），等等。同年龄级群可以是一个互助团体，同时也是性关系合法与否的一个范围依据。在新几内亚的巴特尔湾，凡在两年内出生的男孩便合成一个团体，名为"钦塔"，"钦塔"的会员有互相扶助的义务。一个"钦塔"分布很广，但在同一个地区的又分为较小的团体名"厄廉"，厄廉据说是财产共有，而且也可以互通其妻。[1] 东非马赛人的年龄级群也具有这种功能。在一次四年期中受割礼的女子被视为属于同时期受割礼的那个男性年龄级群，这是他们许可的婚姻和性关系范围，男子有义务接待一个从别地来的与其属

---

[1]《文化人类学》，第184页。

于同一级序的客人，并让其妻为客人伴宿，如果他不"好客"，就会遭到同年伴的耻笑。①

除此之外，掌握特定的社会权力、承担社会责任是年龄级最主要的功能。非洲社会的许多年龄级群都具有这种功能。在乌干达北部的卡里莫姜人中，全体成年男性组成 3 个年龄级群，每个年龄级群被称为一个同辈群。同辈群既是社会的基本团体，又是政治权威的来源。最重要的同辈群是长者同辈群，执行行政、司法和祭师的功能；紧接着长者同辈群的是青年同辈群，执行战士和警察的职能；退休同辈群由老年人组成，已经退出了权力圈子。卡里莫姜人的社会制度就是由这些同辈群的循环来体现。② 与之相类似的是埃塞俄比亚的盖拉族人，所有男子从婴儿到老年共分 5 个年龄级，每进一级都伴随着社会地位和责任的增加。最后两个年龄级承担着军事和政治责任。③ 在好战的东非马赛人中，其年龄级主要承担着军事职能。马赛人每四年举行一次成年礼，在同一个四年中受割礼的男孩属于同一年龄级群，两个年龄级合成一代。一个男孩在青春期行过割礼后便成为战士，可以佩戴刀、矛、棍、盾等武器以显示其战士的地位。他们只吃肉、牛奶和血，不可以抽烟喝酒，也不和家庭成员住在一起，而是住在男子营地中。直到 28 岁或 30 岁结婚时离开男子营地，此后便进入长老期，享受长老的尊称。在这个好战的民族中，未婚战士占据最重要的地位，负责保卫居民的福利和土地的安全。④ 南美沙凡特男孩长达 4 年的成年教育结束后，成为一个新的年龄级群成员而加入男人社会。他们有自己独立的议事火堆。虽然他们尚未具有获准出席长老议事会的资格，但他们是一支可以倚重的力量。酋长如果忽视他们，削弱了自己的宗派，

---

① 《初民社会》，第 330—331 页。
② 《人类与文化》，第 152 页。
③ 《文化演进与人类行为》，第 356—357 页。
④ 《初民社会》，第 326—327 页。

就会有遭受反叛的危险。① 在加拿大的黑脚族中，每个年龄级群互称"兄弟"，个体每隔4年左右升入更高的年龄级群中。他们行使组织"夏令营"的职能。其首领向部落首领建议迁移的路线和扎营的场所；两三个群体聚集在一起，负责监督群体的迁移，监督人们执行命令，遵守秩序；被任命执行这项任务的男人们在营地中间搭起他们的帐篷，夜间进行巡逻；群体也有责任关注水牛群的迁移情况，并且组织狩猎。部落首领明白，他们自己可以在需要的时候请这些男人提供帮助。②

在对其他民族的年龄级进行一番考察之后，我们来看看中国的情况。有关这部分内容，常金仓先生所论尤详。③ 我国古代存在过年龄级，这是有明文记载的历史事实。《礼记·曲礼上》载：人生"十年曰幼，学；二十曰弱，冠；三十曰壮，有室；四十曰强，而仕；五十曰艾，服官政；六十曰耆，指使；七十曰老，而传；八十、九十曰耄……百年曰期，颐。"④ 男子10岁时外出学习；20岁时行冠礼，进入成年，但体犹未壮；30岁气血已定，故壮而有妻；壮久则强，可以治官府之事；至50岁，头发已发白，堪任大夫，为一官之政长；60岁时已入老境，不能亲自执事，便可指使他人；70岁时人已衰老，传家事于子孙；80岁以上为耄耋之岁，颐养天年。这段记载虽是对贵族男子而言，但是作为一种礼俗，必定有其历史性因素。根据《礼记·檀弓上》"幼名""冠字""五十以伯仲"⑤ 的命名方式来看，我国古代的年龄级大致可划分为3个阶段：从出生3个月由父亲命名，到20岁行冠礼之前为儿童期；20岁时举行冠礼，由冠宾命字，字是尊名，称为某甫（父），到50岁之前为成年期；50岁时以兄弟中的

---

① 《消亡中的原始人》，第297—303页。
② 《反自然的社会》，第187—188页。
③ 《周代礼俗研究》，第45—51页。
④ 《礼记集解》，第12页。
⑤ 《礼记集解》，第207页。

排行即伯仲叔季冠于名字之前,进入老年期。如孔子名丘,字尼甫(父),又叫仲尼。从这两段文字中推知我国古代也存在按年龄大小划分阶段并相伴不同的权力、地位和声望的年龄级,这种年龄级是与相应的社会功能密切联系的。

与马赛人、新几内亚人相同的是,我国的年龄级也具有规范婚姻合礼与否的功能。《周礼·媒氏》载:"令男三十而娶,女二十而嫁。"①三十之男与二十之女为什么可以婚配?《礼记·曲礼上》说古代男子之间"年长以倍,则父事之,十年以长,则兄事之,五年以长,则肩随之"。②按照这个原则,"三十之男"与"二十之女"属于同一辈分。根据原始人同辈男女通婚的风俗,他们自然是合礼的婚姻。如果没有年龄级,古代的婚姻将有乱伦的危险。年龄级也用以区分长幼之礼。《国语·齐语》有"班序颠毛,以为民纪统",③所谓"纪统"就是长幼的区别对待。礼书不少篇章如《曲礼》《内则》《少仪》记有长幼之间的种种戒律。这里摘录《少仪》一段以见一斑:"尊长于己愈等,不敢问其年。燕见不将命。遇于道,见则面,不请所之。丧俟事,不特吊。侍坐,弗使不执琴瑟,不画地,手无容,不翣也。寝,则坐而将命。侍射则约矢,侍投则拥矢。胜则洗而以请。"④这段话的意思是说,遇到父辈以上的尊长不敢问其年龄;前去拜见不劳摈者传达,自行进入即可,示不敢与尊者抗礼;相遇于道,尊长召见则见,不问尊长要去哪里;遇丧事,不单独吊丧;侍坐于尊长面前时,未经允许不鼓琴弹瑟,不指手画脚,不挥扇取凉;侍射时,不敢与尊长交替取矢,而是一次取回四矢;与尊长投壶时,将矢抱于怀中,不敢放在地上;如果取胜,则洗爵请饮罚酒以示对自己胜出的惩罚。

---

① 《周礼正义》,第1034页。
② 《礼记集解》,第19页。
③ 《国语集解》,第218页。
④ 《礼记集解》,第928页。

年龄级也是获得相应政治权力和地位的依据。古代男子20岁冠后可以做士；50岁而"爵"，可任大夫[1]；"大夫七十而致事"[2]，即70岁时退休，停止在等级道路上的攀登。所以《礼记·礼运》有"合男女，颁爵位必当年、德"[3]的说法。若爵位未至大夫，该男子在政治生活中便缺少发言权。《国语·晋语五》说范文子（士燮）初袭父爵，"暮退于朝。武子（士燮父）曰：'何暮也？'对曰：'有秦客廋辞于朝，大夫莫之能对也，吾知三焉。'武子怒曰：'大夫非不能也，让父兄也。尔僮子，而三掩人于朝，吾不在晋国，亡无日矣。'击之以杖，折其委笄"[4]。《左传》成公十六年又记晋楚战于鄢陵，楚压晋军布阵，晋人无处列阵迎敌，当此生死存亡之际，士匄（士燮之子）建议"塞井夷灶，阵于军中而疏行首"，这本是卓有成效的权变之计，士燮却执戈逐之曰："国之存亡，天也，童子何知焉？"[5]同是一个士燮，其年长时的做法与其父士会当年几乎完全一样，这说明即使身为贵族，未至大夫也没有议论军国大事的权力。即便是在爵位相同的情况下，年龄也是区分等级的重要依据。《礼记·祭义》载："是故朝廷同爵则尚齿"，"军旅什伍同爵则尚齿"[6]。正因为如此，《左传》哀公十三年才会发生晋吴争长于黄池的事情，吴人曰："于周室，我为长。"晋人则曰："于姬姓，我为伯。"[7]年龄级也是授受土田、养老抚幼的依据。《汉书·食货志》说上古之世，"民年二十受田，六十归田。七十以上，上所养也；十岁以下，上所长也；十一以上，

---

[1]《礼记集解》，第704页。
[2]《礼记集解》，第14页。
[3]《礼记集解》，第622页。
[4]《国语集解》，第381页。
[5]《春秋左传注》（修订本），第883页。又见《国语·晋语六》。
[6]《礼记集解》，第1229、1231页。
[7]《春秋左传注》（修订本），第1677页。

上所强也",又说"五十可以衣帛,七十可以食肉"① 这种分级的标准与《曲礼》所言是一致的。

既然年龄级是明确存在的,为什么在文献上却不见与之相应的组织形式呢?常金仓先生认为这是因为在国家的形成过程中,年龄级群的许多功能渐次分化出去,最终保留下来的主要是它的教育功能,古代学校的前身——"成均"很可能就是类似会所这样的社会组织。②根据如下:

第一,学校是青少年教育的场所。《周礼·春官·大司乐》载:"掌成均之法,以治建国之学政,而合国之子弟焉。"郑玄引董仲舒《春秋繁露》说:"成均,五帝之学也。"③(按,今本《春秋繁露》无此语,当久佚。成均之名又见《礼记·文王世子》,董氏的解释颇可信据)可见成均是原始社会存在的一种青少年教育的组织。《尚书·尧典》载:"帝曰:'夔,命汝典乐,教胄子。'"④ 舜命夔为乐官之长,负责教育国中青少年。成均既为五帝之学,其制尤古,周时其遗礼犹存,仍由大司乐掌管学政。不过这时的成均已成为贵族子弟的教育机构。《礼记·王制》载:"乐正崇四术,立四教,顺先王诗、书、礼、乐以造士:春秋教以礼、乐,冬夏教以诗、书。王大子、王子、群后之大子,卿、大夫、元士之适子、国之俊选,皆造焉。凡入学以齿。"⑤

第二,学校是举行选贤举能等活动的公共场所。乡饮酒礼、乡射礼是只能男子参加的"阳礼",它的作用在于"习乡尚齿"序长幼之等,即重申年龄等级,而乡饮乡射之礼按传统习惯在庠序(成均以后的学校名称)举行。有关乡饮酒礼,郑玄《三礼目录》云:"诸侯之乡大夫,

---

① 《汉书》,第1120页。
② 《周代礼俗研究》,第48—49页。
③ 《周礼正义》,第1711页。
④ 《尚书今古文注疏》,第69页。
⑤ 《礼记集解》,第364页。

三年大比，献贤者能者于其君，以礼宾之，与之饮酒。"① 具体如《礼记·乡饮酒义》所云："主人拜迎宾于庠门之外，入三揖而后至阶，三让而后升，所以致尊让也。"② 乡饮酒礼包括四事，除了乡大夫三年礼宾学中贤能外，还有乡大夫饮国中贤者，州长习射饮酒，以及党正蜡祭饮酒。无论哪种形式的饮酒礼，无不以序齿为主。国人尚齿由来已久，《礼记·祭义》载："昔者有虞氏贵德而尚齿，夏后氏贵爵而尚齿，殷人贵富而尚齿，周人贵亲而尚齿。虞、夏、殷、周，天下之盛王也，未有遗年者。年之贵乎天下久矣。"③ 所以"乡饮酒之礼，六十者坐，五十者立侍以听政役，所以明尊长也。六十者三豆，七十者四豆，八十者五豆，九十者六豆，所以明养老也。民知尊长养老，而后成教；成教而后国可安也"。④ 乡饮之后便习射礼，州长"春秋以礼会民而射于州序"。⑤

第三，学校既是学员之间讲论长幼之序的地方，也是天子举行养老之礼的地方。《礼记·文王世子》载："故世子齿于学，国人观之，曰：'将君我而与我齿让，何也？曰：有父在，则礼然。然而众知父子之道矣。'其二曰：'将君我而与我齿让，何也？曰：有君在，则礼然。然而众著于君臣之义也。'其三曰：'将君我而与我齿让，何也？曰：长长也。然而众知长幼之节矣。'"⑥ 齿让的目的在于尊长、尊父、尊君。不仅如此，天子隆重的养老之礼也在学校举行，借以教育年轻人要尊老、孝老。《礼记·文王世子》载："天子视学，大昕鼓征，所以警众也。众至，然后天子至，乃命有司行事，兴秩节，祭先师、

---

① 〔清〕胡培翚撰，段熙仲点校：《仪礼正义》，江苏古籍出版社1993年版，第276页。
② 《礼记集解》，第1424页。
③ 《礼记集解》，第1229页。
④ 《礼记集解》，第1428页。
⑤ 《周礼正义》，第862页。
⑥ 《礼记集解》，第566页。

先圣焉。有司卒事反命，始之养也。适东序，释奠于先老，遂设三老、五更、群老之席位焉。"郑玄注："三老、五更各一人，皆年老更事致仕者。天子以父兄养之，示天下之孝弟也。"①《礼记·乐记》载："食三老、五更于大学，天子袒而割牲，执酱而馈，执爵而酳，冕而总干，所以教诸侯之弟也。"②又《礼记·王制》载："五十养于乡，六十养于国，七十养于学。"③释菜之礼是祭先师先圣，借祭亡灵使人们产生尊师敬长之心。养老之礼，天子亲执爵而酳者，敬三老、五更之至，与寻常食礼不亲执酒浆有别，又服冕执干而舞，与祭祀重礼相同，足见养老礼的隆重，目的在于通过对生者的礼遇以隆君师。

第四，古代学校是议论政治和军事决策、献俘献馘之地。《左传》襄公三十一年："郑人游于乡校，以论执政。"④《礼记·王制》载："天子将出征……受命于祖，受成于学。出征执有罪，反，释奠于学，以讯馘告。"⑤天子出征前要告祖，并在学校制订作战谋略，得胜归来后，则释奠于先圣先师并告之以克敌之事。《诗经·鲁颂·泮水》载："既作泮宫，淮夷攸服，矫矫虎臣，在泮献馘。"⑥这段颂词说的就是大捷后在学校庆功的事情。

周代学校的职能尚且如此混杂，可以推知，这种情形必定袭自远古的习俗。那么"成均"之学也应该是一个兼容教育、政治、军事活动等男子出入的场所。国家出现后，年龄等级制被政治等级制取代，随着国家政权职能的逐渐扩展，成均这类男性组织的地位下降，最终成为青少年的教育机构，而原来的长老现在成了"师"。古人总是"君""师"并论，君是政治等级的代表，师是年龄等级的代表。

---

① 《礼记集解》，第576页。
② 《礼记集解》，第1028页。
③ 《礼记集解》，第382页。
④ 《春秋左传注》（修订本），第1192页。
⑤ 《礼记集解》，第333页。
⑥ 《诗经注析》，第1007页。

现在君要利用传统的年龄等级统治国家，学校成了国家的助手，于是才有养老之礼的产生。优礼师长归根结底是为了隆君，故尊师而重教。于是年龄分级制与它曾经具有密切联系的组织形式渐变为似乎是毫不相干的了。妇女被排除在重要的社会公共活动之外的传统不仅被保留了下来，而且为新的国家权力所支持和强化。古书上从未有关于女子年龄分级的记载。虽然女子15岁时行笄礼，但笄礼作为女子成年的标志，其社会意义在于出嫁，与男子年龄级的社会政治意义根本不同，倒是与马赛人的年龄级制有些类似。①这说明我国古代男子的年龄级绝非仅仅是年龄的标志，正如上文所言是与参与社会活动、享有社会权力、地位和声望密切相关的等级体系。

当然从民族学的角度看，女子也组建某些社会团体。在非洲，妇女通常居于卑劣的地位，但妇女会社的数目也很可观。南尼日利亚的伊乔女子社团甚至具有某种执法团体的性质。在伊乔社会，已婚妇女一旦表现出不依靠婆婆而独立操持家务的能力，她就必须加入与她丈夫的父系世系群相联系的那个妇女社团。这种社团是非自愿社团，所有符合一定条件的妇女都必须参加。妇女社团具有很大的权力，如调解纠纷、处罚犯罪、规定正当的行为准则，等等。某些大规模的社团还有重要的经济职能，如她们用处罚得来的现金进行借贷业务，以50%甚至更高的利率借给社团成员或非社团成员。谁若欠了社团的债务，就会被她们禁闭在自己的房舍中，直到债务还清为止，即使男子也不例外。像伊乔这样的妇女社团在西非非常普遍，其原因可能与妇女参与商业活动使她们在经济上不再依赖男人有关。②在尼日利亚的

---

① 马赛人的女子在第一次月经来后也要行割礼，此后她们自成一级，直到月经停止。这时她们获得另一个名称，直到头发变白为止。见[美]罗维：《初民社会》，第327页。可见马赛妇女的年龄级也在于其生理学上的意义，并没有与之相应的年龄级组织。

② 马广海：《文化人类学》，山东大学出版社2003年版，第229页。

姚鲁巴，妇女自行组成商会，使商品交换规范化，维护姐妹们的利益。姚鲁巴妇女被认为是最难控制、最易于离婚的女人。[①] 我国封建社会时期，女性也有结社现象存在。但就总体而言，女性社团无论从性质、重要性和数量上都无法与男子社团相比，最根本的一点是妇女即使组成团体，也很少具有掌握政治、管理社会的执法性质。从这个意义上说与男人团体的社会性相比，女人是没有组织的一群人，她们被分散在家庭里，家庭几乎是她们生活的全部。而男性社会群体的出现则是一种极为普遍的现象，虽然微薄的女性社会群体也同样不容忽视，但男性团体在整个人类世界中几乎都显示出优越性：美拉尼西亚、澳大利亚、非洲、美洲、马来西亚、波利尼西亚均是如此。男人创立了具备社会权力、地位和威望的联盟；男性的有组织构成了人类生活方式的一个基本特征，与妇女多只是被组织在家庭中形成对比。吕思勉因此指出，妇女之所以丧失独立人格而受男子奴役，是因为其活动"不系于群而系于家……则以其所作之事，皆非以为群，而特为男子之辅助故也"。[②] 男人建立了政治社会，妇女并不直接参与，反而是用自己的家庭贡献成就男人的社会政治事业。

在所有公共活动的领域当中，妇女因受生理和家庭角色的限制，离战争最远。虽然妇女参战的事例也是常见的，但作为军事常备制度，战争是排斥女性的。正如上文所言，妇女远离战争被认为是保证胜利的条件之一。但战争无疑是促进公共活动、扩大社会管理的一个重要因素，"它加速了财富的积累和社会的分化，增加了村社联系的必要性，为管理机构的出现创造了条件"[③]，因此也是权力产生的重要途径。结合上文所述，我们看到权力是通过男人群体的存在方式——生产、宗教、政治、战争等领域产生出来的，尽管妇女可以因生育在

---

① 《人类文化启示录》，第204页。
② 吕思勉：《先秦史》，上海古籍出版社1982年版，第274页。
③ 《人类与文化》，第353页。

家庭领域有一定的发言权,但公共领域中的权力多数情况下属于男人而不是女人。他们组织狩猎,完成各种各样的仪式,也组织社会管理、制定规则,并使违犯规则的人和行为受到惩罚。男人在组织中形成了属于他们的社会关系和社会规则,一方面用于排斥、孤立女人,一方面用有区别的待遇惩罚她们。[①] 中国"从开启华夏文明的夏王朝开始,王位的传承世系就完全是'父死子继'或者'兄终弟及'的男系继承制。王权只在男子(父子兄弟)间传承,而将女性根本排除在王位传承关系之外。在历代王朝中,从来没有出现过'父传女'或者'兄传妹'的情况。女儿被绝对排除在权力传承关系之外。皇室的传承关系如此,贵族家庭的继承原则与王室相似。平民大体上也是父子相传承。上层女性有时也有封地和财产的继承权,但在政治权力的承袭上是绝对把她们排除在外的。这种父系传承制度,是一种男性血缘的联盟,它从根本上把女性排除在政治、经济权力系统之外。妇女被剥夺了对资源的所有控制权,她们几乎成为一无所有者,必须依附于男性才能生存与发展。于是,妇女成为从属于男性的'第二性'"。[②]

第三节 家庭领域与公共领域的力量对比对性别关系的影响

这里需要再次借助人类学的研究成果分析两个领域的力量对比对社会性别的影响。20世纪70年代,西方的一些人类学家通过分析大量的民族志资料,发现大多数社会都存在男尊女卑的现象。他们认为有必要从人类学的角度对这种现象进行解释,探讨文化造成社会性别的决定性作用。美国人类学家罗莎多提出了用家户领域和公众领域的二元对立结构来解释性别不平等的现象。她认为,男女不平等的普遍现象是由男女分别活动的公共领域和家户领域所具有的权力与威

---

① 《反自然的社会》,第189页。
② 刘巨才:《中国古代的社会性别制度及传统妇德》,载《山西师大学报》1998年第4期。

望不平等造成的,通常公共领域凌驾于家户领域之上。罗莎多认为这样的社会有伊斯兰社会、中国传统社会、维多利亚时期的英国社会以及美国社会。① 尽管罗莎多的理论引起了争论,但应该承认两个领域的力量对比对两性关系的影响确实至关重要。为了说明这一点,我们可以设想:假如在公共领域不发达的地方两性地位又会怎样呢?我们以我国云南摩梭社会由传统向现代社会转型为例加以说明。翁乃群先生在研究中发现,传统摩梭社会的公共领域是极为有限的,而且被家户化了,不仅女子而且男子也被导向家户领域。正是不分男女的家户导向和以家户为中心的社会文化扩大了女子的权力与影响力,从而使女子不论是在家庭领域还是在公共领域,都得以与男子保持相对平等的地位。② 刘永青在翁乃群研究的基础上进一步指出,两个领域的力量对比不是一成不变的,应将其放入历史的、动态的过程中加以考察。他以旅游业在当地的发展为切入点,分析由此带来的两个领域的势力消长以及两性关系的微妙变化。

母系的传统摩梭社会有一个显著特点就是家庭领域大,公共领域小。虽然也有公共的政治、宗教、生计等制度和活动,但这些制度和活动的范围非常有限,而且大多在家庭领域内展开。社会化生产活动基本没有,村民也很少外出工作。村社层面的行政机构对村社的管理也与家庭有密切关系。诸如开会、解决村民之间的纠纷、与其他村寨进行交往、接待上级干部等活动,基本是在村干部家里进行,村子里并没有特定的公众场所。村民在外面担任政府公职的也非常少。在宗教信仰方面,摩梭人信仰喇嘛教以及本民族的达巴教。喇嘛教的僧

---

① "家户领域"是指围绕母亲—孩子群体所建立的制度和所组织的活动,"公众领域"是指把母亲—孩子群体联系起来、划分等级、进行组织或进行归类的活动、制度以及交往方式。见杜芳琴、王政主编:《社会性别》第1辑,天津人民出版社2004年版,第202—203页。

② 周星、王铭铭主编:《社会文化人类学讲演集》(下),天津人民出版社1997年版,第706—723页。

人虽然有寺院这种进行宗教活动的专门场所，但他们基本都在自己家里修行。在节日庆典和举行各种仪式时，他们会被请到普通人家中诵经或主持仪式。达巴教的神职人员也没有进行宗教活动的专门场所，其主持的宗教活动，如祭祖、葬礼、新母屋生火仪式、成年礼等都与家户的日常生活有着更直接、具体的关系，而且往往也是在家户内举行的。喇嘛僧人和达巴教士没有特殊地位。此外，家户就是村民社交的地方。传统摩梭社会的另一个特点是，不论男女都被导入家庭领域。在家庭中，"舅掌礼仪母掌财"是传统的权利分工模式，成年男性主要负责祭奠礼仪、房屋修建、大宗买卖、赶马运输、外出经商、担任宗教职位等活动，而家庭财产的保管使用、生产生活的安排、家务以及接待来客等都是由成年女性来完成的。这仍然是男外女内的分工模式，但与男尊女卑下的内外分工不同的是，摩梭人评价男性时并不看重他在公共领域中的成就，男性的声誉往往依附于他所属的家庭的声誉。由于摩梭社会更加强调的是家庭地位而不是个人地位，摩梭女性可以通过为自己的家户赢得声望而使自己享有声望。这种以家庭为中心的社会文化以及不分男女的家庭导向，扩大了女性的权力和影响力，从而使女性尽管很少参与公共领域的活动，但在两个领域内却都和男性一样保持相当的地位。

　　旅游业的发展刺激了摩梭人两性关系的微妙变化，在与外部文化的接触交流中，摩梭人的公共领域日渐扩大，使得原本就主外的男性在商品经济的大潮中尽显优势，而主内的女性由于难以突破家庭领域的限制，其影响日渐缩小。旅游业的发展让落水村（当地旅游业发展最好的一个村子）衍生出一个比以往大得多的公共领域，目前虽然还没有强大到足以压制家庭领域，但确实能与家庭领域相抗衡了，越来越成为男子施展才能的舞台。落水村旅游经营管理的重要行政机构——村民委员会就相当地男性中心化，村民越来越看重村干部的个人能力，而女性普遍对此不感兴趣。当整个村子作为一个集体与外界从事交换活动时，村委会处于主导地位，并决定整个社区的市场交换规则。同样，男性在市场交换体系中也比女性要活跃得多。摩梭男性历来有赶马经商的传统，在旅游经济大潮中，他们的优势得以进一步发挥，并在家庭经济中扮演着策划和统筹的角色；女性则根据男性确定的方针来管理具体、琐碎的事务。男性在公众领域的活动能力给家庭经济带来的变化，使他们在家庭内部事务的决策过程中占据了主导地位，女性反而说不上话了。宗教活动与其他仪式活动原本就是男性的领地，由于这些活动在旅游业发展过程中已成为全村的集体行为，有的甚至成为提供给游客的旅游活动项目，因此男性不仅是宗教活动的参与者和主持者，而且是这些活动的管理者。无论参与还是管理，女性都游离了出来。

在商品经济的冲击下，摩梭社会传统男外女内的分工模式更加有利于男性走出家庭领域。在公共领域不断扩大，而且其重要性不断强化的情况下，这种格局实际上有利于男性地位的提升，男性可以凭借自己在公共领域中的活动扩大自己在家庭中影响。社会更强调男性到外面"找钱"的能力，男性的声誉不再附着于家庭声誉之下，而是凭借他在公共领域的声望。对女性则更强调管家的能力，家庭中诸多琐碎事务由女性承担，她们的劳动时间和劳动量远远超过男性，可以说整个摩梭家庭的生计大都与女性的辛勤劳动分不开。这种情形无疑让女性自身难以突破家庭领域的限制，而以男性为中心的公共领域也阻碍着女性步入其中，社会舆论越来越把女性价值定位在家庭领域里，甚至要求女性要做"贤妻良母"，对与男游客交往较多的女性则扣上"乱""随便"的帽子，其实"乱""随便"这类词汇全是外来语言，当地的摩梭语中根本就没有对应的词语。在这个问题上，舆论对男性就宽容得多——摩梭男性与女游客交往相当自由，也没有太多的心理负担。在与外来文明的交流过程中，天平悄悄地向摩梭男性一方倾斜了。①

传统摩梭社会两个领域的关系以及落水村个案的意义在于，它让我们从一个侧面了解到男外女内的分工模式并不是天然不利于女性的发展。然而如果一个社会的两个领域分工明确，而且男性主导的公共领域凌驾于家庭领域之上，男人的价值就不是由家庭决定而是来自公共领域中取得的成就，那么男外女内的分工模式就可以产生男权。周代以来的中国传统社会就是一个男外女内日益强化、在小农经济条件下家庭领域越来越小的社会，妇女的活动空间被压缩在狭小的家庭领域中，虽然她们的家庭角色发挥了重要作用，但仍改变不了作为依附者的地位和身份。家庭领域与公共领域看似互不相干，但正如美国学者帕特曼所言："男权是把这两个领域结合为一个社会整体的主要结构性支柱。"②

---

① 《社会性别》第 1 辑，第 199—216 页。
② ［美］卡罗尔·帕特曼著，李朝晖译：《性契约》，社会科学文献出版社 2004 年版，第 120 页。

第四章 性别角色的社会化

在前面几章中，我们讨论了两性在经济领域、家庭领域和公共领域中的分化，这种分化概括来说就是两性分别承担不同的社会角色，社会学称之为性别角色。所谓性别角色是指一系列与各自的性别相结合的态度与行为、权利与责任的总和。任何一个社会，无论其社会结构如何简单，都有一套将一个咿呀学语的婴儿培养成一个符合社会预期的成人的机制，这是一个将自然人变成社会人的机制。因此，人的成长过程实际就是社会化的过程。社会化是把价值观和行为规范施加于个人的一种有效的手段。由于个人能够调节和约束自己的行为，所以这大约是社会控制的最有成效的方法。这种自我约束可以建立在个体确信要免遭处罚而必须遵守这些规则的基础上，也可以建立在个体确信这些规则是适当的基础上。使一种制度长久维持的有效方法就是使这种制度的价值观念通过社会化过程被人内化，一旦人们接受了现存的关于性别的定义，他们就会控制自己的行为。美国学者达维逊指出社会化过程包括性别特性的发展：一个人感到从肉体方面来说，他（她）是一个男性或女性；社会化也包括学习对现实的占统治地位的社会解释，这种现实包括那些关于性别角色的现实。[①] 儿童期是社会化最集中的时期，但是，通过生活男人和女人会继续被社会化，直至终老。当他们改变社会地位时，就要学习更专门的关于性别角色责任的观点。社会通过什么方式使两性把符合社会要求的态度和行为接受下来，并且将其内在化，就是本章的主要议题。

第一节　教育与性别角色社会化

人的许多行为是在和主要的社会制度的联系中发生的。一种社会制度就是一组规范、价值和行为模式，它们和人类目的的特殊倾向有关。在人类社会中，主要的社会化代理人是有关教育的社会制度。

---

① ［美］L.达维逊、L.K.果敦著，程志民、刘丽、宋坚之等译：《性别社会学》，重庆出版社1989年版，第4页。

教育是人类按一定的目的要求、价值观念对社会成员施加影响的、有计划的活动，是传播知识技能、培养道德情操、传承文化传统的重要途径，同时也在不断复制出固有的生产关系、社会关系和社会结构。如果我们对教育方式进行分类的话，可以大致概括为三个方面：家庭教育、学校教育和社会教化，而两性受到的教育在很多社会群体中都程度不同地存在差异，这种差异源于社会对性别角色的不同要求。概括地说，教育为男孩将来养家糊口、建功立业储备知识和技能；为女孩将来生儿育女、操持家庭储备知识和技能。

一、教育内容

教育贯穿人生的始终。儿童的性别角色训练在于以社会规定的方式练习如何当一个男性或女性，他们很早就受到如何以典型的男性或女性方式去行动的教育。所有的性别角色理论都强调儿童最初社会环境的重要性，特别是那些和孩子时常接触或定期往来的人，他们掌握着对孩子的奖惩，他们心目中有孩子应当成为什么样的人的形象模板，这些人被称为孩子的"重要他人"。[1] 家庭成员特别是父母是首要的重要他人，他们向儿童传授劳动技能、社会规则和文化传统，同时他们也是性别角色的榜样。成长中的孩子首先在幼年时期，从他们的父亲和母亲那里潜移默化地获得了社会生活的主要模式，领会身为男性和女性的意义，他们对性别差异的最早体验通常始于家庭内部。因此性别角色首先在孩子对成人生活的模仿和游戏中对他们产生影响。

在原始民族中，生产劳动在儿童教育中占突出位置，劳动技能很自然地由从事该部门劳动的家庭成员在实践中向青少年示范传授，儿童在成人的言传身教中学习模仿，在游戏中操练把握。男孩的教育一般由父亲或舅舅等家庭中的成年男子负责，男孩子们学到的是作为男人和父亲应该具备的劳动技能；母亲除了爱抚所有的孩子以外，主要侧重女童的教育，女孩们学到的是作为女人和母亲应该具备的劳动

---

[1]《性别社会学》，第18页。

技能。孩子的教育最初只是大人的一项比较随意的家庭事务。在以狩猎采集为生的布须曼人中，婴儿的哺乳期一般长达三四年之久，不论是采集还是迁徙，孩子在这段时期总待在母亲身边，因此孩子最先学会的是使用母亲的采集工具——尖头挖掘棍。南美南比克瓦拉族小孩的生活是模仿大人。小女孩学织东西；小男孩用小弓射箭，学习男人的工作。但不论男孩还是女孩，都参与采摘植物果类的工作，在食物稀少的时候，常可看见他们在营地四周找食物，挣扎着要挖出根茎类食物，或者打蝗虫吃。小女孩明白妇女在经济生活中所要扮演的角色，很热心地要证明她们可以愉快胜任。① 中国东北的鄂伦春族，孩子也是妇女采集劳动的重要帮手。② 随着儿童逐渐长大，有意识的教育越来越主要了，因为性别不同教育便有了差异。父亲对儿子的兴趣比女儿要高，因为他得教导男孩各种男性的工作；母亲与女儿的关系，性质也类似。阿拉佩什女孩和她们的母亲一样主要承担运送东西、除草、采集食物和搬木柴等项工作，她们很少能够随父亲外出。男孩则随着父亲或哥哥去打猎，或者为盖房砍木料。③ 我国东北赫哲族的鱼皮加工是由妇女承担的，女孩从小跟母亲学习熟皮技术，七八岁时就成为熟皮能手，十几岁时开始独立熟皮子。鄂伦春族的男孩从三四岁起开始学习射箭，六七岁以后就能骑马出猎了，大人们还经常让男孩们进行射箭比赛，检查他们的进步。④ 布须曼人到男孩八九岁时，便给他们一张按比例缩小的弓，但不允许他们使用毒箭。他们的狩猎技巧是通过猎取小动物而得到锻炼的，如捕捉野兔、珍珠鸡及羚羊幼仔等，最后便可以放心让他们使用上了毒的武器来对付大型猎物了。对男孩进行狩猎技术教育的重点是使他们关于在草原上活动的知识得到拓

---

① 《忧郁的热带》，第363页。
② 宋兆麟：《最后的捕猎者》，山东画报出版社2001年版，第100页。
③ 《性别与气质》，第64页。
④ 《最后的捕猎者》，第121—122、252—253页。

展。[①]在萨摩亚人中，六七岁女孩的一个重要任务是照看弟妹，由此受到一定的约束并经由社会化的过程；年龄较小的男孩子也有照看弟妹的责任，但到了八九岁以后，他们一般就从中解脱出来了，随后便有许多机会在年龄较大的兄长们的指导下，参加各种有效的合作。相比之下，姑娘们的早期教育是十分贫乏的。[②]在我国云南永宁纳西族中劳动技术是母传女、舅传甥。母亲们手把手教女孩理麻、纺纱、织布，还用麻布缝制布娃娃，让女孩背在背上；舅舅在打猎、捕鱼、赶马外出时往往戴上甥男，教他们下地弩、设套索、驯养猎狗、划独木舟、撒网、叉鱼、辨认路途等本领。[③]

　　游戏也是儿童学习劳动技能的重要方式，它不仅是儿童对日常生活的模仿，还包含着对体力、智力、意志力、勇敢、机敏等品质、能力的养成。游戏不是儿戏，而是一种训练、一种教育。游戏的内容当然也因性别而不同：男人是狩猎场上的主角，因此狩猎构成男孩游戏的主要内容，他们在一起敷设捕机捕鸟，学习驾驶小船，做狩猎和战斗的游戏，也组织各种运动比赛。女孩的游戏则经常与她们日后的母亲角色有关，她们玩人形或动物形的玩具，也做炊事的游戏。鄂伦春族女孩的玩具是摇车（摇篮），供女孩背着玩儿，有的家长做一个布娃娃，拴在摇篮里，让女孩从小学习哺育子女的方法。[④]非洲俾格米人的孩子们有自己专用的游戏场，他们在那里开始模仿的游戏。小男孩、小女孩配对玩"过家家"，分别扮演夫妻的角色，女孩假装在灌木丛里采集食物或造一间粗具样子的棚屋；而男孩则追猎小动物，一只兔子、一只蜗牛或一些蚱蜢，或者装作袭击另一个村庄的人，一

---

① 《消亡中的原始人》，第169页。
② 《萨摩亚人的成年——为西方文明所作的原始人类的青年心理研究》，第19—22页。
③ 严汝娴、宋兆麟：《永宁纳西族的母系制》，云南人民出版社1983年版，第139页。
④ 《最后的捕猎者》，第258—259页。

声不响地潜入营地偷一份食物，拿来同他的"妻子"一起煮了吃。①

中国古代的儿童教育虽然因文化和经济发展水平的不同与原始部族在教育内容上有所区别，但同样因性别不同而分别施教。对于占人口绝大多数的士、农、工、商四民来说，劳动技能的学习和训练是首要的，士农工商四业就是在成人的言传身教和儿童的学习模仿中成为世袭职业的，这些技能是在礼仪场所、田间地头、手工作坊和市井商肆中习得的。《周礼·大司徒》十二教有"以世事教能，则民不失职"，郑玄注："少而习焉，其心安焉，因教以能，不易其业。"《国语·齐语》载："桓公曰：'成民之事若何？'管子对曰：'四民者勿使杂处，杂处则其言哤，其事易。'公曰：'处士、农、工、商若何？'管子对曰：'昔圣王之处士也，使就闲燕，处工就官府，处商就市井，处农就田野。'"又云："士之子恒为士，工之子恒为工，商之子恒为商，农之子恒为农，少而习焉，其心安焉，不见异物而迁焉。"② 这是对男孩的职业教育。

除了对孩子进行技能教育外，家庭还承担了孩子的启蒙教育，这主要是指对孩子进行基础性的文化书算、常识礼仪的教育，男孩和女孩已经有细微的区别。据《礼记·内则》记载："子能食食，教以右手；能言，男唯女俞，男鞶革女鞶丝；六年，教之数与方名；七年，男女不同席，不共食；八年，出入门户及即席饮食必后长者，始教之让；九年，教之数日。"③ 幼儿能自己吃饭时，教他们使用右手。会说话时，教男孩说话要响亮，女孩说话要温婉。与之相应的是男孩随身戴的盛物小囊以皮革制成，女孩的则以丝帛制成，以革劲丝柔象征男女的不同气质。6岁时教孩子数数及辨别东南西北四方。7岁时儿童已经有了性别意识，从这时起男孩女孩便不能同席而坐，

---

① 《消亡中的原始人》，第79页。
② 《国语集解》，第219—220页。
③ 《礼记集解》，第768—769页。

同牢而食了。8岁时教孩子懂得谦让长者;9岁时教孩子天干地支及六十甲子。从阶段上看,10岁之前男孩女孩所受到的基础知识、常识礼仪教育没有什么不同,但值得注意的是性别教育很早就开始了。从儿童会说话时起——虽然这时他们还没有自己的性别意识,但父母有意识的性别教育已经开始了。等到儿童7岁,有了自主的性别意识时,男孩和女孩的分隔便开始了,10岁以后男孩、女孩所受的教育便分道扬镳,进入一个新的阶段。男孩"十年,出就外傅,居宿于外,学书计"。男孩进入更为系统地学习各种知识的学校教育阶段。而"女子十年不出,姆教婉娩听从;执麻枲,治丝茧,织纴、组、紃,学女事,以供衣服;观于祭祀,纳酒浆、笾豆、菹醢,礼相助奠"。①"姆"是女师,《仪礼·士昏礼》郑注:"姆……能以妇道教人者。"②《诗经·周南·葛覃》载:"言告师氏,言告言归。"毛传载:"师,女师也。古者女师教以妇德、妇言、妇容、妇功。"③女孩从10岁起便足不出户,由女师教导培养其贞顺的女性气质,学习丝麻织纴等妇功技能以备祭祀礼服,学习纳酒浆、备菹醢等辅助祭祀之礼。10岁从身心上看是长大成人的预备年龄,男女教育从这时起就有了根本的不同。后世教育也遵循此制,如清光绪年间督学使陈彝的《重订训学良规》曾明文规定家族开办的学堂允许女孩入学,"但令识字,教之孝行礼节,不必多读书",10岁以后一般便不许入学了。④

《白虎通·嫁娶》说:"妇人所以有师何?学事人之道也。"⑤清代李晚芳将女子事人之道归纳为:"曰事父母之道,曰事舅姑之道,曰事夫子之道,曰教子女之道。"四者自少至老,"一生之事尽矣"。⑥妇女的一生是女儿、儿媳、妻子、母亲的一生,因此女子教育始终围

---

① 《礼记集解》,第772页。
② 《仪礼注疏》,第112页。
③ 《毛诗正义》,第40页。
④ 《中国古代女子教育》,第165—166页。
⑤ 《白虎通疏证》,第485页。
⑥ 《中国古代女子教育》,第70页。

绕这些角色展开。《周礼·天官·九嫔》载:"九嫔掌妇学之法,以教九御,妇德、妇言、妇容、妇功。"郑玄注:"妇德谓贞顺,妇言谓辞令、妇容谓婉娩,妇功谓丝枲。"①《后汉书·列女传》中班昭的《女诫》对四德有详细的解释,后来历代较为系统的女教专著、读本,如唐《女论语》、宋《女孝经》、明《女训》、清《女学》等,基本上都围绕妇女的"三从四德"展开。这些女教读本是与妇女的性别角色相适应的。四德概括起来包括道德品行和劳动技能两方面内容,这是一个称职的家庭主妇必须具备的条件:妇女在操行品德上要贞顺,这是处理好与夫家各种人际关系的准则,是谓妇德。勤于丝麻织纫之事,操持一家饮食,熟悉祭祀礼仪以及其他各种家事,是妇女必备的劳动技能,如此方能上孝于舅姑,下事夫养子。做好一日三餐是妇女最基本的家务事。《诗经·小雅·斯干》有"无非无仪,唯酒食是议"②,《大戴礼记·本命》有"教令不出闺门,事在馈食之间而已矣"③,《周易·家人》有"无攸遂,在中馈"。酒食、馈食、中馈说的都是备办饮食之事。《周礼》宫廷中有酒人、浆人、笾人、醢人、醯人、舂人等职,"皆有女人各治其事"。这些家务劳动成为妇女的文化符号,以至于《礼记·曲礼下》称妇女出嫁,"于国君,曰备酒浆;于大夫,曰备扫洒"。④即使在婚嫁之夕,父母也要以此反复嘱咐女儿要"戒之敬之,夙夜毋违命","勉之敬之,夙夜无违宫事。"⑤针织缝纫是妇女必备的劳动技能,是谓妇功。《管子·轻重乙》载:"一女必有一刀一锥一针一鉥,然后成为女。"⑥《周礼》宫廷中设典妇功、典丝、典枲、缝人等职专理妇功,传授妇织之法,以"化治丝枲";《礼

---

① 《周礼正义》,第552页。
② 《诗经注析》,第548页。
③ 《大戴礼记解诂》,第254页。
④ 《礼记集解》,第162页。
⑤ 《仪礼注疏》,第155—156页。
⑥ 《管子校正》见《诸子集成》第5册,第404页。

记·月令》载:"后妃斋戒,亲东乡躬桑"①,也是为天下妇功树立表率。督促妇功不仅是为生计的需要,也是防微杜渐的重要方式。《公羊传》宣公十五年何休注描述了在里正监督下,对妇女劳动施行管理的情景:"五谷毕入,民皆居宅,里正趋缉绩,男女同巷,相从夜绩,至于夜中。故女功一月得四十五日作,从十月尽正月止。"②《汉书·食货志》所说大同小异:"冬,民既入。妇人同巷,相从夜绩,女工一月得四十五日。必相从者,所以省费燎火,同巧拙而合习俗也。"③《韩诗外传》卷二载:"鲁监门之女婴相从绩,中夜而涕泣。"④清人方苞说:"民家之女工,鄹长稽之而达于乡遂之长。一日废其职、怠其事则过愆集之。"⑤有儒者解释《周礼》"典妇功"时说:"妇人女子嫉妒贪鄙、骄奢淫佚,皆起于饱食终日无所用心","今使之趋作不倦,则心之所存日在于此,不见异物而迁"。明代温璜母提到寡妇守志时说:"恶逸好劳,晏眠早起,忙碌碌,无一刻空闲,贫也不知愁,富也不知乐,便是铁石手段。"清人李晚芳也有类似说法:"不可使其心一刻不在事,则力有所励,而不放于淫。"⑥辛勤劳动有助于家国经济,同时作为美德,又能使妇女无暇旁顾,起到完善妇德的积极作用。

二、教育手段

女子的活动领域是家庭,这决定了女教是为塑造好媳妇、好妻子和好母亲这一目标展开的。做一个称职的家庭主妇是对妇女一生的要求,这一点贵族和庶民并无区别。尽管贵族妇女也有女师,但由于

---

① 《礼记集解》,第433页。
② 《春秋公羊传注疏》,第195页。
③ 《汉书》,第1121页。
④ 〔汉〕韩婴撰,许维遹校样:《韩诗外传集释》,中华书局1980年版,第33页。
⑤ 《中国古代女子教育》,第180页。
⑥ 《中国古代女子教育》,第132—133页。

教育内容离不开家政的范畴，因此并没有像男子教育那样转化为学校教育。妇女所具备的知识水准，只要维持在日常文化书算的水平上就够了。女子教育的主要目的不是让她们学习知识、开发智力、增加才干——这些对她们来说没有什么实际意义，而是让她们知书达理，懂得礼义和事人之道。因此尽管才女代不乏人，清代甚至出现了一个妇女文学高潮，但并不为社会主流所认可。文士袁枚招收了许多女弟子，就曾遭到时人的讥讽。人们认为女子习文有才，容易乱了心性，不利于主内之职。正像宝钗劝告黛玉那样：最怕看些杂书，移了情性，就不可救了。而且才女之才是指歌辞曲赋一类文学之才，是陶冶性情、改善气质之学，很多情况下是用来与男性才子们相互酬答的，与知识、能力之才并不相干。男子则不同，《白虎通·嫁娶》载："男者，任也，任功业也。"① 这是从性别角色的角度解释"男"的含义。男人是用来做大事的，因此学校教育是为男子建功立业设计的。

　　文献上有关三代学校的名称很多，计有小学、大学、上庠、下庠、东序、西序、右学、左学、东胶、辟雍、成均、瞽宗、泮宫、米廪、虞庠等。② 到学校学习的主要是男孩。《礼记·内则》载："十年，出就外傅，居宿于外，学书计。衣不帛襦袴。礼帅初，朝夕学幼仪。"③ 男孩从10岁开始进入小学读书，接受更为深入系统的知识技能和礼仪道德的教育。书记，即六艺中六书、九数之学，学习书法及《九章算术》所谓方田、粟米、差分、少广、商功、均输、方程、赢不足、旁要等关于民生日用的基本数学问题，学习长幼之礼。"十有三年，学乐、诵诗、舞《勺》。成童舞《象》，学射御。"13岁时开始学琴瑟之乐，学弦诗乐章，学勺、象之小舞及射、御之艺，至此六艺之事略备。"二十而冠，始学礼，可以衣裘帛，舞《大夏》，敦行孝弟，

---

　　① 《白虎通疏证》，第491页。
　　② 有关三代学校制度，见常金仓：《周代礼俗研究》，黑龙江人民出版社2004年版，第62—66页。
　　③ 《礼记集解》，第769页。

博学不教,内而不出。"20岁加冠之后进入大学,大学是天子、诸侯设立的高等学府。在大学学习吉、凶、军、宾、嘉五礼,学习《大夏》等大型舞蹈,为人要敦行孝悌。这时他们虽广见博闻但不足以教人,虽多识前言往行,而才不可以经世。这是一个贵族男子的学校学习历程。同时还伴有对在校学生的考核制度,对学习优秀者定期进行选拔。《周礼·地官·乡大夫》载:"三年则大比,考其德行道艺而兴贤者能者,乡老及乡大夫,帅其吏与其众寡,以礼礼宾之。"[①] 这是对小学学生进行考核的制度。德行道艺优秀者经层层遴选,送达王庭,以备录用。《礼记·王制》载:"命乡论秀士,升之司徒,曰选士。司徒论选士之秀者而升之学,曰俊士。升于司徒者不征于乡,升于学者不征于司徒,曰造士……大乐正论造士之秀者以告于王,而升诸司马,曰进士。司马辩论官材,论进士之贤者以告于王而定其论。论定然后观之,任官然后决之,位定然后禄之。"[②] 不仅如此,天子还定期到大学视察,以资劝勉。《礼记·月令》仲春之月:"上丁,命乐正习舞释菜,天子乃帅三公、九卿、诸侯、大夫亲往视之。"[③] 可见学校教育是为入仕做准备。"三十而有室,始理男事","四十始仕","五十命为大夫,服官政,七十致事"。[④] 30岁时娶妻,并承担政役;40岁后道明、德立、学成,始可入仕,治官府小事;50岁后可命为大夫,治邦国大事;70岁退休,中间30年,尽力于王事,不负平生所学。以上所论概括了一个贵族男子理想的人生轨迹。虽然大多数男人并不能接受这种贵族式的学校教育,但随着春秋战国之际私学的兴起,有教无类成为时尚,男子受教育的机会在不断增加。问题的关键不在于是否只有贵族才能接受学校教育,而是说只有男子才能优先接受学校教育。只要条件允许,受教育的权利就可以变成现实,后世科举取士

---

① 《周礼正义》,第845页。
② 《礼记集解》,第364页。
③ 《礼记集解》,第428页。
④ 《礼记集解》,第772页。

就为贫贱之家的男子提供了出人头地、建功立业的机会。当然男人的成功与妇女并非毫无关系,相反妇女在相夫教子中可以发挥重要作用,她们也可以因夫、子的官爵获得封号,成为自己含辛茹苦的慰藉。

三、社会教化

不仅家庭、学校教育因性别而不同,社会教化也为两性有别提供了深厚的社会土壤。社会教化主要通过宗族血缘系统、乡党组织和官府行政系统这几条渠道实施。

(一)宗族

宗族的发展虽然几经流变,但作为一种社会组织,在联系家庭与国家方面始终起着十分重要的作用。典型的宗族既是仪式、经济和法律单位,又是教育、自卫和地缘单位。宗族首领由宗子或族长担任。宗族是"管慑天下人心"推行教化的一个重要渠道,教化内容以孝悌贞节为核心。宗族对女子的教化最早见于《礼记·昏义》中的记载:"是以古者妇人先嫁三月,祖庙未毁,教于公宫。祖庙已毁,教于宗室,教以妇德、妇言、妇容、妇功。教成,祭之,牲用鱼,苤之以萍藻,所以成妇顺也。"[①] 女子出嫁前要在宗子之家接受3个月的四德教育。鱼与萍藻生长于水中,属阴类物,女子教育期满后以此为祭,代表着她们已经具有妇顺之德。《白虎通·嫁娶》:"'教于公宫三月',妇人学一时,足以成矣。与君有缌麻之亲者,教于公宫三月,与君无亲者,各教于宗庙宗妇之室。国君取大夫之妾、士之妻老无子而明于妇道者禄之,使教宗室五属之女。大夫士皆有宗族,自于宗子之室学事人也。"[②] 虽然这是对贵族妇女施教,但就女子教育的内容和精神来看,上下并无不同。女子出嫁后要谨守夫家的规矩,由丈夫、舅姑教导训诫,以免坐成其失。以10世同居、历宋元260余年"守诗书礼乐之教弗坠"的郑氏家族为例,"娶妇三日,妇则见于祠堂,男则

---

① 《礼记集解》,第1421页。
② 《白虎通疏证》,第485页。

拜于中堂，行受家规之礼。先拜四拜，家长以家规授之，祝其谨守勿失，复拜四拜而去"。家规明文规定："朔望，家长率众参谒祠堂毕，出坐堂上，男女分立堂下。击鼓二十四声，令子弟一人唱云：'听听听，凡为子者必孝其亲，为妻者必敬其夫，为兄者必爱其弟，为弟者必恭其兄。听听听，勿徇私以妨大义，勿怠惰以荒厥事，勿纵奢以干天刑，勿用妇言以间和气，勿为横非以扰门庭，勿耽曲蘖以乱厥性。'……每旦，击钟二十四声，家众俱兴。……家长中坐，男女分坐左右，令未冠子弟朗诵男女训戒之辞。……女训云：家之和不和，皆系妇人之贤否。何谓贤？事舅姑以孝顺，奉丈夫以恭敬，待娣姒以温和，接子孙以慈爱，如此之类是已。何谓不贤？淫狎妒忌，恃强凌弱，摇鼓是非，纵意徇私，如此之类是已。天道甚近，福善祸淫，为妇人者不可不畏。诵毕，男女起，向家长一揖，复分左右行，会揖而退，无声。男会膳于同心堂，女会膳于安员堂，三时并同。其不至者，家长规之。"①在宗法农业社会中，宗法组织是维护社会秩序的第一道防线。

（二）乡党

乡党是基层地方乡村组织的概括性称谓，从社会学角度看是指因地缘关系共居同一村落而形成的社区。根据《周礼》记载，周代在"国"中实行比、闾、族、党、州、乡的六乡制；在"野"实行邻、里、酂、鄙、县、遂的六遂制。后世乡党组织的划分虽有不同，但作为上承国家意志，下通家庭民情的地方行政组织，其管理本地政教的职能并无二致。《周礼·地官·大司徒》的职能之一是："以本俗六安万民，一曰美宫室，二曰族坟墓，三曰联兄弟，四曰联师儒，五曰联朋友，六曰同衣服。"②就是通过密切宗族、姻亲、师生、朋友、贫富等各种关系使村落更加团结和安定。这种农业社区具有不容外人插足的较强的地方性，乡民也不能随便迁徙。《周礼·地官·比长》载："徙于国中及郊，（比长）

---

① 《中国古代女子教育》，第183页。
② 《周礼正义》，第748页。

则从而授之。若徙于他，则为之旌节而行之。若无授无节，则唯圜土内之。"① 迁于国中及近郊等处，要由比长亲自送至所徙之处，交于当地乡吏；迁于六遂及都鄙等远处，需持有符节为证，若二者皆无，就只好委屈于狱中了。《吕氏春秋·上农》载："苟非同姓，农不出御，女不外嫁，以安农也。"② 如果不是同姓，人们只在本社区联姻，为的是以姻亲关系维护和巩固地缘关系。费孝通在《乡土中国》中的"血缘与地缘"一节中对二者的关系以及乡村社会的特点有过细致的分析。生活在同一地域的人们由于共同的利益，需要协调组织，建立起相互间的责任义务关系，形成一种约束力量，以维护乡党的整体利益。所以《周礼·地官·大司徒》载："令五家为比，使之相保，五比为闾，使之相受；五闾为族，使之相葬；五族为党，使之相救；五党为州，使之相赒；五州为乡，使之相宾。"③ 这些虽然是官施其令，实际都是人们自相负责。在各级地方区划中，彼此居住越近，责任和义务关系越重；居住越远，责任和义务关系越轻。在这样一个"相保相受，刑罚庆赏相及相共"④ 的半自治组织中，亲密、熟悉、稳定使任何人都离不开别人的眼睛生活，从而为人们主动服从社会规范提供了最适宜的环境。《韩诗外传》卷四也有类似说法："八家相保，出入更守，疾病相忧，患难相救，有无相贷，饮食相招，嫁娶相谋，渔猎分得，仁恩施行，是以其民和亲而相好。"⑤ 这种半自治的基础组织成为后世乡党自治的学习典范。宋代经吕大钧发起，朱熹倡导推广，兴起了乡社乡约制度。吕大钧依"出入相友，守望相助，疾痛相扶持"的古训，约集邻里乡党制订《吕氏乡约》，包括德业相劝、过失相规，礼俗相交、患难相恤四大纲目。同约之人，"各自进修，互相劝勉。会集之日相

---

① 《周礼正义》，第888页。
② 《吕氏春秋》见《诸子集成》第6册，第333页。
③ 《周礼正义》，第751页。
④ 《周礼正义》，第881页。
⑤ 《韩诗外传集释》，第143页。

与推举,其能者书其籍,以警励不能者",并要求"各自省察,互相规戒。小则密规之,大则众戒之。不听则会集之日,值月以告于约正,约正以理谕之。谢过请改,则书于籍以俟。"南宋中期朱熹又据此稍加增损,撰成《增损吕氏乡约》,在封建社会后期广为流行。教导孝悌贞节是乡规民约的重要内容。清余治编辑的《得一录》载:"宣讲乡约新定条规",云:"乡约局门首,署乡约总局匾额,旁用签贴大字,与本局奉宪采访孝子、悌弟、贞女、节妇事实。"① 乡社议定的乡规民约作为一种约定俗成的道德行为规范,往往形成强大的舆论压力,有效地发挥了辅助政令法规的教化功能。

(三)官府

官府教化的文化传统发生得很早。据《尚书·尧典》记载,舜曾因"百姓不亲,五品不逊",命契为司徒,"敬敷五教"。② 五教即《左传》文公十八年"举八元,使布五教于四方,父义、母慈、兄友、弟恭、子孝"。③ 五教是处理家庭亲属关系的基本原则。《孟子·滕文公上》有"父子有亲、君臣有义,夫妇有别,长幼有叙,朋友有信"④,《礼记·王制》有"父子、兄弟、夫妇、君臣、长幼、朋友、宾客"。⑤ 于《左传》五教又增加了君臣、朋友、宾客等处理社会关系的准则。西周以礼治国,非常重视教化的作用。《周礼·地官·大司徒》详细记录了礼乐教化的内容,我们不妨以大司徒之职为分析对象作为了解中国礼乐文化的窗口,后世虽有流变,但礼乐文化的精神没有改变。

大司徒是全国教官总长,在12个方面负有教民之责:"一曰以祀礼教敬,则民不苟;二曰以阳礼教让,则民不争;三曰以阴礼教亲,则民不怨;四曰以乐礼教和,则民不乖;五曰以仪辨等,则民不越;

---

① 《中国古代女子教育》,第181页。
② 《尚书今古文注疏》,第64页。
③ 《春秋左传注》(修订本),第638页。
④ 《孟子译注》,第125页。
⑤ 《礼记集解》,第398页。

六曰以俗教安，则民不愉；七曰以刑教中，则民不暴；八曰以誓教恤，则民不怠；九曰以度教节，则民知足；十曰以世事教能，则民不失职；十有一曰以贤制爵，则民慎德；十有二曰以庸制禄，则民兴功。"①十二教是大司徒教民的总要，兼有礼乐仪、世职世事及制爵制禄等内容。这些内容大致可分为两类，首先是教民生业，其余大多关于德行的训练。"世事教能"属于因地制宜教民生业。具体来说有"十二职事"："一曰稼穑，二曰树艺，三曰作材，四曰阜蕃，五曰饬材，六曰通材，七曰化材，八曰敛材，九曰生材，十曰学艺，十有一曰世事，十有二曰服事。"②这段话说明士农工商林牧渔与妇女丝麻产业已经相互分离，在这些产业中，稼穑尤为重要，化材即大宰九职之七"嫔妇化治丝枲"③。劝课农桑是大司徒教民的重要内容，"趋其耕耨，稽其女功"④是各级地方官的工作重点。德行的训练发面，祀礼是追养继孝，教民敬祖，死者尚敬，生事双亲就不会苟且；阳礼指乡饮酒、乡射礼等男子所行之礼，以齿让为序，止民争心；阴礼指男女之事、婚姻之礼，以礼亲成男女，则无失时之怨；乐礼教民和睦，使民与上相和不悖；仪可以辨上下之等，使民尊卑有序；教民刑是法律教育，使民远离暴力。总之，礼乐教化是重点，教民做人做事要符合社会规范。

为了达到教化的目的，还必须辅以相应的劝勉办法。劝勉的措施是推举任用德行道艺优秀的人。大司徒"以乡三物教万民而宾兴之。一曰六德，知、仁、圣、义、忠、和；二曰六行，孝、友、睦、姻、任、恤；三曰六艺，礼、乐、射、御、书、数"⑤。德与行是内外之称，在心为德，施之为行。德行道艺三事教成，乡大夫举其贤能，以饮酒

---

① 《周礼正义》，第 705 页。
② 《周礼正义》，第 754 页。
③ 《周礼正义》，第 79 页。
④ 《周礼正义》，第 1157 页。
⑤ 《周礼正义》，第 756 页。

礼加以表彰，然后献书于王。司徒所属各级基层组织都在年终岁首选出德行道艺优秀的人，以资向化。比长教"和亲"，闾胥"书其敬敏任恤者"，族师"书其孝悌睦姻有学者"，党正"书其德行道艺者"，① 由州长考核，上报乡大夫；乡大夫三年大比复考，举其贤能，以备王选。不仅如此，乡大夫还使民自主推选贤能，并加以任用，"使民兴贤，出使长之；使民兴能，入使治之"。② 在地方官之上，还有专司监察、复核的司谏，"司谏掌纠万民之德而劝之朋友，正其行而强之道艺，巡问而观察之，以时书其德行道艺，辨其能而可任于国事者"③。司谏的职责是巡行地方，纠正民行，劝民向善，察民德艺，辨民之能。后世乡饮酒礼虽废，地方基层组织的教化功能并未改变。

以上劝勉之策主要是对男子而言的，对妇女的褒奖主要是针对贞女节妇，通过上封号、旌表、立牌坊、免除赋役、赐粮米绸缎等办法予以表奖。旌表封号之事最早或可以追溯至春秋时期。《列女传·贤明传》"宋鲍女宗"条，其夫鲍苏仕卫三年而娶外妻，别人劝她离开鲍家。她说："妇人一醮不改，夫死不嫁，执麻枲，治丝茧，织纴组紃，以供衣服，以事夫室。澈漠酒醴，羞馈食，以事舅姑。以专一为贞，以善从为顺，岂以专夫室之爱为善哉！"宋公闻之，表其闾里，号曰女宗。④ 秦代巴寡妇清能守祖先产业，用财自卫，不被侵犯，秦始皇"以为贞妇而客之，为筑女怀清台"⑤。战国以后，地方设置三老负责教化。《后汉书·百官志》明言："三老掌教化。凡有孝子顺孙，贞女义妇，让财救患，及学士为民法式者，皆扁表其门，以兴善行。"⑥ 政府给予贞女节妇物质奖励者首见于《列女传·贞顺传·陈寡孝妇》与《节

---

① 《周礼正义》，第887、884、878、876页。
② 《周礼正义》，第856页。
③ 《周礼正义》，第1019页。
④ 《列女传》，第18页。
⑤ 《史记》，第3260页。
⑥ 《后汉书》，第3624页。

义传·郃阳友娣》，前者因年少守寡，却夫死不嫁，奉养其姑28年，"汉孝文皇帝高其义、贵其信、美其行，使使者赐之黄金四十斤，复之终身，号曰孝妇"；后者因有义行，"冯翊王让闻之大其义，令具复其三子而表其墓"。① 这些还只限于个别事例，西汉后期表奖进一步推广，汉宣帝神爵四年（前58）诏赐颍川郡"贞妇顺女帛"②，平帝"复贞妇，乡一人"③；东汉安帝元初六年（119）二月，诏赐"贞妇有节义十斛，甄表门闾，旌显厥行"④。唐代不仅扁表门闾，而且为古时贞女烈妇设立祠堂，唐玄宗曾下诏："式闾表墓，追贤纪善事，有劝于当时，义无隔于异代，其忠臣义士、节妇烈女史籍所载德行弥高者，所在亦置一祠宇量事致祭。"历代旌表褒奖之风以明清最盛。《明会典》卷一记载，明太祖朱元璋于洪武元年（1368）首次为旌表节妇颁布了标准："民间寡妇三十以前夫死守制，五十以后不改节者，旌表门闾，免除本家差役。"清代旌表范围更加扩大："孀妇守节至六年以上身故者，一体旌表"，"凡守节之妇，不论妻妾俱可请旌"，"民间贞女未婚闻讣，矢志守节，绝食自尽，照例旌表"，"拒奸被害，及因人调戏羞忿自尽之烈妇烈女，按口给银三十两，建立专坊"。⑤ 明清时期大批节妇烈女的涌现，与政府将贞节观进一步落实于法令、制度中关系密切。

中国古代宗族组织纵贯几千年，与农业自然经济、乡村组织、国家行政组织互相耦合，结成了极为稳定的社会深层结构，为性别教化提供了深厚的土壤。对妇女而言，就是要以家庭为本位，通过相夫教子，发挥其在凝聚家庭、稳定社会中的作用，一直以来妇女也确实在"强固天下之本"中发挥了重要作用，为家国事业贡献了自己的力量。

---

① 《列女传》，第44、56页。
② 《汉书》，第264页。
③ 徐天麟：《西汉会要·民政二》，上海人民出版社1977年版，第555页。
④ 《后汉书》，第230页。
⑤ 《中国古代女子教育》，第206—207页。

第二节　礼仪与性别角色的社会化

每个人除了一生都要接受各自符合性别角色的教育外，在人生的某些阶段、某些场合还要举行某种仪式作为性别角色定位的象征。仪式的作用在于将社会认可的行为模式和文化价值，通过日常实践变得习焉而不察。表现为仪式的周代礼仪集中于《仪礼》这部典籍中。《仪礼》17篇就内容而言，可以划分成两部分，一部分是冠婚丧祭之礼，因举行的地点在家庭，故多涉及妇女活动；另一部分是男子的各种社会活动之礼，举行地点在家庭之外的某些公共场所，故妇女内容较少。本节主要讨论出生、冠婚丧祭之礼中的性别内涵。

一、求子礼、出生礼中的重男轻女

人的一生常被划分为诸如出生、成年、结婚、生育、死亡等不同阶段，在从一个阶段进入下一个阶段的节点，常常要举行某种仪式，人类学家称之为通过仪式或过渡仪式，它与个人的生活状态或地位的改变有关。由于性别角色不同，这些仪式对男人和女人的重要性、意义和指向也并不相同。

求子礼是指向神灵祈求怀孕的仪式，表达了人们希望孕育男孩的愿望。三代以前是否有求子礼已无法确知，但商周求子礼还是能够于甲骨卜辞和文献中求得的。有关商代求子之祭，胡厚宣先生在《殷代婚姻家族宗法生育制度考》中有过详细的考证。他指出，商代卜辞中每见商王向先妣求生之贞；求生之后，又贞受生，贞有孕，贞妊娠；受孕后又贞是否有子。临盆期近，则贞娩，贞育；又贞育之嘉不嘉，生男为嘉，生女为不嘉。[1]可见商王的求子礼是一个从未孕到已孕再到生子的过程。这个过程的每个阶段都要祭祀占卜，最后贞卜是否能生男孩。虽然商代未必有生男为嘉、生女为不嘉的观念，但确实存在

---

[1] 胡厚宣：《甲骨学商史论丛初集》，河北教育出版社2002年版，第132页。

重男轻女的现象。[1]

在文献中，商周时期是以祭祀"高禖"来求子的。由《玄鸟》《生民》之诗来看，向禖神求嗣之礼由来已久。《诗经·商颂·玄鸟》载："天命玄鸟，降而生商。"毛传载："汤之先祖有娀氏女简狄配高辛氏帝，帝率与之祈于郊禖而生契。"[2] 又《诗经·大雅·生民》载："厥初生民，时维姜嫄。生民如何？克禋克祀，以弗无子。履帝武敏歆，攸介攸止，载震载夙，载生载育。"毛传载："去无子，求有子，古者必立郊禖焉。"郑笺："弗之言祓也，乃禋祀上帝于郊禖，以祓除其无子之疾，而得其福也。"[3] 从诗中看，简狄与姜嫄都是在祀高禖后生子的。又据《吕氏春秋·仲春纪》载："是月也，玄鸟至。至之日，以太牢祠于高禖，天子亲往，后妃率九嫔御。乃礼天子所御，带以弓韣，授以弓矢于高禖之前。"[4] 玄鸟即燕子；禖者，禖神，始制嫁娶之礼者。祀高禖是祈嗣之祭，祀天于南郊，而以禖神配祭，古以玄鸟至为祠高禖之节候，天子率后妃有孕者，以弓矢献给高禖，弓矢是男子之祥，希冀禖神能赐生男孩。除了弓矢，男子之祥还可以是熊罴之类猛兽。《诗经·小雅·斯干》载："乃占我梦，吉梦维何，维熊维罴，维虺维蛇。大人占之，维熊维罴，男子之祥，维虺维蛇，女子之祥。"[5] 生男生女的梦兆不同，熊罴是男子之兆，寄希望于将来是"室家君王"；虫蛇是女子之兆，将来则"无非无仪，唯酒食是议"[6]。

性别不同决定了出生礼也有所不同，甚至差异很大。男孩的出生礼如同求子礼一样很正式，相比之下，女孩的出生礼就很简单。差异显示了两性在社会地位、性别角色上的不同，这种不同从婴儿一出

---

[1] 曹兆兰：《金文与殷周女性文化》，北京大学出版社2004年版，第12页。

[2] 《毛诗正义》，第1700页。

[3] 《毛诗正义》，第1239—1240页。

[4] 《吕氏春秋》见《诸子集成》第6册，第12页。

[5] 《诗经注析》，第546—547页。

[6] 《诗经注析》，第548页。

生时便注定了。周代称出生礼为"接子",包括四方面内容:设弧设帨,此其一;男射女否,此其二;接子以牲,此其三;三月命名,此其四。《礼记·内则》载:"子生,男子设弧于门左,女子设帨于门右。三日,始负子,男射女否。国君世子生,告于君,接以大牢,宰掌具。三日,卜士负之,吉者宿斋,朝服寝门外,诗负之。射人以桑弧、蓬矢六,射天地四方。"弓箭是男子狩猎习武所用,设弧代表男子的事业。《礼记·射义》载:"射者,男子之事。"① 帨是事人所用佩巾,设帨代表家务,女子要以服务家庭为己任。男孩出生后第三天,由人抱着代行射礼,其用意与设弧相同。女子卑,设帨而已,并无他礼。"接子以牲"也是对男不对女。男孩出生后,就子生之室,陈设馔具牲体,以礼接待之,这是一件严肃的事情。国君世子生,以桑弧、蓬矢六,射向天地四方,寓意诸侯世子要统辖一国四方之地。《大戴礼记·保傅》载:"古之王者,太子乃生,固举之礼,使士负之。有司参,夙兴,端冕,见之南郊,见之天也。"② 王太子生规格更高,于南郊行礼,举见于皇天上帝,表明作为未来的天子,要以治理天下万民为己任。可见举子之礼与社会地位、社会等级是相应的。《诗经·小雅·斯干》也有与设弧设帨相似之礼。"乃生男子,载寝之床,载衣之裳,载弄之璋。其泣喤喤,朱芾斯皇,室家君王。乃生女子,载寝之地,载衣之裼,载弄之瓦。无非无仪,唯酒食是议,无父母诒罹。"③ 璋是玉器之尊,半圭为璋。男孩之生尊之于床,盛服以裳,玩以玉璋,哭声洪亮,服煌煌朱芾,如此尊崇是寄希望于其有室有家,为君为王。瓦是纺轮,女孩之生卑之于地,衣之以裼,玩以纺轮,对女孩的要求不高,长大后能做好一日三餐,出嫁后不给父母添忧就行了。

---

① 《礼记集解》,第1440页。
② 《大戴礼记解诂》,第49页。
③ 《诗经注析》,第547—548页。

二、成年礼对性别角色的训练

青春期是人的生理成熟期,是由孩童向成年过渡的重要时期,但是这种转折并不像生理成熟一样是自然发生的,在许多民族中是通过成年礼完成的,这是人的社会性成年。通观原始部族的成年习俗,可以对它做如下的概括:随着性成熟期的到来,在一段时间甚至连续几年的期间,对孩子们施加的一整套有着不同程序和仪式的肉体折磨、训练和考验,使他们完成从孩子向成年人的转变。成年礼的核心目的在于为青春期的孩子成为一名正式的社会成员做准备。由于性别角色不同,成年礼对两性的意义也迥然有别。对男孩来说,成人必须具备两个条件,一是具有一定的自然知识和劳动技能,具有养家糊口的经济能力,二是具有进入男人群体的资格。对女孩来说,成人意味着即将承担起妻子和母亲的责任。社会角色的不同使两性成年礼在内容、规模、范围等方面是不对等的,男孩的成年礼因其要步入公共社会而显得更重要,仪式由全体成年男子参加,并由酋长、巫师等德高望重者主持,借重于他们使仪式更有权威性;女孩的成年礼则不那么重要,因为她们在婚前的日常生活中已经习得很多家务事了。

(一)成年礼对两性的社会意义

男性成年礼包括两方面内容:一是使男孩获得成人所必须具备的知识、劳动技术和对危险进行斗争的勇气和力量,为此男孩们要接受艰苦的训练和考验,成年礼中许多旨在锻炼被考验者、教育他们永不为失败所吓倒、坚定地忍受一切苦难的项目都是为此设立的,目的是把男孩培养成勇敢的男子汉。另外一个重要内容是把部落文化传授给他们,为此男青年们要学习部落的仪式歌曲、舞蹈、部落神话、文化英雄的故事、各种规矩禁忌、道德观念和行为准则,等等。同时,成年礼也将他们引入宗教生活中。男人用以吓唬女人和孩子的宗教秘密就是在这个时候被告知的。要完成这一系列任务,往往需要耗时几个月甚至几年,成年礼就像是一场德智体美劳的学校教育,学校里的训练为他们作为成人进入社会做准备。

由于孩子从小跟母亲待在一起的时间最多,因此男孩首先要摆脱孩提生活和妇女的保护。从入会那一刻开始,男孩需要离开家庭,与其他未婚男子住在单身营地中,在那里开始长达两三个月甚至三四年之久的生活。为此阿拉佩什人先要举行一个脱离妇女的仪式。使孩子进入男人圈而离开女性环境,与其说是身体上的分离,不如说是社会学上的分离。为了使男孩摆脱孩子气成为男子汉,意志磨炼是不可缺少的,故而成年礼常常充斥着暴力,其中较常见的是肉体折磨。阿拉佩什的男孩们要在两排不停挥舞着带刺荨麻鞭子的男人中间跑过去;蒙都哥莫男孩要承受特别的皮肉之苦,执行仪式者用鳄鱼的牙齿割他们,用火烫他们,或者拷打他们①;沙凡特的小伙子们要在长辈的安排下捉对打斗,彼此用棒子朝对方头上、肩上打,并且不允许有任何痛苦或软弱的表示,以显示他们的武士精神②。男子气不仅是在男人间的肉体折磨中培养,男子气价值的再肯定也取决于对妇女的暴力,沙凡特的新入会者在斋戒之后,纵情对村子里选定的妇女进行祭礼性的奸污,从而表明他们已从各类神灵中获得了性的力量和侵犯的力量。③成年礼对于自力谋生也有相当的训练。生活在荒漠地区的澳大利亚土著是靠水源得以幸存的,如果一系列水源枯竭,这里的土著便面临灾难。水源知识是他们最为性命攸关的遗产,在某些部落里,在获得完全的成人地位之前,男子必须能背诵出整个广泛范围内他可能找到的全部水源的地点清单。澳大利亚新入会者则要参加图腾仪式,看图腾珠灵卡,以神圣的颂歌和祭礼训导他们——同一图腾的伙伴们就是以这些颂歌和礼仪来纪念祭礼的历史和他们的成员资格的。沙凡特人的成年男子教男孩如何捕鱼,如何使用武器,还监督他们赛跑,

---

① 《性别与气质》,第81、185页。
② 《消亡中的原始人》,第299页。
③ 《消亡中的原始人》,第307页。

因为速度与耐力对猎手来说是至关重要的。此外，男孩们还必须学会传统歌曲，在前辈赞许的目光下，按他们喜欢的风格在硬实的地面上练习节奏很快的蹬足舞。①

成年礼使青年人作为社会的正式成员获得了参与公共生活的资格。此后，澳大利亚土著男子才可以结婚，才可以参与营地上举行的讨论，才可以参加图腾仪式；非洲马赛人才能获得战士的地位，才能佩戴刀、矛、棍、盾和一顶特殊的帽子；沙凡特青年才能点起他们自己的议事火堆，作为一批新成员正式加入成人社会；②阿拉配什的年轻人则穿上他最好的衣服，由父亲带领着拜访自己所有的贸易伙伴——从现在起，他第一次正式踏上父辈曾经走过的路，他的童年结束了，他由过去被人关心转而要开始关心他人，对父母、年幼的弟妹、未婚妻都负有不可推卸的义务和责任。③成年礼对男孩来说是具有重要影响的转折点，从此以后他们由一种生活状态转入另一种生活状态——过去他曾经是个孩子，现在他成为承担社会责任的成年人了。他的身体比以前更强壮，生存技术和能力也增加了，可以娶妻生子成为一家之主了。同时作为社会的一员，他可以参加男子会社，共享男性世界的奥秘，并继承群体的文化传统，最终他会取代老一辈成为群体的管理者。

女孩成年礼是为日后结婚生育做准备的，因此女孩要具备当母亲的素质，她必须能吃苦。有些部族对女孩也有意志磨炼，不过根据妻子和母亲的社会角色，训练的是女孩的忍耐力。阿拉佩什女孩要待在专门为她建造的经期小屋中，禁食几天，未婚夫还要为未婚妻准备一份包括一些奇特草药的大餐。这些草药是些很坚韧的藤、树皮、虫茧等物，据信这样能使女孩变得坚强有力，能够胜任烧饭、运送东

---

① 《消亡中的原始人》，第 46、55、298—301 页。
② 《消亡中的原始人》，第 301 页。
③ 《性别与气质》，第 81—82 页。

西和养育孩子的重任。① 这种针对忍耐力的磨难在巴拿马地区的库纳人中也有。首次行经的姑娘在成年礼中要受到延续数日的水的折磨,她被安置在一间无顶小棚里,由两名特地指派的妇女当助手,把她浇淋4天。尽管对男孩们来说没有什么青春祭礼的事,可姑娘在被认为可以出嫁之前还得对付另一个重要仪式。这个仪式通常在她青春期到来后一年举行,在仪式中,人们把她埋在土中直到肩膀,用火热的木炭一小缕一小缕地烧她的头发,并间或用冷水向她洒泼,同时巫师则不断地唱着他那神圣的赞美诗。她要在土中待6个小时以上,等出来时,已经站立不住了,只得被放到一架吊床上,然后就没人理会她,人们开始狂欢。② 女孩成年礼的意义还在于教给她们对待妻子和母亲角色所应有的态度。不过女性的性别角色对女孩来说并不陌生,大多数女孩从小就从她们的母亲和其他女性那里学习如何获得食物、如何做饭、如何照看孩子等,无须对此进行专门训练,因此女性成年礼不在于让女孩获得实用知识,而在于让她们学习对待这些知识的态度。作为一个已婚的女性,她要继续做这些事情,但必须是心甘情愿地去做。女性成年礼对女孩的影响在于使她完成了由孩子向妻子和母亲角色的心理转换,与男性成年礼的社会责任角色相比,角色的转换意义没有那么重要和明显。因此,一般来说社会对男孩的成年教育更重视,程序也更复杂,许多民族甚至根本没有女性成年礼。

(二)我国古代冠笄之礼的性别意义

在对原始部族的成年仪式经过一番考察之后,我们来看看我国古代的成年仪式——冠笄之礼,它是以男子加冠,女子著笄标志成年得名的。中国古代文明到西周已经很成熟了,士农工商四业早已分化,学校也早已出现。因此,我们在礼书中所看到的冠礼已经摆脱技能训练和知识传授的职能,仅保留下道德训诫的部分,而且成年礼也由实

---

① 《性别与气质》,第99—100页。
② 《消亡中的原始人》,第117—118页。

实实在在的教育过程完全仪式化。尽管如此，冠笄之礼乃成人之礼的社会学意义并未改变，作为性别角色的象征性与原始部族并无二致。西周男子20岁时行冠礼，《礼记·曲礼上》载："二十曰弱，冠。"①20岁以下是未成年人，未成年而死称殇。冠礼仪式比较简单，一切细节全载于《仪礼·士冠礼》中。具体来说可分为以下几项：（1）筮日（以蓍草占定吉日）；（2）戒宾（通知僚友参加冠礼）、筮宾（于众宾中占定吉者为子加冠）、宿宾（冠之前日再次通知冠宾）；（3）陈器服；（4）三加（依次着缁布冠、皮弁、爵弁）；（5）醴子（以酒饮子）；（6）见母；（7）取字；（8）醴宾；（9）见兄弟、姑、姊、君、卿大夫、乡先生。与原始部族在一个单独的场所为一群孩子举行成年礼不同的是，冠礼在自家宗庙举行，不是为一群孩子而是为士之子举行，但这并未改变冠礼的社会意义。首先，从冠礼的参加者——冠者本人、父兄、宾客（其中包括加冠者）以及赞礼者来看，他们都是男性。冠礼不能由宗族的亲属操办，而必须延请父亲的僚友贤者为儿子加冠取字，因为他们代表社会一方，是男孩进入社会的介绍人。同时也希望借他们之手给冠者带来吉祥福禄。《仪礼·士冠礼》"筮宾"文下郑注说："筮宾，筮其可使冠子者，贤者恒吉。"②第二，冠礼是以成人之礼责成男孩，《士冠记》郑注："二十而冠，急成人也。"何谓成人？《礼记·冠义》载："成人之者，将责成人礼焉也。责成人礼焉者，将责为人子、为人弟、为人臣、为人少者之礼行焉。""故孝、悌、忠、顺之行立，而后可以为人，可以为人而后可以治人也。故曰：'冠者，礼之始也，嘉事之重者也。'"③成人的标准在于懂得人伦道德，只有孝悌忠顺之义备，才可以称得上是一个成年人，冠礼就是要把人伦之义加到男子身上，使他明白为人之本，并身体力行。

　　成人之德的修养从三加冠的仪式看，是一个渐进的过程。始加

---

① 《礼记集解》，第12页。
② 《仪礼注疏》，第15页。
③ 《礼记集解》，第1414页。

冠时，将冠者服采衣以待。采衣是童子未冠者平时所服，童子尚华，所以衣饰艳丽，始加冠以缁布冠易采衣作为冠礼的开始，缁布冠服名玄端，玄端是朝服之衣；次加皮弁，皮弁尊于玄端，是国君视朔时君臣所服；三加爵弁，爵弁又尊于皮弁，是助祭于君时所服。冠礼所加之服次第尊贵，其用意正如《士冠记》所云："三加弥尊，谕其志也。"希望冠者之德能够像愈加愈尊的冠服一样不断增进提高。所以始加冠时，祝曰："令月吉日，始加元服。弃尔幼志，顺尔成德。"意思是说从现在起他应该有成年人的样子，不能再像孩子那样行事了。胡培翚《仪礼正义》引《家语》成王《冠颂》曰："令月吉日，王始加元服。去王幼志，服衮职。钦若昊天，六合是式。率尔祖考，永永无极。"①这是成王始加冠时的祝词，与士冠之辞同义。再加冠时，祝曰："吉月令辰，乃申尔服。敬尔威仪，淑慎尔德。"意思是说现在以皮弁服易玄端，德亦应有所长，在外要注重言容举止，内心要不断修养其德。三加冠时，祝曰："以岁之正，以月之令，咸加尔服。兄弟具在，以成厥德。"意思是说现在是最后一次易冠服，在兄弟众人面前，完成冠礼，修成其德。三加冠后，宾为冠者取字，祝词是："礼仪既备，令月吉日，昭告尔字。爰字孔嘉，髦士攸宜。宜之于假，永保受之，曰伯某甫。仲、叔、季，唯其所当。"甫是男子美称，所取之字与俊士相配，寄希望于冠者能够永保美德。取字是冠者社会成人的标志，《礼记·冠义》载："已冠而字之，成人之道也。"②古人幼时称名，成人称字，只有在君父面前才能直呼其名，这是以成人之礼视之，是对成人的尊重。冠礼的最后部分是见母亲、兄弟以及国君、卿大夫、乡长老，表示他已经以社会人格出现在亲属和公众面前了。"冠者……适东壁，北面见于母。母拜受，子拜送，母又拜。""冠者见于兄弟，兄弟再拜，冠者答拜。""入见姑姊，如见母。"妇女不能在现场观礼，所以冠者要从庙中侧门出去见母、姑及姊。之后冠者手持礼物拜

---

① 《仪礼正义》，第 122 页。
② 《礼记集解》，第 1412 页。

见国君、卿大夫及致仕之卿大夫。"奠挚见于君，遂以挚见于乡（应为卿）大夫、乡先生。"《国语·晋语》中记载赵文子冠礼，遍见六卿，可以与此相互发明。

《仪礼·士冠礼》记录的是士一级贵族的成年仪式，庶人虽然没有冠礼，但早期也是以20岁为成年。我国古代有"二十行役，六十免役"[1]之说，成年人必须承担社会责任，但也只是成年人才能享有社会权利。《新序五》记录："齐有闾氏邱，年十八，道遮宣王曰：'家贫亲老，愿得小仕。'宣王曰：'子年尚雉，未可也。……未有咽角骍驹而能服重致远者也。'"[2]即使偶有参与也无法享有成年人的待遇。《礼记·檀弓》说齐鲁战于郎（又见《左传》哀公十一年），鲁人重汪踦战死，因未成年，在举行葬礼时，围绕着能否按成人之礼下葬以示褒奖曾有一番争论。[3]古代祭殇不能像祭成人之鬼那样立尸象神，反过来说，祭成人不立尸是不以成人之礼相待，所以《礼记·曾子问》说"祭成丧而无尸，是殇之也"。[4]青年人虽然获得了参与社会生活的资格，却不能使他们的地位与年长者相提并论。南美初民掌握权力的人也是长老们，沙凡特的青年人虽然有自己的议事火堆，但尚未具有出席长老议事会的资格。在我国，冠礼也只是成人的开始，体力和智能尚不成熟，因此称为弱冠之年，还须要在权力的等级阶梯中向上攀登。正如《礼记·曲礼上》所云："二十曰弱，冠；三十曰壮，有室；四十曰强，而仕；五十曰艾，服官政。"[5]

笄礼是女子的成年礼，没有冠礼那么重要，在礼书中没有仪式的系统记载，而是散见于《礼记》中《内则》《曲礼》《杂记》等篇，主要仪式是15岁许嫁而笄；若未许嫁，20岁时行笄礼。笄礼是

---

[1]《后汉书》，第1585页注引《韩诗外传》。
[2]《周代礼俗研究》，第67页。
[3]《礼记集解》，第282页。
[4]《礼记集解》，第542页。
[5]《礼记集解》，第12页。

在女子生理成熟期时，通过著笄后发式的不同，表示成年。男孩和女孩的生理成熟期据《大戴礼记·本命》载："男以八月而生齿，八岁而毁齿，……二八十六，然后情通……女七月生齿，七岁而毁，二七十四，然后化成。"①《韩诗外传》卷一也有相同的说法。男孩的生理成熟期是16岁，所以宋代《郑氏规范》规定："子弟年十六以上，许行冠礼，须能暗记四书一经正文，讲说大义，方可行之。"②女子既然14岁"化成"，则15岁就可以算是成人，所以《礼记·内则》说女子"十有五年而笄"。③不过笄礼并不单纯以年龄为限，是否许嫁是它的另一个重要义项。《礼记·曲礼上》载："女子许嫁，笄而字。"④已接受男家的聘礼曰许嫁，许嫁后即可行笄礼。又《礼记·杂记下》载："女虽未许嫁，年二十而笄，礼之，妇人执其礼。燕则鬈首。"孔疏曰："妇人执其礼者，十五许嫁而笄，则主妇及女宾为笄礼，主妇为之着笄，女宾以醴礼之。未许嫁而笄者，则妇人礼之，无主妇女宾，不备仪也。燕则鬈首者，谓既笄之后，寻常在家燕居，则去其笄，而分发为鬌、髻也。此既未许嫁，虽已笄，犹为少者处之。"⑤20岁是男女最晚的成人年龄。女孩15岁许嫁后即可行笄礼，若20岁前仍未订婚，20岁时也必须行笄礼。许嫁笄礼由主妇及女宾主持，未许嫁笄礼，仪式略于许嫁笄礼，不由主妇、女宾执礼，而由家中其余妇人执礼，既笄之后，平常在家闲居，则去笄仍梳少时的发式，贬于许嫁者。着笄后取字，周代女子一般以排行——伯、仲、叔、季为字。许嫁意味着人身已有归属，《礼记·曲礼上》载："女子许嫁，缨，非有大故，不入其门。"⑥《仪礼·士昏礼》中的"主人入，亲说（脱）妇缨"，

---

① 《大戴礼记解诂》，第251页。
② 《中国历史中的妇女与性别》，第329页。
③ 《礼记集解》，第773页。
④ 《礼记集解》，第710页。
⑤ 《礼记集解》，第1126页。
⑥ 《礼记集解》，第44页。

郑注："妇人十五许嫁，笄而礼之，因著缨，明有系也。"① 女子许嫁即有从人之端，故着笄系缨以明其有所属，非有灾变疾病之类大故，别人不得入其门。女子15岁许嫁后行笄礼，以着笄系缨标志订婚，意味着女子成年的社会意义主要是指结婚，而男子20岁冠礼后固然可以结婚了，但更是进一步学习礼的开始，抑或说是事业的开始。《礼记·内则》载："二十而冠，始学礼。"② 可见，成年对两性的意义并不完全相同。《礼记·丧服小记》的男女殇年也可以说明这个问题，"丈夫冠而不为殇，妇人笄而不为殇"。③ 原则上，男女未及20岁而死皆为殇，《仪礼·丧服》殇大功章传曰："年十九至十六为长殇，十五至十二为中殇，十一至八岁为下殇，不满八岁，以下皆为无服之殇。"④ 但实际上，只有男子殇年以此为准，因为男子冠礼与实际年龄（20岁）是重合的，而女子殇年不看年龄而看是否着笄。即使15岁去世但如果已经着笄，就算成年，并不完全以20岁为准。后世冠笄之礼以男子冠礼实行较多，女子笄礼时断时续，《宋史·礼志》对公主笄礼有较详细的叙述，至明代笄礼废而不用。笄礼虽不存在，但汉语言中的"待字闺中""字人"的说法表达的仍是关于婚配的含义。

三、婚礼中的男主女从

古代婚礼仪式详载于《仪礼·士昏礼》中。就整个过程来说，大致可分为两部分，第一部分是婚姻缔结的程序，表现的是男方主导女方宾从的关系，第二部分是妇获得夫家认可的程序。

在纳采、问名、纳吉、纳征、请期、亲迎的婚礼六礼中，男方始终是主动方。从使媒氏前往女家致命行礼，直至亲迎，女方都是听命于庙，予以配合，敬意贯穿始终，体现了男主动女宾从之义。男主

---

① 《仪礼注疏》，第123页。
② 《礼记集解》，第771页。
③ 《礼记集解》，第888页。
④ 《仪礼注疏》，第951页。

女从之义也反映在"六礼"的礼辞中。以纳采为例,男方先说:"吾子有惠,贶室某也。某有先人之礼,使某也请纳采。"女方对曰:"某之子蠢愚,又弗能教,吾子命之,某不敢辞。"① 男方的意思是说感谢女方的恩赐,把女儿许配给自己儿子,自己以祖先的名义向女方行纳采之礼;女方父亲则谦逊地表示,自己的女儿愚笨不能受教,既然男方有命,自己岂敢推辞。其余礼辞大同小异,充满了谦虚和敬意。从纳采至请期都是请媒妁为代言人,男女双方家庭并不直接接触,只有在亲迎时,男女当事人才在家长的安排下正式登场,此时男主女从之义更加明显。亲迎时"主人爵弁纁裳缁袘,从者毕玄端,乘墨车,从车二乘,执烛前马。妇车亦如之,有裧。至于门外,主人筵于户西,西上右几。女次,纯衣纁袡,立于房中,南面。……主人玄端,迎于门外,西面再拜。宾东面答拜。宾执雁从,至于庙门。揖入,三揖,至于阶,三让。主人升,西面,宾升,北面奠雁,再拜稽首,降出。妇从,降自西阶,主人不降送。婿御妇车,授绥,姆辞不受。妇乘以几,姆加景,乃驱。御者代。婿乘其车先,俟于门外"。② 这段话有两个主人,第一个主人是新郎,第二个主人是新娘父亲。婚礼当晚,父亲命子亲迎,子承父命来到女家,手持礼物——雁,进入庙门,与新娘父亲揖让升堂后,向新娘父亲再拜后放下礼物,然后新娘由房中走出,随新郎之后降阶出门,女子人身权的转移由此完成。婚礼仪式的这种功能在其他民族中也很常见。如《摩奴法典》列举的一种婚姻形式:"当父亲按照规定,从新郎手里接受一只牝牛和一只雄牛,或类似的两对之后,将姑娘的手授给他,以完成宗教的仪式。"③ 在早年的别洛露西亚人中,新娘的父亲在男方"相看"自己的女儿时要说:"祝你们晚安,亲家们。我把东西交给你们,也不瞎,也不瘸,但愿老天

---

① 《仪礼注疏》,第 149—150 页。
② 《仪礼注疏》,第 102—116 页。
③ [法]迭朗善译,马香雪转译:《摩奴法典》,商务印书馆 1982 年版,第 57 页。

也给我一个这样的。"① 基督教婚礼中父亲手挽着女儿把她交给女婿的仪式也不外乎此。妇上车后，婿亲自为妇御车，轮转三周后，由御者代替自己驾车，婿则乘己车在前面引路，先至家中，等候于门外。《礼记·郊特牲》谓："出乎大门而先，男帅女，女从男，夫妇之义由此始也。"出了大门，男帅女，女从男，夫妇关系正式开始。妇至夫家之后，还有一个夫妻共牢而食、合卺而酳的仪节。酳是饭后以酒漱口，卺是二分之瓠，夫妻各用其半以漱口。《礼记·郊特牲》谓："共牢而食，同尊卑也。故妇人无爵，从夫之爵，坐以夫之齿。"② 这个仪节表示夫妻相亲相爱，从此以后妻与夫合二为一，与丈夫尊卑与共。同牢合卺之后，"主人入，亲说（脱）妇之缨"。③ 前文说过，缨是许嫁所系，意为已经许嫁，就寝时由丈夫亲手摘下妇缨，表明这个嫁娶过程的完成，丈夫成为自己的新主人。

以上是"成妻"礼，之后是"成妇"礼，意在获得舅姑的承认。成妇礼包括妇见舅姑仪式和三月庙见仪式。妇义有别于妻义，《公羊传》宣公元年："其称妇何？有姑之辞也。"④ 妇是对姑而言，《左传》屡称"迎妇至自齐"都是因姑在而称妇，因此成妇礼首先是妇于婚礼次日拜见舅姑。"夙兴，妇沐浴，纚笄宵衣以俟见。质明，赞见妇于舅姑，席于阼，舅即席。席于房外，南面，姑即席。妇执笲枣栗，自门入，升自西阶，进拜，奠于席。舅坐抚之，兴，答拜。妇还又拜。降阶，受笲腵脩，升，进北面拜，奠于席。姑坐举以兴，拜，授人。"⑤ 妇人所持礼物无外乎枣栗、干肉。礼无不答，妇以腵脩、枣栗见舅姑后，赞者代表舅姑醴妇。醴是甜酒，以醴饮妇是对新妇的答礼，同时也是对新妇的认可。接下来就是新妇行孝养舅姑之礼，《左传》襄公二年：

---

① 《原始文化史纲》，第 226 页。
② 《礼记集解》，第 709—710 页。
③ 《仪礼注疏》，第 123 页。
④ 《春秋公羊传译注》，第 331 页。
⑤ 《仪礼注疏》，第 124—126 页。

"妇，养姑者也。"① "舅、姑入于室。妇盥馈。特豚，合升，侧载……妇赞成祭，卒食，一酳。"②新妇以特豚（一只小猪）侍奉舅姑用饭，就是取孝养舅姑之义，以示妇顺。妇赞舅姑祭祀、卒食、饮酳后，舅姑答礼飨妇。"舅姑共飨妇以一献之礼。舅洗于南洗，姑洗于北洗，奠酬。舅姑先降自西阶，妇降自阼阶。归妇俎于妇氏人。"③以酒食犒劳人曰"飨"，舅姑以酒食慰劳新妇后离席，先降自西阶——西阶是客阶；妇后降自阼阶——阼阶是主人之阶，此举表示舅姑承认新妇的新主妇地位。至此，成妇礼完成。

如果舅姑已死，新妇须在完婚后3个月后祭告夫之父母，称曰奠菜。在祝的引荐下禀明舅姑之神后，才能正式成为夫家一员，这是成妇礼的补充环节。仪式如下："若舅姑既没，则妇入三月乃奠菜。席于庙奥，东面右几，席于北方，南面。祝盥，妇盥于门外。妇执笲菜，祝帅妇以入。祝告，称妇之姓，曰：'某氏来妇，敢奠菜于皇舅某子。'妇拜扱地，坐奠菜于几东席上，还又拜如初。妇降堂，取笲菜入。祝曰：'某氏来妇，敢告于皇姑某氏。'奠菜于席，如初礼。"④所以《礼记·曾子问》云："三月而庙见，称'来妇'也。择日而祭于祢，成妇之义也。"⑤舅姑若健在，新妇也要在3个月后方可祭祀，这期间有个熟悉的过程，所谓"妇入三月，然后祭行"。⑥可见新妇的完全确认，须在成婚3个月后参与夫家宗庙祭祀，才算最后完成。在古人看来，"三月一时，物有成者，人之善恶可得知也"。⑦3个月是新妇的考察期，考察通过后，夫家才返还女家送亲的马，这叫"返

---

① 《春秋左传注》（修订本），第921页。
② 《仪礼注疏》，第128页。
③ 《仪礼注疏》，第130—131页。
④ 《仪礼注疏》，第137—139页。
⑤ 《礼记集解》，第521页。
⑥ 《仪礼注疏》，第148页。
⑦ 〔清〕陈立撰，吴则虞点校：《白虎通疏证》，中华书局1994年版，第464页。

马"。《左传》宣公五年记载:"秋九月,齐高固来逆女,自为也。故书曰'逆叔姬',卿自逆也。冬,来,反马也。"郑玄注云:"留车,妻之道也",① 妻不敢肯定必长久居于夫家,恐一旦被出,将乘此车以归。又云:"反马,婿之义也",夫家以返马留车表示对新妇的认可。至此,人身权的转移才最终完成,新妇完全成为夫家的一员。若"女未庙见而死,则如之何"?孔子曰:"不迁于祖,不祔于皇姑,婿不杖不菲不次,归葬于女氏之党,示未成妇也。"② 新妇若未祭告夫之祖先而死,不能算是夫家的人,不能入祖先宗庙,丈夫也不为其服丧,只能归葬于女家。

四、祭礼中的夫主妇从

"昏礼者,将合二姓之好,上以事宗庙,而下以继后世也。"③ 婚礼有三个目的:一是建立两姓友好,二是生育子嗣,三是祭祀宗庙。宗庙祭祀的仪节除了散见于《礼记》外,集中收录在《仪礼》的《特牲馈食礼》《少牢馈食礼》《有司》《既夕礼》和《士虞礼》中,其间有吉凶、等级之别,不过行礼程序大同小异。祭祀祖先必须是夫妇二人共同主持,这既是家庭完整、香火有续的表现,也是祭礼中男拜男宾、女拜女宾,严男女之防的需要,所谓"夫祭也者,必夫妇亲之,所以备外内之官"④。所以婚礼父命子亲迎时说:"往迎尔相,承我宗事。勖帅以敬先妣之嗣,若则有常。"⑤ 相,助也;宗事,宗庙之事。意思是说前去迎娶你的妻子,共同承担宗庙祭祀之事,引导她恭敬地继承先妣之职,有序完成各种家事。《礼记·祭统》载:"既内自尽,又外求助,婚礼是也。"⑥ 说的就是妻子的这种重要的助力作用。在

---

① 《春秋左传注》(修订本),第 686 页。
② 《礼记集解》,第 521 页。
③ 《礼记集解》,第 1416 页。
④ 《礼记集解》,第 1238 页。
⑤ 《仪礼注疏》,第 154 页。
⑥ 《礼记集解》,第 1238 页。

宗庙祭祀中，主人主祭，主妇助祭，各司其职，缺一不可。整个过程都是主人行礼开其端，主妇从之续其后，这种仪式感很强的活动使主妇的存在变得不可或缺。若主持祭祀的宗子无妻，即使年已 70 岁，也要续娶。《礼记·曾子问》云："宗子虽七十，无无主妇；非宗子，虽无主妇可也。"[①] 同样，如果妻子患有恶疾无法协同丈夫祭祀，丈夫有权出妻。丈夫如果死亡或年过七十将家事下传给儿孙，姑虽健在，亦使子妇主之，《礼记·内则》所谓"舅没则姑老"[②]。可见，主妇的价值虽然很重要，但始终离不开夫主妇从。《礼记·祭统》中说祭有十伦，七曰"见夫妇之别焉"[③]，祭祀过程中的夫妇之别主要表现在以下几个方面。

（一）夫妇行礼场所不同

祭祀的主要场所是室、房与堂。室最尊，尸位与主人位均在室，主人在室中接神事尸，在堂与众宾及诸兄弟行礼。房是陈列、备办祭祀器物的地方；主妇位在房，主妇行礼要由房入室，礼毕再由室返回房中自己的位置，房也是主妇酬女宾的地方。凡经文中有"主人入"或"户内某面"，都是指在室中；主妇则单言入于房。室和房的不同，也就是主和次的不同。

（二）夫妇所奉祭食、设食次序不同

我们以《仪礼·特牲馈食礼》为例分析在准备祭食的过程中所体现的夫妇之别。"厥明夕，陈鼎于门外……豆笾铏在东房。""夙兴，主人服如初，立于门外东方，南面视侧杀。主妇视馈爨于西堂下。亨（烹）于门外东方，西面北上。羹饪，实鼎，陈于门外，如初。……实豆笾铏，陈于房中，如初。……盛两敦，陈于西堂。"祭祀所用的食物分为动物和植物两类，主人所准备的动物为"牺牲"，即牲体；

---

① 《礼记集解》，第 512 页。
② 《礼记集解》，第 739 页。
③ 《礼记集解》，第 1243 页。

主妇所准备的植物为"粢盛",即谷物,这种区别应来自狩猎采集的两性分工。祭祀中以牲体为主,谷物为辅。因此无论是杀牲、烹饪及升鼎载俎都由主人及男子执事者负责,炊黍稷、荐豆笾菹醢则由主妇及女子执事者负责。又由于男女内外有别,主人杀牲、烹牲都在门外进行,妇人无外位,主妇负责在门内炊黍稷。准备就绪后,"主妇纚笄宵衣,立于房中,南面"。下面是设食的过程:"主人及祝升,祝先入,主人从,西面于户内。主妇盥于房中,荐两豆,葵菹、蜗醢,醢在北。……主人降,及宾盥,出。主人在右,及佐食举牲鼎,宾长在右,及执事举鱼腊鼎。……赞者错俎,加匕。乃朼。佐食升肵俎,……卒载,加匕于鼎。主人升,入复位。俎入,设于豆东,鱼次,腊特于俎北。主妇设两敦黍稷于俎南,西上,及两铏铏芼设于豆南。"这段引文表明陈设祭食的次序是主人先设,主妇后设;后设之黍稷以前设之牲体为基准摆放。主人先由门外入室,视主妇荐豆于室,然后主人出庙门与佐食(佐尸食者)、宾长及执事者举鼎入设于阼阶前,赞者执俎随后,于鼎中取肉载俎后,入室设于豆东尸位之前,佐食则升心舌之俎于阼阶西,此为主人及男性执事者设肉俎。设俎之后,主妇设装黍稷的两敦于俎南,又设盛装蔬菜羹汤的两铏于豆南,此为主妇设黍稷之敦。

(三)主人"正献"和主妇"亚献"

除了设食先后外,主从关系还体现在主人"正献"和主妇"亚献"上。正祭的主要节目是尸饭、三献礼及宾主酢酬之礼。一切准备就绪,祝迎尸入行正祭。首先是主人请尸九饭(《仪礼·少牢馈食礼》为十一饭),主妇并不参与。饭后行三献礼,即主人、主妇、宾长依次向尸敬酒。《仪礼·特牲馈食礼》载:"主人洗角,升酌,酯尸。尸拜受,主人拜送,尸祭酒,啐酒,宾长以肝从。"此为主人初献,即首先向神尸敬酒。"主妇洗爵于房,酌,亚献尸。尸拜受,主妇北面拜送。"此为主妇亚献,即主妇随后向神尸敬酒。宾三献后,主人主妇互相敬酒,曰"致爵"。此后,主人为均神惠行酢酬礼,主人在室中先向男宾敬酒行礼,然后主妇在房中向女宾敬酒行礼。整个过程始终是以主人为先导,主妇则继而从之。

此外,丈夫的主导作用还体现在以下几点:

第一,主人初献、主妇亚献的从俎有别。从俎是主人主妇向尸献酒时的从献之物,主人从俎是肝,主妇从俎是燔。肝,肝炙(烤肝);燔,炙肉(烤肉),肝贵于肉。凡主人初献,从俎皆以肝;主妇亚献,从俎皆以燔。献尸后,主人主妇献祝也是如此。

第二,主人俎与主妇俎有别。祭礼中尸、祝、主人主妇都有各自的俎。根据俎上所载牲体的不同,以明俎之主人的尊卑。主人俎(阼俎)所载牲体贵于主妇俎。《仪礼·特牲馈食礼》载:"阼俎,臂,正脊二骨,横脊,长胁二骨,短胁,肤一,离肺一。主妇俎觳折。其余如阼俎。"①这里的不同在于臂与觳折的不同。臂是前胫骨的一部分,觳折是指左后足。凡牲体,前贵于后,右贵于左,前胫骨当然贵于后左足。

第三,嘏与不嘏之别。嘏,是祝福的意思。主人初献,尸亲嘏主人;主妇亚献,尸不嘏主妇。据《仪礼·少牢馈食礼》载:主人献尸后,尸酢主人,并命祝祝主人子孙兴旺,福禄无穷。祝词曰:"皇尸命工祝承致多福无疆于女孝孙,来女孝孙,使女受禄于天,宜稼于田,眉寿万年,勿替引之。"②妇统于主人,向主人祝福就涵盖了主妇,所以不必再嘏于妇。

第四,主人、主妇致爵之别。致爵,敬酒义。在《仪礼·特牲馈食礼》中,宾三献后,主人主妇要互相敬酒,寄希望于夫妇和睦家庭兴旺。但敬酒也有先后次序,卑者要先向尊者敬酒,故主妇先致爵于主人,主人次致爵于主妇。"主妇洗爵,酌,致爵于主人。主人拜受爵,主妇拜送爵。""主人降,洗酌,致爵于主妇。"③这是士礼。大夫礼

---

① 《仪礼注疏》,第1430页。
② 《仪礼注疏》,第1484页。
③ 《仪礼注疏》,第1385、1387页。

又有所不同,《有司》无论傧尸或不傧尸,主妇皆致爵于主人,而主人不致爵于主妇。大夫之祭,仪节繁多,但妻于夫所行之礼必不可少,夫于妻则可省去回报之礼,由此亦可见礼主于尊者的原则。

第五,宾三献中,宾自酢于主人,不自酢于主妇。《仪礼·特牲馈食礼》载:"洗爵酌,致于主人、主妇。燔从皆如初。更爵,酌于主人,卒,复位。"① 宾以爵向主人、主妇敬酒后,更爵自酢于主人,而不酢于主妇,与尸嘏主人不嘏主妇一样,仍然体现了礼主于尊者的原则。

第六,在主人主妇于众宾行礼中,主人献众兄弟自酢之后,先献内宾、宗妇即姑姊妹与族人之妇于房中,然后自酢后出房,主妇自酢,后与女宾行旅酬。《仪礼·特牲馈食礼》载:"尊两壶于房中西墉下,南上。内宾立于其北,东面南上。宗妇北堂,东面北上。主妇及内宾、宗妇亦旅,西面。"② 主妇自酢后,洗爵酬北宾(宗妇)之长,为房中旅酬之始。献必主人,统于主祭也,酬必主妇,以洽欢心。

以上我们是从祭祀者的角度看夫妇的主从关系。从被祭者的角度看也反映了这种关系。宗庙祭祀是以祭祀男性祖先的名义进行的,妇人无庙,为"配享"。《仪礼·少牢馈食礼》筮祭日时,"主人曰:孝孙某,来日丁亥,用荐岁事于皇祖伯某,以某妃配,某氏,尚飨"。③ 某妃即某之妻,合食为配,谓妻与夫共享此祭,故宗庙祭祀时只有男尸而无女尸,妇统于夫也。死亡是人生旅程的终点,在灵魂崇拜的观念下,每个人都不想成为孤魂野鬼,都希望能得到后代子孙的供祭,但妻子只能附于其夫,与夫共享儿孙的祭祀,不能单独受祭。

五、丧葬之礼中的男女之别

丧葬之礼也是周礼中的重要内容,接下来从服丧原则和丧葬礼

---

① 《仪礼注疏》,第 1387—1388 页。
② 《仪礼注疏》,第 1425—1426 页。
③ 《仪礼注疏》,第 1445 页。

仪两个方面，分析其中蕴含的男女之别。

（一）丧服制度中的夫主妇从原则

丧服制度（简称服制）是我国古代划分亲属关系的制度，主要载于《仪礼·丧服》中，为历来学者和各朝代政府所重视，是《仪礼》中为数不多的、为后世一直沿用的古礼。服制是指亲人去世后，与之亲疏不同的生者穿戴不同式样和质地的丧服，服一定时间的丧期，来表达自己的哀痛和对死者的哀悼，服尽亲尽。任何地方的人群对于亲属的认定都有一定的标准。严格说来亲属关系是一个民族或群体根据各自的文化需要，利用血缘性的生物关系对血缘和姻缘关系所进行的文化建构，文化性质是亲属关系的本质特征。① 《礼记·大传》载："服术有六，一曰亲亲，二曰尊尊，三曰名，四曰出入，五曰长幼，六曰从服。" ② 这是服丧的六条原则，其中亲亲、尊尊为经，以下四者为纬。具体来说，子为父、臣为君、妻为夫是三纲，各种名义的加服、降服、名服、从服都由此产生。经过划分的亲属关系外化为丧服之五等十级，分别是斩衰、齐衰、大功、小功、缌麻五等，涵盖了社会认可的一个父系家族的所有亲属，习称"五服"。将自然血缘关系加以扭曲的一个政治因素就是父系制度下的男尊女卑，它从父母开始，波及双方的所有亲属。③ 主要表现在对具有对等血缘关系的父系和母系亲属，有服制的轻重之别。

1. 为父服重，为母服轻

斩衰首章即为父服斩。"为父何以斩衰也？父，至尊也。"这是对为什么为父服斩衰而为母服齐衰的回答。父母虽然都是家之严君，但父尊于母，父有至尊之义，所以子女毫无区别地为父服最重的斩衰，为母只能降服齐衰。即使降服也要视父在与父卒两种情况——父亲如

---

① 《社会人类学》，第86页。
② 《礼记集解》，第912页。
③ 《周代礼俗研究》，第24页。

果在世，只能为母服齐衰杖期。"何以期也？屈也，至尊在，不敢伸其私尊也。"在妻妾制下，父为众子之尊，母则为己子之尊，故称私尊。《礼记·丧服四制》说："资于事父以事母而爱同，天无二日，土无二王，国无二君，家无二尊，以一治之也。故父在为母齐衰期者，见无二尊也。"① 这段话表明为母服丧并非因为母亲本人，而是由事父、尊父而来。因此父在只能为母服齐衰一年，父卒才能服齐衰三年，仍低于为父斩衰三年，这是家无二尊的缘故。子女不仅为生母，还要以同等服制为继母、慈母服丧。"继母何以如母？继母之配父，与因母同，故孝子不敢殊也。""慈母者何也？传曰：妾之无子者，妾子之无母者，父命妾曰：女（汝）以为子。命子曰：女以为母。若是，则生养之，终其身如母，死则丧之三年如母，贵父之命也。"② 为继母服是因为继母配父，与父一体；为慈母服是因为贵父之命，二者都由尊父而来。

以上是正常情况下为母所服。若母被父出，应何服？"出妻之子为母期，则为外祖父母无服。传曰：绝族无施服，亲者属。出妻之子为父后者，则为出母无服。传曰：与尊者为一体，不敢服其私亲也。"③ 母为至亲，虽被出，子女仍服齐衰杖期，但对母系亲属则无服，因出母与己已经绝族，绝族只服最近的直系亲属，不服旁系。子若为父后，成为父亲的继承人，对出母则无服，因为出母不配父，而己与父一体，所以无服。这是对母未改嫁的情况而言，对改嫁之母情况又为之一变。"父卒，继母嫁，从为之服。"④ 随继母改嫁之子，为继母服期，则为生母必亦服期。《丧服》但有母嫁而从者之服，无母嫁不从者之服，可知母嫁不从者不服。改嫁之母义已绝于父，故不得三年。但犹有抚养幼子之恩，故从之则为期，不从则不服。上文出母之服，也是对未改嫁者而言，改嫁者则无服。出母虽与父义绝，

---

① 《礼记集解》，第 1470 页。
② 《仪礼注疏》，第 902 页。
③ 《仪礼注疏》，第 908 页。
④ 《仪礼注疏》，第 909 页。

但其不嫁，仍为父守身，犹有可返之义。若出母改嫁，另从新夫，则与原夫家完全断绝关系，并绝于子，故子无服。《礼记·檀弓上》记载，孔子曾孙子上之母死而不丧，门人怪而问之，其父子思答曰："昔者吾先君子无所失道，道隆则从而隆，道污则从而污，伋则安能！为伋（子思）也妻者，是为白（子上）也母；不为伋也妻者，是不为白也母。"① 母子关系的认定取决于母亲与父亲的关系，子上不服被出且已改嫁的母亲，这叫"道污则从而污"，以改嫁为污。

总结来看子为父母的服制中包含了多重内容，父为至尊、母为私尊（亲）是一夫多妻制下的观念，此其一；父系家庭的男性本位，使子对父只有斩衰一等，对母则有继母、慈母、出母、改嫁母等多种情况，服制如何，视母亲与父亲的关系而定，此其二；子为母何服，还与子与父亲的关系有关，此其三。上文"出妻之子为父后，为母无服"即是一例。与之相似的是庶子为父后，为其母只能降服缌。"何以缌也？传曰：与尊者为一体，不敢服其私亲也。"② 庶子成为父亲的继承人，即与父为一体，而妾母非父之配，只是自己的私亲，所以不敢正服，只服最轻的缌麻三月。这三重内容都体现了宗法制下夫主妇从的关系。与对父母服制不对等相应的是，夫妻间的服制也存在轻重之别。妻为夫服斩，夫为妻服齐衰杖期，这个问题前文已经涉及，不再赘述。

2. 父系亲属范围大，服重；母系亲属范围小，服轻

父系家庭以夫内妇外划分亲属关系，父族为内亲，母族、妻族为外亲。内亲与外亲既是认可的亲属范围的差别，也是服制等级的差别。内亲认可的亲属范围广，服制重。内亲与外亲在服制方面的不对等性，是子女为父母、夫妻间服制不对等的延伸，其间贯穿了内外、亲疏、尊卑的对应关系。父族由己上溯至高祖五代为亲属，母族不

---

① 《礼记集解》，第 166 页。
② 《仪礼注疏》，第 996 页。

远及，仅限于外祖父母、舅、从母、舅之子、从母之子为亲属，三代以外无服；妻族不旁及，较母族更加疏远，只限于妻之父母。内亲服制重于外亲。一般情况下，内亲之服同父者期，同祖者大功，同曾祖者小功，同高祖者缌；外亲之服皆缌，只有外祖父母和从母记入小功亲。同等远近的内亲与外亲服制轻重相差悬殊，如祖父母和外祖父母。祖父母本服大功，因至尊而加服为齐衰不杖期；曾祖父母本服小功，也因至尊加服齐衰三月。外祖父母本服缌，因是母之至尊，加服为小功。又如世叔父、姑与舅、从母。世叔父本服大功，因"与尊者（父亲）一体"加服齐衰杖期；服姑有嫁与未嫁之别，未嫁服期，嫁则降服大功。外亲服舅缌麻，"何以缌，从服也"。母为昆弟服大功，子从母降服缌麻。为从母小功，"何以小功也？以名加也。外亲之服皆缌也"。郑玄注："外亲，异姓，正服不过缌麻。"① 从母因有母名，故加服，但为母族加服最高不过小功。以上是父族与母族之不同。夫族与妻族的差异更加显著。夫除了为妻之父母有服外，余皆无服；而妻为夫族，即使是未成年人也服缌，轻重可谓悬殊。以夫妻为对方父母服制为例，妇服舅姑齐衰不杖期，"何以期也？从服也"。② 夫服父三年，妻从夫降服一等，故为齐衰。夫服妻之父母缌，"何以缌？从服也"。③ 妻为父母服期，夫从妻降服三等，故服缌。凡从服，惯例降一等，如妻从夫；但子从母，降二等，如服舅；夫从妻，降三等，如为妻之父母。《礼记·服问》载："有从重而轻，为妻之父母。"④ 在父系制度下，男主女从的夫妻关系，使得父族、母族、妻族之亲由近及远，与妇女为夫族所服并不对应。

（二）丧葬礼仪中的男外女内

古代礼仪节文有不少是象征性的，《仪礼》包含许多关于男女

---

① 《仪礼注疏》，第989页。
② 《仪礼注疏》，第936页。
③ 《仪礼注疏》，第1000页。
④ 《礼记集解》，第1355页。

在仪式中面位的描述，尽管因场合不同而面位各不相同，但总不离"女正位乎内"，"男正位乎外"的原则。丧葬之礼是一个人从始死到下葬阶段，其生时的君长、亲属、朋友围绕着怎样处置他的遗体所设计的一系列行为。根据《仪礼》中《士丧礼》和《既夕礼》的记载，丧葬之礼包括丧礼和丧祭礼两部分。具体可分为以下几个程序：始死为死者沐浴、饭含、穿衣后，第二天早上在室中以衣被裹束尸体，为小敛；第三天在堂上以衣被裹束尸体为大敛，敛后移尸于棺为殡；之后每天早晚及哀至哭，为朝夕哭；之后筮建墓地，为筮宅。一切准备就绪后，在死后第三个月下葬，其礼先是在葬前一天启殡，以棺柩朝见祢庙、祖庙；第二天早上出殡至墓地下葬，葬后返哭于庙，返哭于殡宫（殡棺之正寝），返哭于就次（孝子服丧之所）。葬礼之后是丧祭。孝子既葬父母，还祭于殡宫以安父母魂灵，称为虞祭，虞祭共有三次。三虞后，行卒哭祭，此后哀杀不再哭，第二天早晨，以其昭穆之序祔于祖姑。期而小祥，一周年后小祥祭；两周年后大祥祭；第二十七个月时禫祭，禫祭后正式除丧。以上诸祭均属丧祭凶礼，以别于日常之祭的吉礼。丧葬之礼是死者由近至远，逐渐远离亲人，远离此世的过程，也是亲人哀痛渐杀的过程。这是士丧礼，士以上虽等级不同礼数更多，但基本程序是一样的。

男女的面位是指在举行这一套丧葬仪式时男女分别所处的位置，包括室中及堂上位、堂上与堂下位、门内与门外位三种情况。总的原则是同在室中、堂上或墓地则男在东位，女在西位；以上下分则男在堂下，女在堂上；以内外分则男在门外，女在门内。丧礼首先辨别室内、户外和堂下之位，既是男女、内外、亲疏、上下有别，也是治丧驭繁处变之大法。丧遽哀迫，人杂事丛，先谨男女之辨，其余各以类从，则纷然杂乱者有序。

同在室内、堂上或墓地的哭泣之位是男东女西。士始死，尸体停放于室中床上，床是南北放置。主人"入，坐于床东。众主人在其后，西面。妇人夹床，东面。亲者在室。众妇人户外北面，众兄弟堂下北面"。① 户外即门外堂上。服重者（主人主妇以及大功以上亲属）男子坐在床东面，面向西，女子坐在床西面，面向东；服轻者（小功以下），男子在堂下，女子在堂上，哭位均面北朝向室中尸体，这是始死哭位。小敛、大殓、陈尸于堂及下葬时男女皆东西位。②

大小敛之后，需要拜宾时，男女之位就由堂上东西位转为堂上下之位，主人在堂下拜宾，主妇在堂上拜宾。吊唁之宾至，"主人出于足，降自西阶，众主人东即位。妇人阼阶上西面。主人拜宾"。③ 又据《礼记·丧大记》载："男女奉尸夷于堂，降拜。君拜寄公国宾，大夫士拜卿大夫于位。于士，旁三拜。夫人亦拜寄公夫人于堂上，大夫内子士妻，特拜命妇，泛拜众宾于堂上。"④ 妇人本在西位，但妇人之事，自堂及房，故由尸足北转至东阼阶上西面位；男子之事，自堂及门，故主人下堂就阼阶下西面位。阼阶是主人之位，是主人主妇拜宾之处，故主人在堂下拜男宾，主妇在堂上拜女宾，男外女内的象征非常明显。既殡后主人出就倚庐，朝夕哭时要入寝门行礼，男女行礼位次不变。"朝夕哭，妇人即位于堂，……丈夫即位于门外，西面北上。……主人拜宾，旁三，右还入门，哭，妇人踊，主人堂下，直东序西面。"男先是在门外就位，女在堂上就位，主人入寝门后哭，妇人在堂上随之顿足，然后主人至堂下位，就原来阼阶下之位哭。卜葬日时，主人在门外，主妇在门内。"卜日，既朝哭，皆复外位。……闿东扉，主妇立于其内。"⑤ 卜葬是大事，主妇也须亲自参与，主人在门外占卜，主妇站在门内，卜吉后主妇仍返回堂上位。

男东女西的面位取男主女宾之义，主人位在东，宾客位在西，

---

① 《仪礼注疏》，第1050页。
② 详见《仪礼·士丧礼》《仪礼·既夕礼》。
③ 《仪礼注疏》，第1094页。
④ 《礼记集解》，第1141页。
⑤ 《仪礼注疏》，第1136页。

主妇是外来之人，故位西。堂上堂下表示活动范围有内外不同，男子行礼的位置自堂及门，女子行礼的位置是自堂及房，妇人无外事，迎客送客都不下堂，只有在柩车将行时，才降阶跟从。妇人的礼仪活动在堂上，如果需要，丈夫还可以代妻子行礼。如吉祭《仪礼·有司》傧尸礼尸酢主妇："尸降筵，受主妇爵以降。主人降，侑降，主妇入于房。"① 尸降阶下堂洗爵向主妇敬酒，按礼主妇应降阶辞洗，但妇人有不下堂之义，所以主人降阶代替主妇辞洗。总之，男女礼位是绝对要分开的，既有内外之别，又有远嫌之义。鲁襄公三十年，宋伯姬因恪守妇人不下堂之礼，在大火中被烧死，引起后人的争议。《穀梁传》云："伯姬之舍失火。左右曰：'夫人少辟火乎？'伯姬曰：'妇人之义，傅母不在，宵不下堂。'左右又曰：'夫人少辟火乎？'伯姬曰：'妇人之义，保母不在，宵不下堂。'遂逮乎火而死。"② 《公羊传》《穀梁传》《淮南子·泰族训》《列女传》等都高其行，唯有《左传》不同："君子谓宋共姬'女而不妇。女待人，妇义事也'。"③ 左氏认为，宋共姬行的是女道，而非妇道。女孩应无保傅不下堂，妇则可以便宜行事，何必葬身火海？

第三节　性别规范之礼

社会化过程也表现为直接的社会控制，为了维护有序的两性关系和既有的婚姻制度，任何社会都有相应的规范对性别加以控制，在周代主要是通过礼的规范实施的，包括以下几方面内容。

一、礼对妇女名分的规定

秩序的建立依靠的是身份，每个人都是以一定的身份立足于家庭和社会中的，如果人人都能按身份行事，就会秩序井然。父系家庭是

---

① 《仪礼注疏》，第1529页。
② 《春秋穀梁传译注》，第594页。
③ 《春秋左传注》（修订本），第1174页。

靠与异姓女子的联姻形成的，夫妇关系是其他家庭成员关系的基础，父子关系、兄弟关系的建立都有赖于稳定不变的夫妇关系。正如《礼记·郊特牲》所说："男女有别，然后父子亲；父子亲，然后义生。义生然后礼作，礼作然后万物安。"① 在姻亲和血亲这两种关系中，同姓间的关系通过血缘建立，而嫁过来的异姓女子则通过丈夫确立自己的身份，从而建立起与丈夫其他家庭成员的关系，这就是我们常说的"名分"。名分对妇女来说尤为重要，这是划分她们与夫家其他男性成员关系的界限，名分不同相应的行为规范也不同。名分定，尊卑明、男女别，男女交际时就不会产生混乱，所以说"名分"是规范姻亲间两性关系的第一道防线。用《礼记·大传》的话说就是："同姓从宗，合族属。异姓主名，治际会，名著而男女有别。其夫属乎父道者，妻皆母道也；其夫属乎子道者，妻皆妇道也。谓弟之妻'妇'者，是嫂亦可谓之'母'乎？名者，人治之大者也，可无慎乎！"② 一定的"名"联系着一定的行为模式、权利义务，名称既同，实质亦同。人们利用"名"的目的就是要在各类亲属间建立一种复杂而有秩序的社会关系。在各类名分中，弟妇和嫂子的"名"尤为重要。嫂，女叟也，近乎母辈；弟媳称妇，近乎子辈。这种称谓，把"嫂子"和"母亲"归为一类，把"弟媳"与"子妇"归为一类，目的就是要以近乎同样的行为模式对待具有近乎同类称谓的人。因此小叔子要以近乎对待母亲的态度对待嫂子，所谓"老嫂比母"；嫂子则要以母亲的态度和举止对待小叔。大伯要以父亲对待子妇的态度对待弟媳，弟媳则要以子妇对待公公的尊敬态度对待大伯。这样就把伯媳关系拉大为近乎父女关系，把叔嫂关系拉大为近乎母子关系。这两类关系不论年龄只论辈分，为的是把二者的关系推向更远，这是弟妇和嫂子称谓的应有之义。同时圣人也是根据这种关系的特点制定礼仪规范，丧礼时"嫂不抚

---

① 《礼记集解》，第 708 页。
② 《礼记集解》，第 908 页。

叔，叔不抚嫂"①，叔嫂无服。《礼记·檀弓上》中说"嫂叔之无服也，盖推而远之也"②，还是为了远别。孔疏引何平叔云："夫男女相为服，不有骨肉之亲，则有尊卑之异也；嫂叔亲非骨肉，不异尊卑，恐有混交之失，推使无服也。"夫兄弟婚在原始民族中是非常普遍的，而在中国"男女有别"的原则下为礼法不允，因此与原始部民叔嫂间可以相互调笑不同的是，华夏则是"嫂叔不通问"③。

二、礼对性别回避的规范

强调名分是为了使男女间的关系有一种安排，使他们不至于发生激动性的情感。另外，用严密琐细的礼仪规定把两性分离开来，是使男女有别的一个最直接的办法。这些防闲古礼大多汇集在《礼记》的《内则》《曲礼》两篇以及《仪礼》某些篇章，主要表现在居住、出行、交友、授受等几个方面。

（一）居住隔离与内治外治

将男女分离起来的最主要办法是实行居住上的男外女内。《礼记·内则》将其置于男女有别之首，"礼，始于谨夫妇，为宫室，辨外内，男子居外，女子居内。深宫固门，阍、寺守之，男不入，女不出"。④根据文献记载，周代王宫建筑的基本格局就是男女分开的。

据《周礼·天官·宫人》和《天官·内宰》记载，天子宫殿的建筑格局是王宫在前，后宫在后。王宫即天子之六寝，后宫即后之六寝，后之六寝在《内宰》中称"六宫"。"以阴礼教六宫"，郑玄谓"妇人称寝曰宫。宫，隐蔽之言。后象王，立六宫而居之，亦正寝一，燕寝五。"贾疏云："后亦象王立宫，亦后五前一，在王六寝之后为之，南北相当耳。"⑤王宫在南，后宫在北，故后宫又称北宫，这是就方

---

① 《礼记集解》，第1114页。
② 《礼记集解》，第213页。
③ 《礼记集解》，第44页。
④ 《礼记集解》，第759页。
⑤ 《周礼正义》，第514页。

位而言。就内外而言后宫又称内宫。《内宰》云："会内宫之财用。"①而与后宫有关的事或人皆称内，后宫祭祀称内祭祀、内祷祠，后宫之治、政称内治、内政、内令，后宫嫔妇称内人，后宫之官称内宰、内小臣、内竖、内饔等。外内不仅是方位的区分，也是活动范围的严格区分，出于内治的需要凡与妇女杂处的宫中小官多是阉人，《周礼·秋官·掌戮》载："宫者使守内。"②

这种建筑格局将王与后所居之南北分隔成外和内，也就意味着外治与内治的分离。整个一部《周礼》中所涉绝大多数都是外官之职，其最终要通过各自官长统摄于王，只有一小部分是辅助王后行内治的内官。内宰是主领阉竖的宫中官长，《内宰》本职云："以阴礼教六宫，以阴礼教九嫔，以妇职之法教九御，使各有属以作二事，正其服，禁其奇裹，展其功绪。大祭祀，后裸献，则赞，瑶爵亦如之。凡宾客之裸献，瑶爵皆赞。致后之宾客之礼。凡丧事，佐后使治外内命妇，正其服位。……中春，诏后帅外内命妇始蚕于北郊，以为祭服。岁终，则会内人之稍食，稽其功事。佐后而受献功者，比其小大与粗良而赏罚之。……上春，诏后帅六宫之人而生穜稑之种，而献之于王。"③这一段话几乎囊括了后宫妇女所有的事务。内宰之职主要是佐助王后教导六宫嫔妇侍寝于王，佐助王后行祭祀、宾客、丧纪之礼，佐助王后率领妇人治丝麻之事，这是最高层次的内治。《礼记·昏义》将天子与王后分治内外作为两性分工的最高典范，即"天子听男教，后听女顺；天子理阳道，后治阴德；天子听外治，后听内治。教顺成俗，外内和顺，国家理治，此之谓盛德"。④由地位最高者躬行内外之教，并引领社会风俗向化，以达到家理国治的完美境界。《国语·吴语》称外治和内治为外政和内政。越王勾践

---

① 《周礼正义》，第 532 页。
② 《周礼正义》，第 2880 页。
③ 《周礼正义》，第 514—534 页。
④ 《礼记集解》，第 1422 页。

为了向吴国报仇,与夫人相约外政和内政各负其责。"王乃入命夫人。王背屏而立,夫人向屏。王曰:'自今日以后,内政无出,外政无入。内有辱,是子也。外有辱,是我也。吾见子于此止矣。'王遂出,夫人送王,不出屏。"①

这种前(南)朝后(北)寝的建筑格局,也体现在其他贵族之家中。据《国语·鲁语下》记载:"公父文伯之母如季氏,康子在其朝,与之言,弗应,从之及寝门,弗应而入。康子辞于朝而入见,曰:'肥也不得闻命,无乃罪乎?'曰:'子弗闻乎:天子及诸侯,合民事于外朝,合神事于内朝;自卿以下,合官职于外朝,合家事于内朝;寝门之内,妇人治其业焉。上下同之。夫外朝,子将业君之官职焉,内朝,子将庇季氏之政焉。皆非吾所敢言也。'"②公父文伯之母是季康子的从祖叔母,她去宗子季氏家办事,经过季康子内朝时,见康子在朝中,由于朝是男人治国政或家政的地方,所以拒绝在朝内与季康子说话,以至于季康子以为自己做错了什么,非要追出问个究竟,直至进入寝门后,她才做解释。公父文伯之母之举完全做到了《礼记·内则》所说的"男不言内,女不言外","内言不出,外言不入"③的规定,甚至在朝中都拒绝与男人说话,因为家朝是家中男人言外事的地方。

这种前朝后寝的建筑格局正是《仪礼》中表现出来的宅院布局。在门内庭中,堂下有东阶(阼阶)和西阶,堂后为室与房,室在西,房在东,房后有小堂,堂下有北阶,通向后院,后院东墙壁上开有闱门,供女子出入。在《仪礼·士冠礼》中,冠者加冠后"降自西阶,适东壁,北面见于母"。郑玄注:"适东壁者,出闱门也。时母在闱门之外,妇人入庙由闱门。"④又《礼记·杂记》载:"夫人至,

---

① 《国语集解》,第 558 页。
② 《国语集解》,第 192—193 页。
③ 《礼记集解》,第 735 页。
④ 《仪礼注疏》,第 45 页。

入自闱门，升自侧阶。"①侧阶即北阶。这种"前朝后寝""前堂后室"的建筑格局，在总体上已得到考古资料的证实。1976年在陕西岐山凤雏村发现的一处建筑基址②，以及1981年在陕西凤翔马家庄出土的春秋秦国宗庙建筑基址，都是前堂后寝的格局。前堂是举行仪式活动之所，后院之室是休息之所，东壁有闱门。其结构与文献对周代庙堂建筑格局的记载很接近。延至宋世，内外之别以门户为界限。成书于宋代的《古今合璧事类（别集）》卷一五《宫室门》"门户"目之总序中说："夫门之设，所以限内外，通往来，几出入而时启闭者也……惟君子之于是门也，由必以礼，行必以义。"可见，中国传统社会家居庭院的门户具有明显的象征意义。脱胎于《礼记·内则》的司马光《书仪·居家杂仪》就是将家中妇女的活动范围限定于中门之内的，后代均延续司马光的论述。③

建筑格局的内外与内事外事的对应关系反映了建筑艺术的表意性，建筑作为人类的安身立命之所，体现了人类物质文化和精神世界的统一。刘致平在其《中国居住建筑简史——城市、住宅、园林》中提道："我们先民对于家庭的各种生活需要、礼仪制度、风俗习惯等，是用院落制度来解决的。"④美国学者舒尔茨在他的《西方建筑的意义》一书中也有类似的表述，他说：建筑系统渗透着一个社会的系统，意识形态、风俗习惯、社会礼仪等非物质的、抽象的东西，这种东西就是建筑的意义内涵。⑤这种利用居室条件分隔男女的做法，在上层之家就是闺阁制度，"这是家庭内部的性别隔离制度，以后又发展为

---

① 《礼记集解》，第1113页。
② 陕西周原考古队：《陕西岐山凤雏村西周建筑基址发掘简报》，载《文物》1979年第10期。
③ 《中国历史中的妇女与性别》，第268—269页。
④ 刘致平：《中国居住建筑简史——城市、住宅、园林》，中国建筑工业出版社1990年版，第67页。
⑤ 苟志效、陈创生：《从符号的观点看一种关于社会文化现象的符号学阐释》，广东人民出版社2003年版，第49页。

'女不出户'的闺阁封闭制度。华夏民族的主体以农业为本，农耕生活流动性小，易于定居。于是，土木结构的宫室民居成了隔绝男女、封闭女性的有利条件"。①

（二）性别回避的规范

对个人来说，男女有别的意识是从什么时候开始的呢？《大戴礼记·本命》载："男以八月而生齿，八岁而毁齿，一阴一阳，然后成道，二八十六，然后情通，然后其施行。女七月生齿，七岁而毁，二七十四，然后其化成。"②《礼记·内则》有"七年，男女不同席，不共食"之礼，说明七岁时个体就开始有了性别意识，此后就不能同席而坐，共牢而食了。男子"十年，出就外傅，居宿于外"，"女子十年不出"③，从此以后，男女有别的规范就伴随了两性的一生。

生活设施和物件男女不能共用。《礼记·内则》载："外内不共井，不共湢浴，不通寝席，不通乞假。男女不通衣裳"，"男女不同椸枷，不敢县于夫之楎椸，不敢藏于夫之箧、笥。"④《礼记·曲礼上》也有类似的记载："男女不杂坐，不同椸、枷，不同巾、栉"，"女子许嫁，缨，非有大故，不入其门"，"姑、姊、妹、女子子，已嫁而反，兄弟弗与同席而坐，弗与同器而食"。⑤鲁国公父文伯之母与季康子隔门说话，"皆不踰阈"，孔子"以为别于男女之礼矣"。⑥而《左传》僖公二十二年宋楚泓之战后，郑文公夫人芈氏（楚国女子）、姜氏慰劳楚成王于军，君子讥之为"非礼也。妇人送迎不出门，见兄弟不踰阈，戎事不迩女器"。与楚王同时代的人叔詹也评论说："楚王其不没乎？

---

① 刘巨才：《中国古代的社会性别制度及传统妇德》，载《山西师大学报》1998年第4期。
② 《大戴礼记解诂》，第251页。
③ 《礼记集解》，第768、769、772页。
④ 《礼记集解》，第733、759页。
⑤ 《礼记集解》，第43—45页。
⑥ 《国语集解》，第199页。

为礼卒于无别。无别不可谓礼，将何以没？"①

出行时，男女不能同车，女子以纱遮面，男女异路。卫灵公因与夫人同车，宦者参乘，招摇过市，孔子因而感慨说："吾未见好德如好色者也。"②而守礼之人，即使在危难时分也不越雷池一步。《左传》襄公二十五年郑伐陈，陈侯步行逃难时遇到正与母妻一起坐车出逃的贾获，贾获把车让与陈侯乘坐，自己则与母妻下车逃难，"公曰：'舍而母。'辞曰：'不祥。'与其妻扶其母以奔墓。"③陈侯欲让其母留在车上以免颠沛之苦，但被贾获拒绝，佯为"不祥"，实为男女有别。《曲礼上》记女子乘车时，"仆御妇人，则进左手，后右手"④，妇人恒在车左，在她右边的驾车者必须用靠近妇人一侧的左手执辔，以免有非礼嫌疑。《礼记·内则》载："男子入内，不啸不指，夜行以烛，无烛则止。女子出门，必拥蔽其面，夜行以烛，无烛则止。"⑤男子进入内宅，举止要庄重；女子出门在外，要以面纱遮住面容。《左传》哀公十五年说浑良夫与太子蒯聩，"昏，二人蒙衣而乘，寺人罗御，如孔氏。孔氏之老栾宁问之，称姻妾以告，适伯姬氏"。⑥可见蒙衣是当时妇女外出时的装扮，所以二人才要男扮女装蒙混过关。另外，男车女车也不相同，男子立乘无屏蔽，女子坐乘，车厢四周有帷裳以拥蔽，即辎輧之蔽。《诗经·卫风·氓》载："淇水汤汤，渐车帷裳。"⑦就是妇女乘坐的车子。又据刘向《列女传》记载，齐孝公夫人华孟姬随孝公出游琅玡，"车奔，姬堕车碎。孝公使驷马立车载姬以归，姬使侍御者舒帷以自障蔽，而使傅母应使者曰：'妾闻妃后逾阈必乘安车辎輧，下堂则从傅母保阿……野处则帷裳拥蔽，所以正心一意，

---

① 《春秋左传注》（修订本），第399—400页。
② 《史记》，第1921页。
③ 《春秋左传注》（修订本），第1102页。
④ 《礼记集解》，第100页。
⑤ 《礼记集解》，第736页。
⑥ 《春秋左传注》（修订本），第1694页。
⑦ 《诗经注析》，第174页。

自敛制也。今立车无轫，非所敢受命也。野处无卫，非所敢久居也。三者失礼多矣。夫无礼而生，不若早死。'使者驰以告公，更取安车。比其反也，则自缢矣，傅母救之不绝。傅母曰：'使者至，辎軿已具。'姬氏苏，然后乘而归"。① 行于路上时男女也不能混杂一起。《礼记·王制》载："道路，男子由右，妇人由左，车以中央。"② 左右不仅是方位不同，又含尊卑之别，地道尚右，故男子行于路右，女子行于路左。《吕氏春秋·先识览》说孔子用鲁三年，"男子行乎途右，女子行乎途左"。③ 即使是战败，男女也是分列出降，井然有序。《左传》襄公二十五年晋伐齐，齐人"男女以班，赂晋侯以宗器、乐器"。④ 男女以班就是下文郑伐陈，陈侯"使其众男女别而系，以待于朝"。又《左传》哀公元年，"楚子围蔡……蔡人男女以辨"。⑤

死亡之所男女也要分开。《仪礼·士丧礼》载：士"死于適室"。適室，郑玄注："正寝之室也"。⑥ 郑玄在《礼记·丧大记》"君夫人卒于路寝"条注曰："言死者必皆于正处也。"⑦《仪礼·既夕记》云："男子不绝于妇人之手，妇人不绝于男子之手"，死于适室，所以正其终也。无论男女均要死于正寝，才是死得其所，才符合礼制。所以《春秋》庄公三十二年"庄公薨于路寝"，《穀梁传》赞曰："路寝，正寝也。寝疾居正寝，正也。男子不绝于妇人之手，以齐终也。"⑧ 而僖公三十三年"僖公薨于小寝"，《左传》讥之为"即安也"⑨，《穀

---

① 《列女传》，第39页。
② 《礼记集解》，第388页。
③ 《吕氏春秋》见《诸子集成》第6册，第188页。
④ 《春秋左传注》（修订本），第1101页。
⑤ 《春秋左传注》（修订本），第1604页。
⑥ 《仪礼注疏》，第1044页。
⑦ 《礼记集解》，第1130页。
⑧ 《春秋穀梁传译注》，第191页。
⑨ 《春秋左传注》（修订本），第503页。

梁传》载:"小寝非正也。"① 小寝是国君听政后休息宴乐的地方,非死得其所。

交接东西时,"男女授受不亲",以免有肢体触碰。祭礼中男女不直接交接豆笾等器物,包括饮酒不相袭爵、取物不相袭处等。饮酒不相袭爵是指当主人向尸献酒后,所用之爵主妇不能再用,必须另外取爵以献尸。但爵在堂下,换爵时妇人不能下堂,而是由"有司赞者取爵于篚以升,授主妇赞者于房户,妇赞者受,以授主妇"。② 篚,盛物竹器,放在庭院中,有司下堂取爵交给主妇赞者(助手),不过主妇赞者不能直接用手接,而是用篚来承接。如果无篚,有司就把爵放到地上由妇赞者从地上拿起再交给主妇,这叫"不亲授"③。《礼记·内则》所谓"非祭非丧,不相授器。其相授,则女受以篚;其无篚,则皆坐奠之而后取之"。④ 如果不得已亲相授受,二人也必须手执器物的不同部位,如"夫人荐豆执校,执醴授之执镫;尸酢夫人执柄,夫人受尸执足"。校是豆柄,镫是豆座,执醴者手持豆座将豆递给夫人,夫人接受时持豆柄;授爵也是如此,爵尾为柄,尸酢夫人时执爵尾,夫人接受时持爵足,这叫"不相袭处",即使"夫妇相授受,不相袭处"⑤。夫妇之间尚且如此,遑论其余。婚礼中婿在请新妇上车时有一个"授绥"的细节也体现了男女授受不亲之义。绥是系在车后升车时用来援引的绳索,婿既为妇御车,就要将绥递给妇,以便其上车,但女子之姆辞而不受,而是自己递给新妇。以上诸礼旨在避免男女之间任何可能的身体接触。另外,交友也要注意防闲。《礼记·曲礼上》说:"寡妇之子,非有见焉,弗与为友。"⑥ 寡妇之子若无卓然奇才,

① 《春秋穀梁传译注》,第312页。
② 《仪礼注疏》,第1488页。
③ 《礼记集解》,第43页。
④ 《礼记集解》,第735页。
⑤ 《礼记集解》,第1246页。
⑥ 《礼记集解》,第47页。

不可与之交好，以避免引起闲话。

总之，从家居到祭祀、出行、死亡之礼，都要注意性别回避。《左传》定公五年吴国攻陷楚都时，钟健曾背着季芈逃难，后来当楚王欲嫁其妹季芈时，季芈辞曰："所以为女子，远丈夫也。钟健负我矣。"① 季芈就是以与钟健有了肢体接触为由嫁给钟健的。"所以为女子，远丈夫也"正是性别回避之礼所要达到的效果。正如刘巨才先生所指出的："闺阁制度和性别回避制度，主要是用来封闭、约束妇女的。把女性封闭在家庭内部，并且隔绝异性间的正常联系和交流，极大地限制和影响了女性体力和智力的发展与发挥。长时期的一代又一代的封闭和束缚，致使中国女性体质弱化。"②

第四节　性别角色内化与母子情结

以上我们探讨了性别社会化的几种方式，强调的是对性别规范的学习，即学习理想化的观点和社会认可的规定，并将性别规范、性别角色内在化。妇女对性别角色和性别规范的认同在《左传》《国语》中都不乏其例，刘向编订的《列女传》所记更多，如前文所说的与季康子隔阈说话的公父文伯之母、因不下堂而被烧死的宋伯姬、死也不乘驸马立车的齐孟姬等，后世正史典籍也十分注意搜集这方面的材料。要做到性别角色的内在化，最好的办法是让性别规范合乎需要。社会如何做到这一点，让我们先看看美国学者斯皮罗的社会角色理论。

一、斯皮罗的社会角色理论

斯皮罗在《文化与人性》③一书中探讨了社会角色满足个性需要的功能理论。他将社会结构层层分解为系统、制度以至于角色，社会

---

① 《春秋左传注》（修订本），第1554页。
② 刘巨才:《中国古代的社会性别制度及传统妇德》，载《山西师大学报》1998年第4期。
③ [美]M.E.斯皮罗著，徐俊等译:《文化与人性》，社会科学文献出版社1999年版，第118—150页。

系统的运行最终取决于角色的扮演，如何使角色按照社会预期得到适当的扮演是问题的关键。斯皮罗指出，由于人类在任何地方都是社会性的，因此典型的人类存在取决于社会共享的行为模式的存在。这些模式满足人类的生物学需要、群体需要和感情需要，因此一个社会系统可以被看作满足这些需要的工具机器。每个社会系统包括一个经济系统，一种有组织的生产、消费及分配商品和服务的手段；一个亲属系统，一种家庭内部和亲属之间的行为组织；一个政治系统，一种得到认可的获得和使用合法权力的手段等。系统由制度构成。由于任何社会都分化成许多种社会群体，每一种群体都为自己的成员或其他社会群体的成员发挥不同的功能。因此，每一种社会群体进行不同的活动，表现这些不同类型群体的活动的结构可以称之为"制度"。每一种制度可以分解为组成它的不同的角色，包括父亲角色在内的一系列活动不同于包括母亲角色在内的活动，每一种角色都是家庭角色，合起来就组成家庭制度。因此，角色是社会系统中最小的单位，社会系统的运行最终和最直接地取决于扮演适当的角色。只有角色得到执行时，制度的功能才能实现。

　　由于社会系统是个规范系统，因此在职责与愿望之间、文化规范与个性之间总是存在着潜在的冲突，社会系统的运行要求个人的行为符合文化需要的形式而不是个人需要的形式。人类社会如何使其成员的个人行为与文化规范相一致？社会如何引导它的成员扮演角色，扮演那些有助于获得某种身份，以及那些由于拥有某种身份而获得的角色？任何一个社会都不会仅仅依靠外在的控制达到目的，而是竭力使外在规范内化为个人的需要。这就是内在的控制，即个性与社会规范的统一，个性在社会系统中得到满足。内在控制是文化控制的最佳效果，这是如孔子所说"随心所欲不逾矩"的境界。如果人们扮演的社会角色能够满足个性的需要，那么这些需要便有助于各种角色的完成。因此，尽管这些角色必须被扮演以便其社会功能得到实现，但是，它们的扮演却是受满足个性需要的预期所激励的,个人的福利在角色扮演中得到满足,从而达到个人与社会的认同。由于角色的扮演既符合社会功能又符合个人功能,个人有时并没有感到有社会约束力在起作用。因此,社会角色的扮演可以说是受到"内在的文化激励"的影响。换句话说,社会的控制功能被纳入角色当中,通过满足个性的需要,实现了社会控制(性别)角色的功能,反过来又促进了社会系统的运行。因此我们在强调社会化的同时,个人的作用不是可有可无,而应该看到二者是互动关系,个性是社会系统运行的一个可变因素。

二、传统社会的母子情结

如果我们从社会角色与个性互动的角度考察妇女的生活状况时,可以发现在传统社会,一个女人的社会角色主要是妻子和母亲,社会系统通过多种方式满足女人作为妻子和母亲的个性需要。比如,妇女在男子传宗接代中的作用不可替代:作为内主,丈夫要尊敬妻子;作为内助,丈夫需要妻子。虽然妻妾制弱化了夫妻之情,但作为母亲她还有儿子可以寄托,这可以说是她的安身立命之本。台湾学者熊秉真在《建构的感情——明清家庭的母子关系》中指出,中国传统社会母子系联的坚强,多少是这种感情变态的结果,儿子而非丈夫,才是女人最能敞开心扉、无所顾忌爱恋乃至感情控制的对象。在孝的观念下,社会鼓励的是母子的系联,孝道允许甚至是要求儿子对母亲保持绝对的忠诚。母亲有充分的理由在精神上和物质上对儿子进行更多的投资,并期待或要求他们长大后能给她忠诚的报答。历史上的孝子大多表现为孝母,就是这种母子关系的遗产。媳妇更有孝养婆婆的义务。当她嫁到夫家后,她的头上多了一个与自己没有感情基础却有权力的婆婆。虽然由于婆婆的原因她不能从丈夫身上得到她想要的全部感情,可是"多年的媳妇熬成婆",终有一天她会从儿子身上获得回报,这是社会对女性担当母亲角色的一种激励。因此生儿子对于女人来说至关重要,在个人层次上,母子关系比父子关系更重要,不仅因为它是女性物质生活、感情生活的寄托，也是因为只有儿子能使自己的辛苦被社会认知。因此母亲总希望儿子能记住自己的奉献和辛苦，母子感情的凝结就是在母亲抚育子女、操持家庭的辛苦中建立起来的。①最早记录父母辛劳的文献是《诗经》。《小雅·蓼莪》载："哀哀父母，生我劬劳。……哀哀父母，生我劳瘁。……父兮生我，母兮鞠我。拊我畜我，长我育我，顾我复我，出入腹我，欲报之德，昊天罔极。"②《邶风·凯风》则记录了一个有七个儿女的母亲，"凯风自南，吹彼棘心，棘心夭夭，母氏劬劳。凯风自南，吹彼棘薪，母氏圣善，我无令人。爰有寒泉，在浚之下。有子七人，母氏劳苦。……有子七人，莫慰母心"。③

　　熊秉真的文章解析的是明清时期母子关系的情感建构。文章指出，中国女人需要儿子来巩固她在家庭与社会上的地位。女人的未来系于她们与儿子的关系，因为在这层关系上，有着母亲对老年生活的唯一期盼。为了确保这层关系最终有效，母亲希望不断地付出努力，这是一种建构身份与建构情感的审慎过程。在儿子们的笔下，母亲是美德与苦难的象征，这一点只有她的儿子最能了解，并希望用自己的成就解救母亲所受的苦难。在明清时代的家庭中，母亲的生活常常遭遇不公平对待与苛刻要求。即使在最好的情况下，一般耗费体力的家务与沉闷的生育责任，也是对母亲要求的多，回报的少。即使士绅家庭的母亲也难以摆脱为她们规定的劳累、烦人的任务。父亲很少分担家务，他们不负责养小孩，让全家吃饱，以及料理家务。清代著名经学家段玉裁 7 岁时，就意识到降临在母亲身上的命运。他说："吾祖父祖母皆七旬，吾母晨昏侍奉米盐炊煮，舂磨，漱浣，缝纫，以及马子溺器，无奴婢可使，无不躬亲之，乳哺管领诸儿，终日无一息……

---

① 卢建荣主编：《性别、政治与集体心态——中国新文化史》，麦田出版 2001 年版，第 255—277 页。

② 《诗经注析》，第 626—627 页。

③ 《诗经注析》，第 82—83 页。

苦心婉转得吾祖父祖母之欢心。"母亲的生活本来就很辛苦,但是如果失去丈夫,她的苦则要增加许多倍。在一个不提倡寡妇再嫁的社会里,孩子在成长过程中没有父亲的可能性高于没有母亲的可能性。因此,历史上有无数这样的记载:寡母们靠微薄的财产,企图独自把孩子抚养长大。正是孤儿寡母的可悲处境进一步造成了母子相依为命的感情。虽然中国有"养不教,父之过"的古训,但在现实生活中,父母同样关心儿子的教育,而母亲的心态很可能与父亲不一样。因为,在男外女内的结构中,妇女本人几乎不可能获得任何公开的赞扬。她的个人抱负,她所想获得的社会承认,都必须通过男人才能实现,而她的儿子就是帮助她实现愿望的最有可能的人选。因此在名门世家中,母亲积极督促孩子读书;下层阶级的母亲则督促儿子守规矩,有骨气,学手艺,以便谋生。对于寡母来说,这种愿望更加强烈。只要有一线希望,即使自己忍饥挨饿也要供儿子读书。清代地方官刘宝楠5岁丧父,母亲在家境急剧恶化的条件下仍继续督促他念书。母亲的话让他终生铭记:"吾日旰不得食,不以为饥,岁暮不得衣,不以为寒。汝曹勤读书,我虽苦不怨。"这样的话常常是激励儿子走向成功的最有效工具。儿子的成功不只关乎家庭未来,也是母亲含辛茹苦付出的唯一希望。当梁漱溟的嫡祖母看到其父毫无志气时,会对其生母哭诉说:"如此钝劣,终恐苍天负我,吾两人何所望耶。"把儿子视为能在物质上、社会上带给她报酬的人,是中国大多数母亲共同的愿望。儿子的未来具有其他一切无法取代的根本价值,母亲愿意为此付出一切,因此儿子的一切理应完全归她所有,母亲的付出为的就是这项报偿。在中国,男人很少把自己的爱与感激优先给予配偶,他有自己的母亲,他尊重她,使母亲感到荣耀。一个女人只有对那个她自出生起就照料养育的男孩拥有不可撼动的优先权。19世纪的一本传记生动地记录了母亲与儿子、儿媳的这种关系。事情发生在杨道邻5岁的时候。他的父亲自海州当官归来,一进家门,他就犯了错——

他提了两个买回来的皮箱,过母亲门不入,直接进到妻子房里。杨老太太对儿子的鲁莽举动非常生气。她立刻命令这个早已成年的儿子到跟前来,痛斥他"厚媳无耻"。这位当了官的读书人被罚面壁思过。杨老太太盛怒之下还用指甲划破儿子的脸,以致在此后的一个月里他只能装作生病,闭门谢客。

可见,中国传统社会中深厚的母子情结,不只因为规范使然,更因为在中国历史上,女人在生活中要通过男人来表现自己——或是丈夫或是儿子,只有他们有了一定的功名,自己的声音才能被听见,行动才能被称许。因此,她必须依靠自己成为一个好妻子,尤其是成为一位富有奉献精神的母亲,使自己在社会留名。当一名好母亲会让她的儿子记得,若是儿子有出息,还会获得社会的认可。孟母三迁、岳母刺字以及近代许多知名人士的母亲都是因为她们的儿子而为人所知的。她们身上体现的都是母亲的含辛茹苦和忍辱负重,人们对母性的社会崇拜是与母亲在社会上、在经济上的无助相适应的。正因为如此,那些有所成就的儿子们从自己母亲的遭遇中开始反思妇女的命运,他们意识到妇女所受的不公平对待以及中国社会存在的病态,由此催化了一波波社会批评与知识、政治的剧变。16世纪的学者归有光写出各种体裁的文章,怀念他的母亲,并进一步写文章抨击贞女守节,这是他从那个时代妇女的生活中看到的一种社会暴行。几个世纪以后,现代中国社会政治革命的先驱瞿秋白从母亲的自杀中第一次清醒地认识到现实社会的可憎。从母亲的悲剧中,他开始了解到社会是如何把许多人逼到贫困和绝望的境地。他说,正是母亲的生命与死亡启发了他,在中国革命中引导他的心智和行动。由此我们就不难理解为什么陈独秀在他的自传中,一开头就写"我出生几个月,我的父亲便死了,自幼便是一个没有父亲的孩子",接着就重笔浓采描述其寡母的不幸生活。①

---

① 《性别、政治与集体心态——中国新文化史》,第 255—277 页。

第五章 性别哲学与性别观念

英国当代哲学家罗素在他的《西方哲学史》绪论中讲到哲学的本质时说，哲学就是"教导人们在不能确定时怎样生活下去而又不致为犹疑所困扰"①的学问。哲学既是它由以产生出来的社会环境和政治制度的结果，也可能是重新塑造后来时代的社会制度的原因。我国古代性别观念在哲学领域的反映，集中在《周易》一书。《周易》原是一部卦书，后人作"十翼"，利用占卜之辞发挥自己的哲学思想。概括地说，《周易》是借乾坤之道讲变化的哲学书，从性别角度看，它以乾坤二卦居首产生64卦寓意了两性结合的合理性；又以乾坤二卦在创生万物中"资始"与"资生"的区别，寓意了男女在生育过程中的主从作用，由此决定了乾健坤顺的行为特点。尽管其基本思维模式是多向度、可调性的二元对待②，具有相当的辩证性，但乾、阳、刚在性质上居于主导地位，坤、阴、柔居于辅从地位是确定的。

第一节　《周易》的性别哲学

《周易》是一部古代形而上学的哲学书，它以乾道和坤道的二分法对宇宙自然和人类社会的复杂性作了简单概括和高度抽象。它虽然取象多样，表达的思想也很丰富，但都可以从乾、坤的性质及其关系中去认识和把握。男女是《周易》的取象之一，表达的是它对两性关系的认识，因此要了解它的性别观念，先要清楚乾坤二卦的内涵。

一、乾坤合德与两性结合

《周易》以乾坤二卦居首，因为天地是乾坤的最大取象，天地是万物的创始。《系辞传》载："乾坤其易之门邪？乾，阳物也。坤，阴物也。阴阳合德而刚柔有体，以体天地之撰，以通神明之德。"这段话的意思是，乾坤是易的开始，乾坤合德才创生了后面的62卦。

---

①　[英]罗素：《西方哲学史》，商务印书馆1976年版，第13页。
②　乔以钢、陈千里：《〈周易〉的家庭观念及其影响论略》，载《南开学报》2006年第2期。

乾是一切具有阳性事物的抽象和极致；坤与它相反，是一切具有阴性事物的抽象和极致。阳性物的力量是刚，阴性物的力量是柔，62卦是阴阳合德通过刚柔相济产生的。而阴阳合德、刚柔相济生成62卦就是《周易》对天地生万物的摹写。可见乾坤二卦居64卦之首是要借卦说明天地是万物的创始，"天地之大德曰生"，"有天地然后万物生焉"。天地因相反相感而生万物，睽卦象传云"天地睽而其事同也"，咸卦象传又云"天地感而万物化生"。这两句话说的是天地相反相成生万物的道理。《周易》以乾下坤上为泰卦，正是取义于天地交而万物通，故"吉亨"；而以坤下乾上为否卦，则是取义于天地不交而万物不通，故"不利"。《周易》并非专门讲自然，它只是要借天地相交说明人类生息，因为男女结合是人类繁衍的必需，所以睽卦象传在"天地睽"之后紧接着就说"男女睽而其志通也"。男女相感是指男女的交相感应和吸引。万物创始于天地，人类创始于男女，因而男女交感是天然合理的，乾坤居首蕴含了两性结合的合理性。

二、乾健坤顺与男主女从

两性结合仅有合理性是不够的，还必须遵循一定的规则和秩序。咸卦卦辞说："咸，亨利贞，取女吉。"咸，感也。男女相感必须有个前提条件，那就是"利贞"，"贞"即"正"，相感以正才能亨，娶女如是方能吉。咸卦兑上艮下，兑为少女，艮为少男。从卦德看，艮是笃实诚恳，兑是和悦。男子主动追求，以诚实的态度与女子交往；女子悦而从之。这样的结合才是正，才能亨通长久。那么男主女从的依据是什么呢？这要从《周易》给乾坤二卦的性质和特点中去寻找。

"乾卦"卦辞是"元亨利贞"，"坤卦"卦辞是"元亨利牝马之贞"。乾坤皆有"元"，但乾卦是"大哉乾元，万物资始，乃统天"；坤卦是"至哉坤元，万物资生，乃顺承天"。一个资始，一个资生；一个统天，一个顺承天，回答了乾坤生万物的不同作用。《系辞传》

对资始和资生的不同作用做了更形象的解释:"在天成象,在地成形","乾知大始,坤作成物","成象之谓乾,效法之谓坤"。乾元赋予万物以象,这是资始,坤根据乾所设之象孕育了万物的形体,这是资生,所以一个是统天,一个是顺承天。乾坤都提到了"贞",乾卦是"元亨利贞",坤卦是"利牝马之贞"。什么是牝马之贞呢?据金景芳、吕绍纲二位先生的解释,服从牡马的管束是牝马的正德,[①]这与坤卦象传"牝马地类,行地无疆,柔顺利贞"的说法一致。坤卦取象牝马是取牝马顺从牡马的含义,也就是说乾卦之利贞,利的是牝马之贞,只有顺承乾,事业才会有利。可见,《周易》一开始就为乾坤的作用和关系确定下了基调:乾的作用是资始,坤的作用是资生,二者是主导与顺承的关系,在乾主坤顺的共同作用下万物完成由形象到形体的转变,因此坤只有顺乾才是有利的。

乾的行为特点用一个字概括就是"健",是创始万物的根本驱动力。乾卦文言这样赞美乾:"大哉乾乎,刚健中正,纯粹精也。"乾卦取象天、六爻取象龙这两个最富变化的事物,是为了说明乾健之义。爻辞表达的是乾健自我表现、自我变化的过程;象传则是说君子应从天健中汲取自强不息的精神,即"天行健,君子以自强不息"。为此文言反复讲解君子应如何进德修业,因为道德提高、事业发展的过程就是自强不息的奋斗过程。通观文言对六爻的讲解,自强不息就是守正、进取、执着、坚定、时变,君子以刚健中正、自强不息的品格,行仁义礼智四德,并不断地进德修业,使君子之德发展到德、位兼具的大人,正是自强不息的最高境界——天德。所以文言在发挥乾卦之主九五未尽之义时说:"夫大人者,与天地合其德,与日月合其明,与四时合其序,与鬼神合其吉凶。先天而天弗违,后天而奉天时。天且弗违,而况于人乎!况于鬼神乎!"大人之德与天地完全合拍,

---

① 本文对卦象的解释均采用金景芳、吕绍纲:《周易全解》,吉林大学出版社1989年版。

即使是做无先例的开创性事业,天也不会违背它,更何况是人和鬼神呢!因此,乾卦又是君卦,君子从乾卦中汲取的是自强不息的品格。中国文化对男性开拓进取、艰苦奋斗、刚正不阿这些优秀品格的赞美正符合《周易》为男性设计的"健"的品质。

坤的特点是"顺","元亨利牝马之贞"就是"顺"的过程,是配合乾完成创始万物的过程。坤卦取象地和牝马,是为了说明坤顺之义,象传和爻辞表达的是坤如何承乾的过程。《文言》这样赞美坤卦:"坤道其顺乎,承天而时行。"地承天应时而动就是坤顺。卦辞由利牝马之贞告诉人们:"君子有攸往,先迷后得主。"君子有所往,但不能先于乾而动,否则会迷失方向,要居乾之后,以乾为主,团结同类,不结私党,共同效忠于乾,才吉。所以《象传》要君子从地道之顺中汲取"坤厚载物"的品质。坤具备了宽厚柔顺之德,方能容载万物。君子不但要具有宽厚的品格,具有人妻和人臣身份的人也应当具备这种品格。《文言》在解释六三以阴居阳位时,告诫处阴位的人要谨守坤顺不居功之德,"阴虽有美含之,以从王事,弗敢成也,地道也,妻道也,臣道也。地道无成而代有终也"。坤虽有美才,但要含晦不张扬,兢兢业业服务于乾的事业,不敢归功于己。因为坤道不是开创者,而是配合乾道完成乾的事业,这是地之道,也是妻之道和臣之道。臣道和妻道是坤卦说明的重点,也是它为妻和臣设定的价值标准,由此我们就不难理解为什么含辛茹苦、任劳任怨这类词汇常被用于赞美妇女的奉献,这是成就乾道之德。所以坤卦"用六,利永贞"告诉人们,女性成功的秘诀就是永远贞守顺夫之道。妇女的归宿是出嫁,《杂卦传》载:"归妹,女之终也。"归妹是指嫁女,出嫁的伟大意义在于孕育。正如《周易·归妹》所言:"归妹,天地之大义也。天地不交而万物不兴。归妹,人之终始也。"孕育是妇女的根本价值,是人类繁衍之道,那种不合于礼的夫妇关系也因此获得了合理性,如大过卦九二爻辞"老夫得其女妻,无不利",老夫少妻因为女子可以生育而吉利；而九五象传"老妇士夫，亦可丑也"，老妇壮夫却因为妇老不能生育，不是好婚配。

一个至健，一个至顺，将男主女从的性别观念哲学化。这种性别观念是借助卦和爻说出来的，凡是合乎乾健坤顺的卦或爻都是"正"，反之则"不正"，正才是长久之道。恒卦是巽下震上，从卦象上看，长女在长男之下，男居尊位，女处卑位；震是外位，巽是内位，是男动于外，女顺于内之象，很符合乾健坤顺之道，所以名曰"恒"。集中反映男外女内之道的是家人卦，它告诉人们家乃国本，家道正则天下定。什么是正呢？"女正位乎内，男正位乎外。男女正，天地之大义也。家人有严君焉，父母之谓也。父父子子兄兄弟弟夫夫妇妇，而家道正。正家而天下定矣。"正家就是正男女外内之位。家人卦女指六二，六二以阴居阴，又居中得正，属于内卦，是"女正位乎内"；男指九五，九五以阳居阳，又居中得正，属于外卦，是"男正位乎外"。男在外开创事业，女在内操持家庭，因为符合乾健坤顺之道，所以是"天地之大义"。天地正位，万物才正；男女正位，人类才正，人类的一切秩序皆有赖于男女正位。《左传》昭公二十五年说礼为天经、地义、民行，其中就有："为夫妇外内，以经二物。"[①]夫治外，妇治内，以效法阴阳、刚柔，将夫妇分主外内，视为天经地义之道。不仅如此，丈夫也是一家之主，负责一家的礼仪表率，有治家之责。夫治家首先要立规矩，教育、约束家人于恶念未萌之中，这叫防闲，才能无悔，故初九爻辞云："闲有家，悔亡。"教育以适中为宜，若做不到适中，宁严勿宽，严虽能导致保守，但也比宽导致失节要好，故九三象传云："家人嗃嗃，未失也。妇子嘻嘻，失家节也。"治家过严虽可使家人叫苦不迭，但可以使错误得到及时纠正，最终还是吉；而治家过宽虽可令妻子儿女一时高高兴兴，却终失家节。主妇的职责

---

① 《春秋左传注》（修订本），第1458页。

是持家，一是主中馈，负责一家人的饮食和筹办祭祀物品，但不能自作主张，如六二爻辞所云"无攸遂，在中馈，贞吉"；二是理财富家，如六四爻辞所云"富家大吉"。当然，家正的前提是夫自正。自正，反身修己而已，这样才能建立家长的威信，故上九象传云："威如之吉，反身之谓也。"不仅如此，身正还能使家人在家长的感召下各安其分，互相关爱，正如九五象传所云："王假有家，交相爱也。"至此，齐家才算最终完成。家人卦为我们设计了一个标准的中国家庭，在这个家庭中，丈夫（同时也是父亲）是一家之主，有正家之责，集严爱于一身。《周易》不是不讲爱，只是要以严为先决条件，有主次之分，这是它的一贯原则。家治的模范是父慈、子孝、兄友、弟恭，但这要取决于夫妇正位。如果夫妻反目，则是家主有失治家之责。小畜卦"九三，舆说辐（輹），夫妻反目。象曰：夫妻反目，不能正室也"，輹是固轴之木，车停止不行时，輹就脱下来。小畜卦九三以阳处阳，自身过刚而不中，又与六四亲比，不但不能以阳制阴，反为阴所制，造成"夫妻反目"的后果，卦以"舆说辐"比喻夫妻反目。妻受制于夫是正常的，若反过来夫受制于妻，就是主从颠倒，故曰不能正室。

　　《周易》中取男主女从之义的还有渐、蒙、恒等卦。渐卦取象"女归"，就是取女子出嫁是个女从男的渐进过程来说明卦义的，因为合乎礼的婚嫁，须经过六礼的递进程序。所以渐卦卦辞云："渐，女归吉，利贞。"这个渐进过程正是《杂卦传》所说的"女归待男行也"。女子如果未待男行，而是主动求男，就是不顺坤道，这样的女子就不能娶。蒙卦"六三，勿用取女，见金夫，不有躬，无攸利"，说的就是这种情况。蒙卦六三以阴爻居阳位，不中又不正——她作为一个女子，本应等待与她正应的上九来求她，而她却见近旁九二这个美好的男子而动心，悦而从之，所以《象传》告诫说："勿用取女，行不顺也。"女求男不正，同样男从女也不正。恒卦"六五，恒其德贞，妇人吉，夫子凶"，六五以柔居中，是说妇人能恒久固守从男之德，终身不变，则吉；而男子若顺从妇人则凶。对此，《象传》进一步解释说："妇人贞吉，从一而终也。夫子制义，从妇凶也。"乾健坤顺，男子从妇则凶，春秋时郑国雍纠之死可以提供一个例证。《左传》桓公十五年载，郑伯与雍纠合谋欲杀祭仲，因雍纠泄密于其妻而致死。郑伯恨曰："谋及妇人，宜其死也。"① 齐国栾氏、高氏灭族又是一例。《左传》昭公十年："齐惠栾、高氏皆耆酒，信内，多怨，强于陈、鲍氏而恶之。"杜注："说妇人之言，故多怨。"② 他们因听信妻子，不得人心，招致多怨，终因孤立无援而被陈、鲍二氏所灭。相反，妇人从夫则是无条件的，即使出身帝王之家，出嫁后也要恪遵从夫之道。如泰卦云："六五，帝乙归妹，以祉，元吉。"六五以阴柔居君位，位极尊而性极柔，与下卦九二相应，屈己之尊而顺从九二之阳，爻辞取"帝乙归妹"之象就是说明这个道理。帝乙是商纣之父，帝王之妹下嫁给臣，也要降其尊贵，如此才会受福，才能大吉。

三、乾坤的不对称与男性中心观

乾坤不但用主从关系来表述，同时也是阳、刚、大一组概念与阴、柔、虚、小的不对称，坤的这些不足决定了阴不能成就事业，必须以阳为主，协助阳完成事业，因此只有阴居其位，发挥协助、协调阳的作用，事业才会顺利、成功。《周易》64卦中凡以柔为主的卦都强调这一点。如同人卦象传："柔得位得中而应乎乾，曰同人。"六二以阴爻居阴位，得其中正，具有与人和同的条件。柔不能独立解决问题，必须应乎乾，配合乾，发挥同乎人的作用。再如履卦象传："悦而应乎乾，是以履虎尾不咥人，亨。" 因为和悦柔顺应乎乾，所以即使踩虎尾也不会被虎咬，反而取得成功。又如小畜卦，"柔得位而上下应之"，也是强调柔得位必与乾相应方能成事。阴柔只能成小事，

---

① 《春秋左传注》（修订本），第143页。
② 《春秋左传注》（修订本），第1315页。

只有在位之阳刚才能成大事。小过卦象传："柔得中，是以小事吉也。刚失位而不中，是以不可大事也。""柔得中"是说阴爻居二与五之中。阴柔得中，做小事吉，做大事的必须是阳刚，但卦中刚爻居三、四位，不中而失位，也无法成就大事。阴柔的不足决定了它必须效法、学习阳刚，观卦就是以此命名的。观卦是二阳在上，四阴在下。二阳居于尊位，为四阴所瞻仰，有阴观阳，阳示于下之义。此义也见于六二爻辞，"六二，窥观，利女贞。象曰：窥观女贞，亦可丑也。"六二阴暗柔弱，见识不广，九五的刚阳中正之道，它看不明白，有如从门缝向外看，只能看见一点。不过，六二阴爻居中得正，上应于九五，有顺从中正的特点，若是女子则不失中正而为利了，若男子这样就不成事了。阴没有独立的能力，只有顺阳才会安逸和乐，豫卦卦名即取义于此。豫卦坤下震上，坤德为顺，震德为动，上动而下顺，所以为豫。而且，此卦只有九四一个刚爻，是卦主，上下众阴爻都来应它，顺它，其志得行，毫无阻碍，所以会有安逸和乐的局面。按照阴阳的这种特点，女弱男强是正常的，男弱女强就不正常了。姤卦："女壮，勿用取女。象曰：姤，遇也，柔遇刚也。勿用取女，不可与长也。"姤卦一阴在下，五阳在上。一阴初生于下，以后其势必逐渐盛大，这渐盛之阴必将胜阳，因此男人如果娶强于自己的女人，婚姻必然不会长久。卦辞是借姤卦说明勿娶壮女，而爻辞是说如何控制阴不使其发展壮大，以侵害阳。它告诉人们在主观上要注意努力避免任何有利于加强女子或小人的事情发生，限制他们的力量。《周易》中如果阴爻阳爻同为不正，以阳居柔位好于柔居阳位，阳居柔位只是阳的力量暂时弱小而已，而阴居阳位就是天地乾坤的颠倒，是大凶。所以《系辞传上》开篇便讲："天尊地卑，乾坤定矣。"无论坤、阴、柔的作用多么重要，它都应该居于助、从的位置，顺承乾、阳、刚成就事业，如果势力强盛反客为主，就会危害乾、阳、刚的事业，因此一定要对阴加以防范，不使其居阳位。

可见，乾坤、阴阳看似是二元对立，实际却是地位不对称的二元对立，乾阳是中心，坤阴是四围，二者并非平分秋色、分庭抗礼，从性别角度看蕴涵的是男性中心观。乾坤因为首取象于天地，而天崇地卑的根本属性决定了乾与坤、阴与阳的不对称，这是形而上之道，形而下之道就是君与臣、男与女的尊卑不对称。形上之道是从诸多的形下之道中抽象而成，然后又用于演绎、指导、说明形下之道，于是形下之道就获得了天然合理性，成为天经地义。正如《系辞传上》所言："圣人……是以明于天之道，而察于民之故，是兴神物，以前民用。"这些天道、民故，如果用书本和语言表达会有局限性，而假借卜筮、卦象的方式会更有神秘感，用卜筮决定吉凶，百姓以为是神的旨意，心里更加确信不疑，从而起到神道设教的作用。如《系辞上》所说："子曰，书不尽言，言不尽意。然则圣人之意不可见乎？子曰，圣人立象以尽意，设卦以尽情伪，系辞焉以尽其言，变而通之以尽利，鼓之舞之以尽神。"

第二节　《周易》乾坤之道与《圣经》上帝造人的比较

在《旧约·创世纪》上帝造人的故事中，亚当和夏娃作为男人和女人本质的代表，是上帝借以说明男女关系的道具。夏娃是在亚当和动物都被放生到这个世界上之后创生的。因为亚当很孤独，又缺少帮手，所以夏娃被创生出来。但是，她并不是从原初物质中创造出来的，而是从亚当的身体里创造出来的。正如亚当所说："这是我骨中的骨，肉中的肉，可以称她为女人，因为她是从男人身上取出来的。"在亚当夏娃的故事中，亚当是人类的始祖，是上帝根据自己的形象创作的。男人是新生命的创始者，但男人不能独立完成人类繁衍的使命，所以上帝说"我要为他造一个配偶帮助他"，这个配偶就是夏娃。上帝让女人出自男人身体，这种渊源关系寓意着男人和女人是亲密结合的关系，所以《创世记》说："因为她是从男人身上取出来的，因此，人要离开父母,与妻子连合,二人成为一体。"这种一体和中国的夫妇一体所要表达的含义是一样的。可见上帝一开始就赐予人类始祖以婚姻生活,婚姻是上帝早已计划好的。所以上帝创造了这一男一女后便赐福他们"要生养众多,遍满地面"。上帝对亚当、夏娃亲密关系的安排与《周易》以乾坤合德寓意两性结合的合理是一致的。

女人是从男人的一根骨头中来的,本身就是次级形态,于是就成了男人的附属物。由于受造的不同,先天决定了男人在体力和智力上的优越和女人的不足。所以魔鬼让蛇"首先去诱骗女人,进攻那人类联盟中的薄弱环节,以便由此战胜这一整体;他猜想男人不会轻易听他的话或受骗,但男人会顺从女人的过错"。[1]果然,他们未能逃脱魔鬼的陷阱而堕落了。在这个犯罪过程中,夏娃是祸首,是她蛊惑了亚当。因此上帝对夏娃的惩处更重,不但使她遭受生育之苦,还要受男人的管辖:"你必恋慕你丈夫,你丈夫必管辖你。"亚当的错误在于听从了女人的蛊惑,上帝对他的惩处是:"你既听从妻子的话,吃了我所吩咐你不可吃的那树上的果子,地必受你的缘故受咒诅,你必终身劳苦才能从地里得吃的。"如果说受造的不同使得女人天生就是男人的附属物,那么,夏娃的罪孽更使女人离不开男人,不得不服从于男人,这是女人的原罪,因为是她使男人坠入深渊。在许多早期基督教神学著作中,夏娃被比喻为魔鬼之门与死亡之门。奥古斯丁说:"女人从一开始就是邪恶的,她是死亡之门,是毒蛇的信徒,是魔鬼的帮凶,是陷阱,是信徒们的灾星。她腐蚀圣徒,那危险的面孔使那些就快要成为天使的人功败垂成。"德尔图良则高喊:"女人,为了使你不要忘记,你是使人类走向灭亡的东西,你要常常双眼含着忏悔的泪,用企求的目光,愁眉苦脸,衣衫褴褛地度日。女人!你该进地狱之门。"所以莱基在其《欧洲道德史》中说:"女人被视为地狱之

---

[1] 刘文明:《上帝与女性——传统基督教文化视野中的西方女性》,武汉大学出版社2003年版,第71页。

门和人类罪恶之本。她只要想到她是一个女人，她就应当感到有愧。她应当在不断地忏悔中生活，因为她给这个世界带来了灾祸。她应当为她的服饰而羞愧，因为这是她堕落的象征。她尤其应当为她的美貌而内疚，因为这是魔鬼最有威力的武器。"① 这是《圣经》版本的"女人祸水"论，女人的原罪是男人永恒的教训，它从神学的角度告诉男人什么是"从妇凶"，所以男人要统治女人，上帝给了亚当（男人）统治女人的权力。

正如《周易》的乾坤之道是中国男权思想的理论支持一样，西方古典男权理论也吸收了《圣经》上帝造人的思想作为自己的理论武器。美国学者帕特曼在《性契约》中对此做了详细的分析。她指出，古典男权主义者认为妇女在生育和政治上都无关紧要。男人是生育中最宝贵的主要动因，妇女只不过是男人实现性和生育力的空洞的容器。可以说，上帝给予亚当的政治权力就是去填充这个空洞的容器。男人想要实现男性的生育力，就必须这样做。② 男人是生命的创造者在耶稣的诞生中再一次得到了印证，耶稣是上帝借助玛利亚的身体而发生的"道成肉身"，是单性繁殖的结果，玛利亚只是提供容器的辅助者。《圣经》与《周易》虽然表达形式不同，男权的观点却是一致的。西方古典男权理论正是利用这种"单生观"来说明男权的自然性的。"母亲和父亲的生理学事实从来没有从社会的角度被视为是一样的：母亲意味着养育，父亲意味着创造。父亲意味着是首要的、根本的和创造性的作用。"从社会的角度说，"生育一直被视为是'单生的'，是父亲精子的创造力量的结果。……单生观是古典男权主义的核心。……男人不仅是新的物理生命起源的首要推动者，而且也生产社会政治生活。"③ 女人连生命的创造都只是提

---

① 《上帝与女性——传统基督教文化视野中的西方女性》，第75—76页。
② 《性契约》，第93—95页。
③ 《性契约》，第35—36页。

供一个容器而已,更不用说她们对社会政治生活能有多大贡献了。

女人不仅不具有社会政治生活能力,甚至还是秩序的危害者,这一点上帝已经用夏娃的故事告诉了我们,帕特曼说卢梭也不忘以此为男人的统治提供依据。他非常明确地指出,如果要使政治秩序免遭毁灭,那么女人就必须照料小屋和孩子,并服从男人的判断。卢梭认为,两性之间的肉体差别使他们之间的道德也大相径庭。女人与男人不一样,她们不能控制自己的欲望,因此她们没有能够获得公民社会所必需的德性。男人也有感情,但是他们能以理性控制感性,因此能够创立和维护政治社会。女人只有节制,如果她们做不到这一点,就会造成两性的毁灭,男人最终会成为(女人的)牺牲品。妇女是混乱的一个永恒的源泉,如果要使秩序得以保存,她们必须被严格地排除在政治生活之外。"为了避免毁灭,两性必须在一切生活方面,甚至在私生活中也要有所区别。男人必须要有自己的社会和政治俱乐部,这样他才能在政治上培养自己,加强自己的公民感,远离女人以及她们日渐微弱的破坏性影响。"①

英国学者泽特兰指出,在大多数人类文明的最初神话里,女人的诞生往往属于次要范畴,发生在男人的诞生之后,伴随着死亡和不幸出现在人间,女人往往是人类不幸命运的罪魁祸首。希腊的潘多拉神话可谓这类神话的一个典型版本。潘多拉的存在区别于男人,外来而陌生,她是新一种人类中的第一例。在潘多拉的神话叙事中,最令人吃惊的一点是男人和女人作为不同人类类型的根本差异。在潘多拉出现之前,人类作为男人的群体性存在不受邪恶、艰苦的工作和痛苦的干扰,读者无从知道他们是如何来到世上的,而女人的诞生不仅有一个特定的时间,而且被指定为独一无二。因为普罗米修斯盗火给人类,宙斯为了惩罚男人,决定把邪恶带给人间。为此,他命令跛行神特地

---

① 《性契约》,第 103—105 页。

造一个美丽的女人作为礼物送给人类,潘多拉就像一个待嫁的新娘那样被送到她的丈夫厄庇米修斯家中。这个让男人无法逃避的诱饵孕育了所有的女性——所有那些住在男人之中给男人带来痛苦的女性。当潘多拉这个女人进入人世,人类的生活和命运被永远地改变了。当她打开盒子时,千百种痛苦四处飞扬,于是造成了人类的灾难。①

与《周易》的性别观念相比,西方神学完全是以厌女的面目出现,在对女人的负面定义上走得更远——妇女只是一个生育容器而已,为了保证男人地位的独享,完全剥夺了妇女的权利,否定了妇女的作用,难怪会引起18世纪妇女运动的反弹。《周易》虽然强调男性中心论,反对妇女居尊位,但并不否定妇女的作用。它认可妇女在相夫教子中的重要作用,并通过礼法鼓励孝母,树立妇女作为长辈的地位,认为两性可以和谐相处共建家园。比较而言,《周易》的妇女观更具有人情味。

第三节 两性形象与妇女的物化观

一、两性形象的对立

与《周易》乾坤之道、阴阳之德相对应的是,社会对男女形象的期望也不同。具体来说,勇猛、严格、智慧是男人该有的形象,柔顺、慈爱、贞节是女子该有的形象。形象的塑造从幼儿期就开始了,《礼记·内则》载:"能言,男唯女俞。男鞶革,女鞶丝。"② 唯和俞都是应声词,但"唯"声干脆,"俞"声温婉,又男以革为带,女以丝为带,取革劲丝柔的象征意义。男人的理想品格用孟子的话说是:"居天下之广居,立天下之正位,行天下之大道;得志,与民由之,不得志,独行其道。富贵不能淫,贫贱不能移,威武不能屈,此之谓大丈夫。"

---

① [法]居代·德拉孔波等编,吴雅凌译:《赫西俄德:神话之艺》,华夏出版社2004年版,第112页。
② 《礼记集解》,第768页。

女人则是"以顺为正,妾妇之道也"。① 表现于两性的外在形象上可以从徐吾犯之妹择婿看出来。《左传》昭公元年,郑国徐吾犯之妹美,两大夫子南与子晳都欲聘之为妻,双方相持不下,最后决定由其妹自己选择。"子晳盛饰入,布币而出。子南戎服入,左右射,超乘而出。女自房观之,曰:'子晳信美矣,抑子南,夫也。夫夫妇妇,所谓顺也。'适子南氏。"② 子晳虽然装扮华丽,终不如身着戎装显示武力的子南有男子气概,所谓"夫夫妇妇"就是说男人要有男人的样儿,女人要有女人的样儿。东汉班昭在《女诫》中曾经以"阴阳殊性"为据,说明"男女异行","阳以刚为德,阴以柔为用,男以强为贵,女以弱为美。故鄙谚有云:'生男如狼,犹恐其尪;生女如鼠,犹恐其虎。'然则修身莫若敬,避强莫若顺。故曰敬顺之道,妇人之大礼也"。③ 既然男强女弱,女人生存就要秉持敬顺之道。

胆怯、感性也是女人的天性。《列女传》卷三《仁智传·魏曲沃负》中说:"妇人脆于志,窬于心,不可以邪开也。"宋人洪迈曾说:"妇人女子,婉娈闺房,以柔顺静专为德,其遇哀而悲,临事而惑,蹈死而惧,盖所当然尔。"④ 于是缺乏勇气的男人被鄙视为女人。《左传》哀公二年卫郑交战,"卫大子为右。登铁上,望见郑师众,大子惧,自投于车下。子良授大子绥,而乘之,曰:'妇人也。'"⑤ 在好勇斗狠的部落民中,胆小者也总是被归为女人一类。为了表现勇气,北美印第安的战士不仅誓死不却,且故为愚勇。⑥ 此类愚勇在巴拿马的库纳人中也时有表现——为了显示自己超群的勇敢来提高威望,他们

---

① 《孟子译注》,第140—141页。
② 《春秋左传注》(修订本),第1211—1212页。
③ 《后汉书》,2788页。
④ 洪迈:《容斋随笔》(上册),上海古籍出版社1978年版,第353页。
⑤ 《春秋左传注》(修订本),第1615页。
⑥ 《初民社会》,第410页。

作战时甚至不使用必要的甲胄。① 勇气被夸张到如此超乎理性的程度，胆小的懦夫自然成为最受轻视之物，被他的同伴所揶揄，并被比成月经在身的女人。② 有的还被迫穿上女人衣服，给战士当仆从。③ 同样，一个战败投降的民族也是一个女人气的民族。据希罗多德在《历史》中所记，赛索斯特里斯国王每征服一个地方就要竖立石柱，铭刻他的功业。如果没有经过反抗就被他征服，他就会在石柱上刻上一个妇女的阴部图案，以此表明这是一个懦弱的民族。④

男与女不仅是勇敢与怯弱的分类，也有智慧高低的区别。《礼记·郊特牲》在解释婚礼亲迎出门后男帅女，女从男时说："夫也者，以知帅人者也。"⑤《大戴礼记·本命》的解释更为详尽具体："男者任也，子者孳也，男子者，言任天地之道，如长万物之义也。故谓之丈夫。丈者长也，夫者扶也，言长万物也。知可为者，知不可为者；知可言者，知不可言者；知可行者，知不可行者。是故审伦而明其别，谓之知。所以正夫德者。女者如也，子者孳也，女子者，言如男子之教，而长其义理者也。故谓之妇人。妇人，伏于人也。是故无专制之义，有三从之道，在家从父，适人从夫，夫死从子，无所敢自遂也……事无独为，行无独成之道，参知而后动，可验而后言……所以正妇德也。"⑥ 何谓"知"？明白人伦义理，并能灵活处理各种事务就是知。知是男人的立身之本，男子是有头脑，有智慧，懂事理的人，在这一点上女子天性不如男子。所以在生活中妻子要向丈夫学习，二者是教育者与被教育者的关系，妻子在祭祀死去的丈夫时称之为"皇辟"。辟，法也，就是取法于丈夫的意思。这就是妇人为什么要从父、从夫、

---

① 《消亡中的原始人》，第 102 页。
② 《初民社会》，第 410 页。
③ 《文化的起源》，第 31 页。
④ 希罗多德：《历史》，商务印书馆 1959 年版，第 152 页。
⑤ 《礼记集解》，第 709 页。
⑥ 《大戴礼记解诂》，第 254 页。

从子的原因。以上这段话虽然属于人文阐发,却表达了人们头脑中对两性资质能力优劣和两性关系的认识。男子肩负着长养万物的天地之道,所以称为丈夫,取顶天立地之义;女子只有在男子的教导下才能明白义理,所以称为妇人,取智慧低于男子之义。

不过这没关系,对妇女来说最重要的不是智慧,而是身体,丧礼中男女易服和除服时就包含了这种象征性。易服是指亲人下葬后,变麻服为葛服。但男女所易之服并不相同,所体现的含义也不一样。《仪礼·士虞礼》讲,饯尸后,"丈夫说(脱)绖带于庙门外,……妇人说首绖,不说带"。[1]丈夫重首,故易腰绖,妇人重带(腰带),故易首绖。易服先去轻者,故卒哭,男子以葛易腰带,妇人以葛易首绖。男不脱首绖,妇不脱腰带。除服与易服不同,除服先除重者,故小祥,男子去首绖,而腰带如故,妇人去腰带,而首绖如故,此即男子服重上,女子服重下之义。"男子何为除乎首也?女子何为除乎带也?男子重首,女子重带。"郑注云:"妇人重带,带在下体之上,妇人重之,辟男子也。"[2]男人重在智力,女人重在身体,这在郭店楚简《六德》中也得到印证。在"父圣,子仁,夫智,妇信,君义,臣忠"六德中,夫智是指:"知可为者,知不可为者;知行者,知不行者,谓之夫,以智率人多(者)也。智也者,夫德也。"又说:"智率信"是夫夫、妇妇。[3]妻子守忠信,并服从有头脑、懂义理的丈夫的监管。妇人既然智不如人,在丈夫面前只能卑称。《礼记·曲礼下》载:"夫人自称于天子曰老妇,自称于诸侯曰寡小君,自称于其君曰小童,自世妇以下,自称曰婢子。"[4]老妇是谦称;寡小君是对君而言,是降称;小、童、婢都含无知、卑下义,是卑称。《左传》僖公十五年,秦穆公

---

[1] 《仪礼注疏》,第1324—1325页。
[2] 《礼记集解》,第1369页。
[3] 《谭史斋论稿三编》,第235页注文。
[4] 《礼记集解》,第145页。

夫人穆姬闻晋侯被俘将至，带领两个孩子以自焚相要挟，且告曰："上天降灾，使我两君匪以玉帛相见，而以兴戎。若晋君朝以入，则婢子夕以死；夕以入，则朝以死。唯君裁之！"① 穆嬴自称婢子是卑称。

男女形象的不同也通过父尊母亲、父严母慈而判然有别，如同水火。《礼记·表记》云："今父之亲子也，亲贤而下无能；母之亲子也，无能则怜之。母亲而不尊，父尊而不亲。水之于民也，亲而不尊，火尊而不亲。"② 男人更理性，女人重感情，原本没有褒贬之义，但在韩非子看来严和慈是有褒贬之不同的。《韩非子·六反》载："母之爱子也倍父，父令之行于子者十母。……故母厚爱处，子多败，推爱也；父薄爱教笞，子多善，用严也。"③ 也就是《韩非子·显学》所说的"严家无悍虏，慈母多败子"。④ 又《礼记·仲尼燕居》引孔子的话说："子产犹众人之母也，能食之，不能教也。"⑤ 子产可算是春秋末期郑国的政治家，但孔子对子产的评价并不高，认为他只是发挥了母亲的养育功能而已，未尽到父亲的管教责任。"养不教，父之过"，父亲的管教在层次上高于母亲的养育。

二、两极化的女性形象

两极化的女性形象是指女德和女祸，但古人对女祸用笔更多。女祸一词最早出现于《新唐书·玄宗本纪赞》："呜呼，女子之祸于人者甚矣！自高祖至于中宗，数十年间，再罹女祸，唐祚既绝而复续，中宗不免其身，韦氏遂以族灭。玄宗亲平其乱，可以鉴矣，而又败以女子。"⑥ 唐代的女祸是指武后、韦后把持政权，以及唐玄宗贪恋杨

---

① 《春秋左传注》（修订本），第358页。
② 《礼记集解》，第1308页。
③ 《韩非子新校注》，第1009页。
④ 《韩非子新校注》，第1141页。
⑤ 《礼记集解》，第1267页。
⑥ 〔宋〕欧阳修、宋祁：《新唐书·玄宗本纪赞》，中华书局1975年版，第154页。

贵妃而误国。尽管"女祸"一词出现较晚，但这种观念最早可以追溯至西周武王以前。武王伐商后期，在牧野誓师时列举商纣之罪，说："古人有言曰：'牝鸡无晨。牝鸡之晨，惟家之索。'今商王受，惟妇言是用。"① 这是女祸论的最早版本，指上层妇女影响、干预政治带来的灾难，在《周易》中属于阴居阳位之祸。周朝建立后以礼治国，周礼中就有天子以女祸告诫诸侯的制度。《礼记·郊特牲》载："大罗氏，天子之掌鸟兽者也，诸侯贡属焉。草笠而至，尊野服也。罗氏致鹿与女，而诏客告也。以戒诸侯曰：'好田、好女者亡其国。'"②《逸周书·史记》载周穆王告诫说："美女破国。昔者绩阳强力四征，重丘遗之美女，绩阳之君悦之，荧惑不治，大臣争权，远近不相听，国分为二。"③ 不过西周天子的末代子孙并没有牢记古训，也没有以绩阳之君为前车之鉴，最终亡于褒姒。周代以后美女亡国祸家的论调充斥于历代经史子集中，作为一种权威观念成为统治者治国理家的深刻教训。

（一）女祸的几种情况

1. 妇言是用

自从《尚书·牧誓》以妲己首开女子祸国口实后，后世经传史籍皆以三代亡于女祸作为人君之戒。《诗经·小雅·正月》载："赫赫宗周，褒姒灭之。"④《诗经·大雅·瞻卬》据说所指也是褒姒："哲夫成城，哲妇倾城。懿厥哲妇，为枭为鸱。妇有长舌，维厉之阶。乱匪降自天，生自妇人。"⑤《国语·晋语一》又在商周之前增加了夏之妹喜，其祸国手法大致一样。晋国人史苏曰："夫有男戎必有女

---

① 《尚书今古文注疏》，第286页。
② 《礼记集解》，第679页。
③ 黄怀信、张懋镕、田旭东：《逸周书汇校集注》，上海古籍出版社2007年版，第969页。
④ 《诗经注析》，第568页。
⑤ 《诗经注析》，第923页。

戎。若晋以男戎胜戎，而戎必以女戎胜晋。"①意思是说战败国虽然武力不敌，却可以美女报复战胜国，并举三代亡国之例加以说明："昔夏桀伐有施，有施人以妹喜女焉，妹喜有宠，于是乎与伊尹比而亡夏。殷纣伐有苏，有苏氏以妲己女焉，妲己有宠，于是乎与胶鬲比而亡殷。周幽王伐有褒，有褒人以褒姒女焉，褒姒有宠，生伯服，于是乎与虢石甫比，逐太子宜臼，而立伯服。太子出奔申，申人、鄫人召西戎以伐周，周于是乎亡。今晋寡德而安俘女，又增其宠，虽当三季之王，不亦可乎？"史苏此番言论是为骊姬乱晋作铺垫，因此下文紧接着就说："骊姬果作难，杀大子申生以逐二子。"后世论者大都紧随其后。《荀子·解蔽》篇感叹："桀蔽于末喜、斯观，而不知关龙逢，以惑其心而乱其行。纣蔽于妲己、飞廉而不知微子启，以惑其心而乱其行……此其所以丧九牧之地而虚宗庙之国也。"②刘向《列女传》又增益其事，将夏桀妹喜、殷纣妲己、周幽褒姒列为《孽嬖传》之首，用《诗经》"懿厥哲妇，为枭为鸱"之语形容妹喜；武王则致天之罚，"斩妲己，头悬于小白旗，以为亡纣者是女也"；对褒姒则直接借用《诗经》"赫赫宗周，褒姒灭之"的原文。③

　　春秋战国时的"妇谒"成为"妇言是用"的代名词。司马迁在《史记·孔子世家》中记孔子歌曰："彼妇之口，可以出走；彼妇之谒，可以死败。"④这与《周易·恒卦》"夫子制义，从妇凶"的说法是一致的。在荀卿的眼里，妇谒是乱世的一个表征。《荀子·王霸》载："乱世不然，污漫突盗以先之，权谋倾覆以示之，俳优侏儒妇女之请谒以悖之。"⑤《荀子·大略》商汤祷旱也表达了同样的观点："汤旱而祷曰：政不节舆，使民疾舆，何以不雨至斯极也。宫室荣舆，妇

---

① 《国语集解》，第 250 页。
② 《荀子集解》，第 259 页。
③ 《列女传》，第 72—74 页。
④ 《史记》，第 1918 页。
⑤ 《荀子集解》，第 147 页。

谒盛舆，何以不雨至斯极也。"①妇谒盛与政不节、使民疾、宫室荣同属乱政。看来妇谒在春秋战国时是一个比较普遍的现象，所以才有《穀梁传》僖公九年齐桓公葵丘之盟"壹明天子之禁……毋使妇人与国事"的要求。《韩非子·亡征》将其概括为"听主母之令，女子用国，……可亡也"。②女子用国何以可亡？《韩非子·八奸》在"同床之患"中是这样解释的："贵夫人、爱孺子、便僻、好色，此人主之所惑也。托于燕处之虞，承醉饱之时，而求其所欲，此必听之术也。为人臣者内事之以金玉，使惑其主。"③《国语·晋语一》也说："好其色，必授之情，彼得其精，以厚其欲，从其恶心，必败国，且深乱。"④妃嫔女色利用自己与人主的亲密关系对人主产生影响，她们或行一己之私利，或为朝臣所请托，使君主深受迷惑。古人将这类行为称为蛊，《左传》昭公元年："赵孟曰'何谓蛊？'对曰：'淫溺惑乱之所生也。于文，皿虫为蛊。谷之飞亦为蛊。在《周易》，女惑男、风落山谓之蛊，皆同物也。'"⑤女惑男如同皿中养虫，必须时刻提防警觉。《周易》蛊卦巽下艮上，巽为长女，为风；艮为少男，为山。少男而悦长女，本非匹配，却受其迷惑，其结果就是山木遇风而落。这段话虽是对晋侯房劳生疾而发，但其所包含的近女为祸的意思是明确的。尽管先秦以后经传史籍多以女色为人君之戒，但是中国古代家天下的体制，使得妇女利用后妃身份影响政治的现象屡见不绝，进而发展为外戚执政。这在西汉元帝、成帝以后非常突出，所以谷永才上疏成帝："臣闻三代所以陨社稷丧宗庙者，皆由妇人与群恶沈湎于酒……二者陛下兼而有之，臣请略陈其效。易曰：在中馈，无攸遂，言妇人不得与事

---

① 《荀子集解》，第331页。
② 《韩非子新校注》，第302页。
③ 《韩非子新校注》，第181页。
④ 《国语集解》，第256页。
⑤ 《春秋左传注》（修订本），第1223页。

也。"① 成帝时赵飞燕姊妹宠妒后宫，致使成帝无嗣。汉伶玄的《飞燕外传》记赵飞燕姊妹入选进宫之时，披香博士淖方成便预言："此祸水进，灭火必矣。"② 为此刘向在《列女传》中专门从经传中找出十六名祸国女子列为《孽嬖传》，他自述其作《列女传》之旨要称："向以为王教由内及外，自近者始。故采《诗》《书》所载贤妃贞妇，兴国显家可法则，及孽嬖乱亡者，序次为《列女传》，凡八篇，以戒天子。"③ 一些朝代的开国君主，在总结前朝的成败经验时，常常把后妃干政作为政治败坏的重要教训。《三国志·魏文帝纪》记载曹丕诏曰："夫妇人与政，乱之本也。自今以后，群臣不得奏事太后，后族之家不得当辅政之任，又不得横受茅土之爵。以此诏传后世，若有背违，天下共诛之。"但也正如孙盛所评："运祚将移，纵无王、吕之难，岂乏田、赵之祸乎？"④ 唐女祸之后，宋明清皇室都强化了对后宫妇女的管理和控制，严禁后妃干政。《明太祖实录》卷五二载朱元璋洪武三年（1370）规定："皇后之尊，止得治宫中嫔妇之事，即宫门之外毫发事不预焉。"⑤ 后又将其列入《祖训录》，令子孙世代遵守。

禁止后妃干政不仅是一个政治信条，也成为史书编修需要遵守的体例。《文心雕龙·史传》载："及孝惠委机，吕后摄政，班史立纪，违经失实，何则？庖牺以来，未闻女帝者也。汉运所值，难为后法。牝鸡无晨，武王首誓；妇无与国，齐桓著盟；宣后乱秦，吕氏危汉。岂唯政事难假，亦名号宜慎矣。张衡司史，而惑同迁固，元帝王后，欲为立纪，谬亦甚矣。"⑥ 作者从武王牝鸡无晨说起，对《史记》为

---

① 《汉书》，第3460页。
② 程荣纂辑：《汉魏丛书》，吉林大学出版社1992年版，第745页。
③ 《汉书》，第1957页。
④ 《三国志》，第80—81页。
⑤ "中央研究院"历史语言研究所：《明太祖实录》，国立北平图书馆红格钞本影印1952年版，第1017页。
⑥ 周振甫：《文心雕龙今译》，中华书局1986年版，第145页。

吕后立本纪以及张衡欲立《元后本纪》的主张①提出批评，指出史书的编修体例不能与禁止后妃与政的国策相悖，虽是名号亦不能假借。后世史书在编修上承袭了这一观点，如《史通·序例》所说："《晋》《齐》史例皆云：坤道卑柔，中宫不可为纪，今编同列传，以戒牝鸡之晨。"②这是从乾坤尊卑的角度，说明后妃只能立传，目的还是要戒免后妃干政。司马光主编《资治通鉴》时承袭了刘向编订《列女传》以为君主提供鉴戒的做法。张舜徽指出，司马光"对那些关系天下兴亡很大的人和事，虽正史无记载，也要从其他杂书稗史中搜采出来补入此书。例如《通鉴》卷三一，记载汉成帝宠赵飞燕，淖方成唾曰：'此祸水也，灭火必矣。'这材料是从《赵飞燕外传》中取来的。又如《通鉴》卷二一六，记载张彖斥杨国忠为冰山，这材料是从《开元天宝遗事》中取来的。司马光看到历代后妃、外戚之祸天下，为害甚烈。所以特别将这些事记录下来，以为帝王之炯戒。"③

2. 妻妾易位

褒姒、骊姬祸国的原因在于夺嫡立后，以妾易妻虽然不合礼，但却常有发生，因此无论经史还是诸子都反复强调这样做的后果。《国语·郑语》载："弃聘后而立内妾，好穷固也。"④《左传》闵公二年："内宠并后，外宠二政，嬖子配嫡，大都偶国，乱之本也。"⑤哀公二十四年："以妾为夫人，固无其礼也。"《孟子·告子下》记载齐桓公与诸侯葵丘之盟约："无易树子，无以妾为妻。"⑥《韩非子·爱

---

① 《后汉书·张衡传》："又以为《王莽》本传但应载篡事而已，至于编年月，纪灾祥，宜为《元后本纪》。"《后汉书》，第1940页。
② 〔唐〕刘知几撰，白云译注：《史通》，中华书局2014年版，第138页。
③ 〔宋〕司马光原撰，宋传银译注：《资治通鉴全译》，贵州人民出版社1994年版序。
④ 《国语集解》，第473页。
⑤ 《春秋左传注》（修订本），第272页。
⑥ 《孟子译注》，第287页。

臣》载:"主妾无等,必危嫡子。"① 《韩非子·亡征》载:"后妻贱而婢妾贵","可亡也"。②《礼记·缁衣》载:"毋以嬖御人疾庄后。"③这些告诫都是针对人君说的,因为只有他们有能力更改妻妾、嫡庶的顺序,正如春秋时齐灵公之妾仲子规劝齐侯不要废嫡立庶时,齐侯所说的那样"在我而已"。虽然他们无一例外都受到妾的蛊惑,但其根源在于嫡庶制与权利地位的分配体制,所谓子以母贵,母以子贵。这就不难理解为妻的为什么要嫉妒成性,而为妾的为什么要不择手段觊觎妻位了。《韩非子·内储说下》反复提到人君好内对夫人、太子构成的威胁,"国君好内则太子危"。又举例说:"郑君问郑昭曰:'太子亦何如?'对曰:'太子未生也。'君曰:'太子已置而曰未生何也?'对曰:'太子虽置,然而君之好色不已,所爱有子,君必爱之,爱之则必欲以为后,臣故曰太子未生也。'"④正因为如此,才会出现"郑君已立太子矣,而有所爱美女欲以其子为后。夫人恐,因用毒药贼君杀之"⑤的事情。为什么"万乘之主,千乘之君,后妃、夫人、嫡子为太子者,或有欲其君之蚤死者",因为"丈夫年五十而好色未解也,妇人年三十而美色衰矣。以衰美之妇人事好色之丈夫,则身死见疏贱,而子疑不为后,此后妃、夫人之所以冀其君之死者也。"⑥所以《韩非子·亡征》要把"婢妾之言听"⑦视为亡征之一。

3. 女乐亡国

女乐是春秋战国之际发展起来的用于娱乐的一种乐舞形式,与

---

① 《韩非子新校注》,第 59 页。
② 《韩非子新校注》,第 302 页。
③ 《礼记集解》,第 1327 页。
④ 《韩非子新校注》,第 647 页。
⑤ 《韩非子新校注》,第 643—644 页。
⑥ 《韩非子新校注》,第 322 页。
⑦ 《韩非子新校注》,第 301 页。

西周庙堂之雅乐相对立。由于女乐具有娱人的功能，常常被用于国与国之间的交际馈赠，以女乐败人国家，亡其宗社之计也是屡试不爽。秦穆公破戎王即是一例。《韩诗外传》卷九载秦穆公问内史王廖曰："'邻国有圣人，敌国之忧也。由余圣人也，将奈之何？'王廖曰：'夫戎王居僻陋之地，未尝见中国之声色也。君其遗之女乐以淫其志，乱其政，其臣下必疏。'……乃使王廖以女乐二列遗戎王……于是张酒听乐，日夜不休。终岁淫纵。卒马多死。由余归，数谏不听，去之秦。秦缪公（秦穆公）迎而拜之上卿。遂并国十二，辟地千里。"①晋献公赠虢国女乐，以荧其心、乱其政，与之同出一辙。《战国策·秦策一》载："夫晋献公欲伐虢，而惮舟之侨存。荀息曰：'《周书》有言：美女破舌。'乃遗之女乐以乱其政。舟之侨谏而不听，遂去。因而伐虢，遂破之。"②《韩非子·外储说》也提到晋献公赠虢女乐一事。又《国语·越语》记载勾践被夫差战败后问范蠡计将安出，"范蠡对曰：'君王其忘之乎：持盈者与天，定倾者与人，节事者与地。'王曰：'与人奈何？'范蠡对曰：'卑辞尊礼，玩好女乐，尊之以名。'"③定倾即定危，送吴国玩好女乐是使越国转危为安的手段之一。《越绝书》卷一二《越绝内经九术第十四》所记大夫文种献破吴之策之四——"遗之好美，以为劳其志"，与之略同。"越乃饰美女西施、郑旦，使大夫种献之于吴王……吴王大悦，申胥谏曰：'不可，王勿受……胥闻贤士，邦之宝也；美女，邦之咎也。夏亡于末喜，殷亡于妲己，周亡于褒姒。'"④又《史记·孔子世家》载："齐人曰：'孔子为政必霸，霸则吾地近焉，我之为先并矣。盍致地焉？'犁鉏曰：'请先尝沮之……'于是选齐国中女子好者八十人，皆衣文衣而舞康乐，

---

① 《韩诗外传集释》，第 328—329 页。
② 《战国策新校注》，第 109 页。
③ 《国语集解》，第 577 页。
④ 〔东汉〕袁康、吴平辑录，俞纪东译注：《越绝书全译》，贵州人民出版社 1996 年版，第 228、231 页。

文马三十驷，遗鲁君。陈女乐文马于鲁城南高门外。季桓子微服往观再三，将受，乃语鲁君为周道游，往观终日，怠于政事……桓子卒受齐女乐，三日不听政……孔子遂行。"① 其他如《国语·晋语七》记载郑国赂晋侯女工妾三十人，美女乐师二十八及宝镈等，郑国遂得保全也是其例。所以《韩非子·十过》有"耽于女乐，不顾国政，则亡国之祸也"② 的说法。

4. 美女不祥

春秋时常有为争夺美女而致国破家亡者，其中影响比较大的美妇人有孔父妻、陈夏姬、齐棠姜、息妫等。《左传》桓公二年记载宋华父督见孔父之妻美，而"攻孔氏，杀孔父而取其妻"。③ 又齐棠姜夫死，崔杼见其美而娶之。齐庄公也垂涎其美貌，终为崔杼所杀。后来，齐棠姜因族乱与崔杼皆自缢而死。《列女传·孽嬖传》"齐东郭姜"篇引君子之言曰："东郭姜杀一国君而灭三室，又残其身，可谓不祥矣。"④ 陈夏姬可谓春秋时期美女祸国的极端，公侯争之，莫不迷惑失意。《列女传》评论说："夏姬好美，灭国破陈。走二大夫，杀子之身。殆误楚庄，败乱巫臣。子反悔惧，申公族分。"⑤ 过于貌美的女子因为会招引男人的争夺和杀戮而被称为"红颜祸水"，晋国叔向之母的一番话就很有代表性。《左传》昭公二十八年，"初，叔向欲娶于申公巫臣氏，其母欲娶其党。叔向曰：'吾母多而庶鲜，吾惩舅氏矣。'其母曰：'子灵之妻杀三夫、一君、一子，而亡一国、两卿矣，可无惩乎？吾闻之：'甚美必有甚恶。'是郑穆少妃姚子之子，子貉之妹也。子貉早死，无后，而天钟美于是，将必以是大有败也。昔有仍氏生女，黰黑，而甚美，光可以鉴，名曰玄妻。乐

---

① 《史记》，第 1918 页。
② 《韩非子新校注》，第 199 页。
③ 《春秋左传注》（修订本），第 85 页。
④ 《列女传》，第 80 页。
⑤ 《列女传》，第 79 页。

正后夔取之，生伯封，实有豕心，贪婪无厌，忿类无期，谓之封豕。有穷后羿灭之，夔是以不祀。且三代之亡、共子之废，皆是物也，女何以为哉？夫有尤物，足以移人。苟非德义，则必有祸"。① 尤物指特别的美貌，这是以尤物指称特美之女的最早表述。春秋时最无辜的就是息妫了，她的美貌为息国带来了灭顶之灾。《左传》庄公十四年，"蔡哀侯为莘故，绳息妫以语楚子。楚子如息，以食入享，遂灭息。以息妫归，生堵敖及成王焉。未言。楚子问之。对曰：'吾一妇人，而事二夫，纵弗能死，其又奚言？'楚子以蔡侯灭息，遂伐蔡。秋七月，楚入蔡"。② 息国因息妫貌美而招致亡国之祸确实令人痛心，也正是这个息妫，当楚文王死后，因拒绝楚文王弟弟的不礼要求，在青史上再留一笔。《左传》庄公二十八年"楚令尹子元欲蛊文夫人，为馆于其宫侧，而振万焉。夫人闻之，泣曰：'先君以是舞也，习戎备也。今令尹不寻诸仇雠，而于未亡人之侧，不亦异乎！'御人以告子元。子元曰：'妇人不忘袭仇，我反忘之！'"③ 可是这个令人同情的息妫仍逃不出"红颜祸水"的宿命，唐朝诗人杜牧不去指责搬弄是非的蔡哀侯和灭人国、夺人妻的楚王，却在《题桃花夫人庙》一诗中暗含了对息妫的责备。"细腰宫里露桃新，脉脉无言度几春。至竟息亡缘底事？可怜金谷坠楼人。""至竟息亡缘底事？"不还是因为她长得太漂亮了么！诗人以晋代歌妓绿珠跳楼而死作比，暗示了息妫只有一死，才能赎罪。令人不解的是这位长期沉溺于"楚腰纤细掌中轻"，还赢得过"青楼薄幸名"的浪漫诗人，在律己和责人的态度上，要求竟是如此不同。④

---

① 《春秋左传注》（修订本），第1492—1493页。
② 《春秋左传注》（修订本），第198—199页。
③ 《春秋左传注》（修订本），第241页。
④ 孟昭燕：《再谈女祸诗》，载《华夏文化》2005年第2期。

（二）女德的几种情况

《左传》僖公二十四年引古人之言曰："女德无极，妇怨无终"[①]，女德是与女祸相反的女性形象。女祸与女德二者好比夏娃和圣母玛利亚的关系，后世史传从不评价后妃的容貌，意在重德不重色。这两类截然相反的女性对男人事业的影响至关重要，所以古人对婚姻极为看重。《国语·周语中》记载周襄王欲娶狄女为后时，富辰劝谏说："不可，夫婚姻，祸福之阶也。利内则福由之，利外则取祸。今王外利矣，其无乃祸阶乎？昔挚、畴之国也由大任，杞、缯由大姒，齐、许、申、吕由大姜，陈由大姬，是皆能内利亲亲者也。昔鄢之亡由仲任，密须由伯姞，郐由叔妘，聃由郑姬，息由陈妫，邓由楚曼，罗由季姬，庐由荆妫，是皆外利离亲者也。"[②] 富辰指出缔结婚姻要看是否对自己有利，对自己不利的婚姻不能结，但他论说的角度却是嫁娶中的女性。对此，《大戴礼记·本命》说得更明确："女有五不取：逆家子不取，乱家子不取，世有刑人不取，世有恶疾不取，丧妇长子不取。逆家子者，为其逆德也；乱家子者，为其乱人伦也；世有刑人者，为其弃于人也；世有恶疾者，为其弃于天也；丧妇长子者，为其无所受命也。"[③] 不顺父母之家、祸乱之家、受肉刑之家、有家族病史之家、没有主妇之家的长女不能娶，以免她们的德行有问题。司马迁在《史记·外戚世家》也是从女德的角度，论说娶妻对男人事业的重要性："自古受命帝王及继体守文之君，非独内德茂也，盖亦有外戚之助焉。夏之兴也以涂山，而桀之放也以末喜。殷之兴也以有娀，纣之杀也嬖妲己。周之兴也以姜原及大任，而幽王之禽也淫于褒姒。故《易》基乾坤，《诗》始《关雎》，《书》美厘降，《春秋》讥不亲迎。夫妇之际，人道之大伦也，礼之用也，唯婚姻为兢兢。"[④] 刘向也在《列

[①] 《春秋左传注》（修订本），第 425 页。
[②] 《国语集解》，第 46—48 页。
[③] 《大戴礼记解诂》，第 255 页。
[④] 《史记》，第 1967 页。

女传》卷三《仁智传·魏曲沃负》中借魏曲沃负之言表达了自己的观点:"自古圣王必正妃匹,妃匹正则兴,不正则乱。夏之兴也以涂山,亡也以末喜;殷之兴也以姚,亡也以妲己;周之兴也以大姒,亡也以褒姒;周之宣王夫人晏出朝,《关雎》起兴,思得淑女以配君子……夫男女之盛,合之以礼则父子生焉,君臣成焉,故为万物始。"①这些论说都是从妻子对丈夫事业的影响上,上升到夫妇之义乃至人伦、政治的高度。陈寿在《三国志·魏书·后妃传》中表达了同样的观点:"在昔帝王之治天下,不惟外辅,亦有内助,治乱所由,盛衰从之。故西陵配黄,英娥降妫,并以贤明,流芳上世。桀奔南巢,祸阶末喜;纣以炮烙,怡悦妲己。是以圣哲慎立元妃,必取先代世族之家,择其令淑以统六宫,虔奉宗庙,阴教聿修。易曰:'家道正而天下定。'由内及外,先王之令典也。"②

女德的几种形象可以借用刘向编订《列女传》的分类加以说明。刘向将列女分成女祸和女德两种形象,《孽嬖传》属于女祸部分,置于文末,褒贬之意非常明确。《母仪传》《贤明传》《仁智传》《贞顺传》和《节义传》属于女德部分,其形象可以划分成母仪、贤明、仁智、贞顺和节义五种情况。《母仪传》被置于篇首,其中三代贤妃圣母几乎占据半壁江山。有虞二妃以其聪明贞仁屡次佐夫舜渡过难关,终于助舜成就了伟业;弃母姜嫄、契母简狄、启母涂山、汤妃有莘、周室三母都是因为生了儿子特别是生了圣王成了母仪天下的典范。在《周室三母》中,号称"文母"的文王妻太姒生有十男,最贤,"文王理阳道而治外,文母理阴道而治内"。"邹孟轲母"教子勤学,"齐田稷母"教子廉洁,是贤母教子的典型。这些伟大的母亲正如《母仪传》小序所说:"惟若母仪,贤圣有智。行为仪表,言则中义。胎

---

① 《列女传》,第34页。
② 《三国志》,第164—165页。

养子孙，以渐教化。既成以德，致其功业。姑母察此，不可不法。"①在《贤明传》中，"周宣姜后"匡助周宣王勤政中兴，"晋文齐姜"醉遣文公出行，"齐相御妻"责夫谦逊学道，"楚庄樊姬"讥刺虞丘子蔽贤，班婕妤匡劝西汉成帝勤政，这些都是贤妻匡夫之例；"柳下惠妻""鲁黔娄妻"是贤妻光夫之例。其余各篇或表现妇女的智慧，或表现妇女的贞顺，或表现妇女的节义，可谓巾帼不让须眉。这样的女性形象还可以列举若干。《左传》成公二年记载齐晋鞌之战，齐侯败逃，路遇一女，"女子曰：'君免乎？'曰：'免矣。'曰：'锐司徒免乎？'曰：'免矣。'曰：'苟君与吾父免矣，可若何？'乃奔。齐侯以为有礼"。②又《左传》僖公二十二年记载晋太子圉为质于秦，秦君妻之，是为怀嬴。后来圉劝其与自己一起逃归晋国，嬴氏曰："子，晋大子，而辱于秦，子之欲归，不亦宜乎？寡君之使婢子侍执巾栉，以固子也，从子而归，弃君命也，不敢从，亦不敢言。"③尽管怀嬴因再嫁晋文而获评不高，但毫无疑问，二者都是先公后己、知晓大义之人。

从性别角度看，以上所提女德的几种情况都没有超出女性的性别角色。她们以自己的智慧和品德，发挥了作为母亲和妻子的养育和匡助作用，为家国事业的成功做出了自己的贡献，她们虽然不能直接做外事，但却有匡夫教子的责任。《左传》桓公三年，芮伯万之母因为芮伯多女宠不务正业，将其驱逐出国。④对于男人来说，好内不是什么好名声，因为它很可能使男人不务正业，如果是国君一定也不是个好国君。《国语·鲁语下》公父文伯之母的话很能说明这一点："公父文伯卒，其母戒其妾曰：'吾闻之：好内，女死之；好外，士死之。今吾子夭死，吾恶其以好内闻也。二三妇之辱共先祀者请无瘠色，

---

① 《列女传》，小序第1页。
② 《春秋左传注》（修订本），第796页。
③ 《春秋左传注》（修订本），第394页。
④ 《春秋左传注》（修订本），第99页。

无洵涕,无搯膺,无忧容,有降服,无加服。从礼而静,是昭吾子也。'"① 公父文伯之母为使其子有个好名声,劝诫其多妾莫要过分悲伤。不仅如此,她本人甚至也不哀哭儿子。"季孙闻之,曰:'公甫文伯之母,贞女也。子死不哭,必有方矣。'使人问焉。对曰:'昔是子也,吾使之事仲尼。仲尼去鲁,送之不出鲁郊;赠之不与家珍。病,不见士之视者;死,不见士之流泪者。死之日,宫女缞绖而从者十人。此不足于士,而有余于妇人也。吾是以不哭也。'"② 公父文伯病时少有同僚看望,死时少有同僚流泪,相反却有不少女眷为他服丧哭泣,说明他是贪恋女人而忽视事业之辈。因此,作为妻子应该适时地劝谏丈夫不要贪恋儿女情长,以免荒废事业。而《孽嬖传》中的女性正相反,她们多是利用君主对自己的宠爱,以阴谋诡计达到妻妾异位、废嫡立庶等目的。这时女人的智慧便是灾难,这就是"哲夫成城,哲妇倾城"所要表达的含义。《韩非子·忠孝》说:"臣事君,子事父,妻事夫。三者顺则天下治,三者逆则天下乱,此天下之常道也。"③ 君臣、父子、夫妻是统领中国社会秩序的三纲,妻子服从丈夫是性别秩序,妇女参与外事本身为礼不容,但如果是为匡夫教子尚可权宜。一旦喧宾夺主,由助外变成了主外,就违反了性别秩序和政治秩序,历史上的女主执政多属于这种情况,因此常会遭到批判。

三、妇女的物化趋势

(一)乐政与女乐

女乐是春秋时兴起的一种艺术形式,与古乐相对被称为"新乐""新声",以郑、卫乱世之音,桑间、濮上亡国之乐为代表。女乐据说并不是春秋时才有,《管子·轻重甲》载:"昔者桀之时,

---

① 《国语集解》,第201页。
② 《韩诗外传集辑》,第18页。
③ 《韩非子新校注》,第1151页。

女乐三万人，晨躁于端门，乐闻于三衢。"① 又《史记·殷本纪》载："帝纣资辨捷疾……好酒淫乐，嬖于妇人。爱妲己，妲己之言是从。于是使师涓作新淫声，北里之舞，靡靡之乐。"② 这里我们不排除作者的夸张虚饰，但女乐在夏商末世出现，也是一种观赏性、娱乐性的艺术形式。这种娱乐性的艺术形式在春秋王室衰落、诸侯兴起、礼坏乐崩的大背景下发展起来，又被称为"俗乐"。

雅乐（古乐）从来就不是一种娱乐艺术，而是一种政治教化的工具，掌握在统治者手里，就是所谓乐政。既然是乐政，乐官首先就是教官。将音乐作为政治手段用以教化并不始于西周，相传最早的乐官是尧舜时代的夔。《尚书·尧典》中有"帝曰：'夔，命汝典乐，教胄子。'"③ 不过乐政以西周最盛，乐是国子必学的六艺之一，教民习乐是乐官的一项主要职能。《周礼·春官·大司乐》载："大司乐掌成均之法，以治建国之学政，而合国之子弟焉。凡有道有德者，使教焉，死则以为乐祖，祭于瞽宗。以乐德教国子中、和、祗、庸、孝、友；以乐语教国子兴、道、讽、诵、言、语；以乐舞教国子舞云门、大卷、大咸、大韶、大夏、大濩、大武。"④ 并自上而下建立了一套完备的乐官制度，乐官、乐工的行乐方式包括演奏次序、乐器的使用、放置，等等。在《仪礼》都有详细记载，从整体上反映了乐官制度的成熟与组织的完善。乐是服务于礼的，各类乐官负责在祭礼、射礼、宴享礼、饮酒礼、献捷礼等各种礼仪场合下用适当之乐。这些礼仪大致可以吉礼和嘉礼来划分，祭天神、地祇、人鬼属吉礼范畴，乡饮燕射属嘉礼范畴。所以《周礼·春官·大司乐》紧接着上文又说："以六律、六同、五声、八音、六舞大合乐，以致鬼神祇、以和邦国、以

---

① 《管子校正》，第389页。
② 《史记》，第105页。
③ 《尚书今古文注疏》，第69页。
④ 《周礼正义》，第1711—1725页。

谐万民、以安宾客、以说远人、以作动物。"①大型祭祀用乐表现为宏大的歌、乐、舞的形式,《诗经》中《大雅》《颂》都是宗庙祭祀乐歌,其作用在于通过歌颂先王的文治武功,激励后世君主不忘先祖之德,奋发向上。嘉礼用乐是以短小的诗乐形式穿插交接于仪礼活动过程中,所奏乐曲主要来自《诗经·国风》中的《周南》《召南》、《诗经·小雅》与笙诗(内容已佚),其目的如上文所言"以安宾客,以说远人"。同时,乐也是维护等级秩序的工具,各级贵族用乐是不同的。举例来说,"凡射,王以《驺虞》为节,诸侯以《狸首》为节,大夫以《采萍》为节,士以《采蘩》为节"。②从上到下,各级贵族在行射礼时要伴奏以不同的乐曲,绝不能有丝毫混淆,在乐的熏陶下使人们认同礼所规定的等级秩序。可是春秋以后用乐制度的等级规定即使诸侯国君也未必知晓。据《左传》襄公四年记载,鲁国的穆叔回访晋国,晋侯享之以《肆夏》《文王》,穆叔不拜谢。晋侯怪而问其缘由,穆叔回答:"《三夏》,天子所以享元侯也,使臣弗敢与问。《文王》,两君相见之乐也,使臣不敢及。"③此外,见诸文献记载的还有乐舞队列"佾"数(列数)的限定以及悬挂乐器的规定。《左传》隐公五年:"公问羽数于众仲。对曰:'天子用八,诸侯用六,大夫四,士二。'"④八、六、四、二是指乐舞的列数,每列八人,只有天子才可以用八八六十四人的乐舞,所以当季孙氏舞用八佾时,孔子气愤地说:"是可忍,孰不可忍。"⑤又《周礼·春官·小胥》载:"正乐悬之位,王宫悬,诸侯轩悬,卿大夫判悬,士特悬。"⑥乐悬是指需要悬挂的钟磬之类乐器,天子、诸侯、大夫、士等级不同,

---

① 《周礼正义》,第1731页。
② 《周礼正义》,第1804页。
③ 《春秋左传注》(修订本),第933页。
④ 《春秋左传注》(修订本),第46页。
⑤ 杨伯峻译注:《论语译注》,中华书局1980年版,第23页。
⑥ 《周礼正义》,第1823页。

乐悬亦有差次之异。宫悬指将乐器悬挂于东南西北四面，轩悬去其南面，判悬又去其北面，特悬只于东方悬挂磬钟等乐器。可见，乐在使用上是从属于礼的。礼乐之为用，在存异而求同，教民在尊重等级的前提下上下同心，和谐一致。"是故乐在宗庙之中，君臣上下同听之则莫不和敬；在族长乡里之中，长幼同听之则莫不和顺；在闺门之内，父子兄弟同听之则莫不和亲。故乐者，……所以合和父子君臣，附亲万民心，是先王立乐之方也。"①《周礼·地官·大司徒》也说："以乐礼教和，而民不乖。"②正因为礼乐的教化功能，所以《礼记·乐记》反复强调："先王之制礼乐也，非以极口腹耳目之欲也，教民平好恶而反人道之正也。""先王慎所以感之者。故礼以道其志，乐以和其声，政以一其行，刑以防其奸。礼、乐、刑、政，其极一也，所以同民心而出治道也。"③这就是我们常说的礼乐文明。

由于乐政是一项政治制度，因此无论乐官、乐工还是习乐舞的人都是男性，用于祭祀、宾客交际之礼的乐曲也是铿锵鼓舞之音，如《礼记·乐记》所说："君子之听音，非听其铿锵而已也，彼亦有所合之也。"④总结来说雅乐有三个特点：第一，它是政治统治的手段；第二，用乐者都是男性；第三，乐曲庄严肃穆。新乐在这三点上正与之相反。从性质上看，新乐不是一种统治手段，而纯粹是娱人耳目的娱乐形式，是表演而不是礼仪用乐，因此，深受社会俗众的欢迎，即使诸侯国君也不例外。晋平公悦新声，卫灵公"闻鼓新声而说之"⑤，魏文侯老实不客气地说："吾端冕而听古乐，则惟恐卧；听郑、卫之音，则不知倦。"⑥齐宣王更爽快地对孟子说："寡人非能

---

① 《礼记集解》，第1033页。
② 《周礼正义》，第705页。
③ 《礼记集解》，第982—983、977页。
④ 《礼记集解》，第1020页。
⑤ 《韩非子新校注》，第205页。
⑥ 《礼记集解》，第1013页。

好先王之乐也,直好世俗之乐耳。"①正是这种政治性和娱乐性的划分,才有前者称乐、后者称音的区别。《礼记·乐记》载:"知音而不知乐者,众庶是也。唯君子为能知乐。"②这种区别是道与欲的区别,"故曰:乐者,乐也。君子乐得其道,小人乐得其欲。以道制欲,则乐而不乱;以欲忘道,则惑而不乐"。③可是春秋以降统治者已经不了解古人制礼作乐的用意了,以至于魏文侯问古乐与新音的区别时,子夏讥之为"今君所问者乐也,所好者音也。夫乐者,与音相近而不同"。④实际上古乐和新乐的区别就在于政治性与娱乐性的根本不同,子夏的反复论说都是要说明这一点。"今夫古乐,进旅退旅,和正以广,弦、匏、笙、簧,会守拊、鼓,始奏以文,复乱以武,治乱以相,讯疾以雅。君子于是语,于是道古,修身及家,平均天下,此古乐之发也。""今夫新乐,进俯退俯,奸声以滥,溺而不止,及优、侏儒、獶杂子女,不知父子。乐终,不可以语,不可以道古。此新乐之发也。"⑤古乐在演奏时,进退有序、层次分明,以此道古论今,论说父子、君臣、长幼之道。新乐正与之相反,表演时杂乱不齐、男女糅杂,不知父子、君臣、男女之道,乐终不可以追古道今。可是"北里之舞,靡靡之乐"与"朱弦而疏越,一倡而三叹"⑥的庙堂之乐相比更具有听觉和视觉上的享受,为的是让人快乐而不是论道。从娱乐的角度讲,新乐更具有吸引力,首先在于音律的美妙。以被称为乱世之音的郑、卫之音为例,《礼记·乐记》孔颖达在疏解郑、卫之音时说:"《论语》说,郑国之俗,有溱、洧之水,男女聚会,讴歌相感,故云'郑声淫'。"⑦可见郑卫之音是以歌咏男女情爱为主旋律的,难怪要被称为乱世之

① 《孟子译注》,第 26 页。
② 《礼记集解》,第 982 页。
③ 《礼记集解》,第 1005 页。
④ 《礼记集解》,第 1015 页。
⑤ 《礼记集解》,第 1013—1014 页。
⑥ 《礼记集解》,第 982 页。
⑦ 《礼记集解》,第 981 页。

音、亡国之乐了。新乐吸引人的另外一个重要原因在于男女混杂，这是旧乐所没有的，也是正统人士极力反对的重要原因。因此子夏又称古乐为德音，新乐为溺音，前者使人奋发向上，后者使人沉溺萎靡。"圣人作为父子君臣以为纪纲，纪纲既正，天下大定，天下大定，然后正六律，和五声，弦歌诗、颂。此之谓德音，德音之谓乐。今君之所好者，其溺音乎！""郑音好滥淫志，宋音燕女溺志，卫音趋数烦志，齐音敖辟乔志。此四者，皆淫于色而害于德，是以祭祀弗用也。"①德音以维护父子君臣之序为宗旨，郑、宋、卫、齐之音则韵律轻佻美妙，又有歌儿舞女，使人贪溺其中不能自拔，丧失心志，故称"溺音"。《吕氏春秋·本生》更是直截了当地说："靡曼皓齿，郑卫之音，务以自乐，命之曰伐性之斧。"②

音乐与政治相通，是人伦之理的晴雨表，"亲疏、贵贱、长幼、男女之理皆形见于乐"，"是故君子反情以和其志，广乐以成其教。乐行而民向方，可以观德矣"。③虽然正统之士极力强调德音的重要，却无法挽救雅乐衰颓的趋势，正如无法挽救周王室的衰颓一样。女乐随着战国后期商品经济的发展，大行其道。《楚辞·招魂》描写了楚宫廷新乐的奢华靡丽，"肴羞未通，女乐罗些"，"二八齐容，起郑舞些"，"士女杂坐，乱而不分些"，"郑卫妖玩，来杂陈些"④的诗句反映了女乐的盛行。《史记·货殖列传》的记载则生动地反映了北方的情形，"山东多鱼、盐、漆、丝、声色"，中山人"丈夫相聚游戏，悲歌忼慨，起则相随椎剽，休则掘冢作巧奸冶，多美物，为倡优。女子则鼓鸣瑟，跕屣，游媚富贵，入后宫，遍诸侯"，"今夫赵女郑姬，设形容，揳鸣琴，揄长袂，蹑利屣，目挑心招，出不远

---

① 《礼记集解》，第1015—1016页。
② 《吕氏春秋》见《诸子集成》第6册，第5页。
③ 《礼记集解》，第1000、1003页。
④ 黄寿祺、梅桐生译注：《楚辞全译》，贵州人民出版社1984年版，第166—167页。

千里，不择老少者，奔富厚也"。① 一些女艺人甚至以女乐身份入主后宫，不说秦王嬴政母赵姬是"一位绝好善舞者"，又《史记·赵世家》赵王迁之母原也是一位倡女。"太史公曰：吾闻冯王孙曰：'赵王迁，其母倡也，嬖于悼襄王。悼襄王废适子嘉而立迁。迁素无行，信谗，故诛其良将李牧，用郭开。'岂不谬哉！"② 由于赵地出倡女，故有"邯郸倡"之称。倡女入后宫的情形直到西汉仍然盛行。汉武帝皇后卫子夫即是一位讴女，《汉书·外戚传》载："孝武李夫人，本以倡进。"③《史记·外戚世家》载："及李夫人卒，则有尹婕妤之属，更有宠。然皆以倡见，非王侯有土之士女，不可以配人主也。"④ 据《汉书·外戚传》记载，宣帝母王翁须就是被骗入倡家，后入卫太子府，得幸于太子之子史皇孙的。《说文》载："倡，乐也。"乐人称"倡"，最初不分男女。《汉书·李延年传》载："中山人，身及父母兄弟皆故倡也。"⑤ 所以自汉以后，文人著书皆写作"倡"，没有写作"娼"的，《说文》也是有"倡"而无"娼"。梁顾野王《玉篇》上始有"娼"字，并说："娼，婸也。"婸作何解？《说文》载："婸，放也，一曰淫戏。"这似乎表明南北朝时倡在向娼转变。到了唐朝，著述中开始出现"娼"字，如范摅《云溪友议》说："崔涯每题诗于娼肆，无不诵之于衢路。"这说明娼自唐以后就以女性为大宗了。《说文》载："妓，妇人小物也。"《华严经音义》上引北魏张揖的《埤苍》说："妓，美女也。"又引隋代陆法言《切韵》说："妓，女乐也。"所以六朝人著书均以妓为从事音乐歌舞的美女的专称。如梁朝沈约《宋书·杜骥传》载："家累千金，女妓数十人。"⑥

---

① 《史记》，第 3253、3263、3271 页。
② 《史记》，第 1833 页。
③ 《汉书》，第 3951 页。
④ 《史记》，第 1981 页。
⑤ 《汉书》，第 3725 页。
⑥ 王书奴：《中国娼妓史》，上海书店 1992 年版，第 1—2 页。

（二）色——女性的物化称谓

男女之女字在甲骨文中即已出现。据研究，在甲骨卜辞中女、妾及妻、母等字，意义完全相同，女、母通用。①郭沫若在其《释祖妣》一文中说母字"象人乳形之意明白如画"。②可见，女、母既是象形字，也是会意字，除描摹出女性的外表特征外，也揭示了女性的生育功能。在金文中士与女对文，表示男女。如西周晚期的"师袁簋"就有"徒驭歔（驱）俘，士女牛羊"的句子，表示俘获成年男女的意思③。以士女表示青壮年男女在《诗经》中出现的频率也很高。据统计，"士"有五十八次之多，指代女性意义的"女"字有五十七次，而"男"字仅三见，如《小雅·斯干》的"男子之详""女子之详"，又《大雅·思齐》中的"百斯男"，都是指代男孩。④另外比较常用的女子称谓是"妇"，多指已婚女性，如《尚书·牧誓》的"惟妇言是用"，又《左传》僖公三十三年的"武夫力而拘诸原，妇人暂而免诸国"⑤。

春秋以后，以颜色之"色"指代妇女身体、容貌的用法日渐增多，色成为女子生物属性的代名词，在使用中具有明显的贬义，女色就是女祸的同义词。如《左传》成公二年申公巫臣曰："今纳夏姬，贪其色也。贪色为淫，淫为大罚。"⑥《国语·晋语一》载："好其色，必授之情……乱必自女戎，三代皆然。"⑦又《国语·楚语上》载："不闻其以观大、视侈、淫色以为明，而以察清浊为聪也。"⑧《国语·楚

---

① 《殷墟卜辞综述》，第487、56页。
② 郭沫若：《郭沫若全集（考古编1）》，科学出版社1982年版，第45页。
③ 于省吾：《泽螺居诗经新证泽螺居楚辞新证》，中华书局2003年版，第146页。
④ 赵玉宝：《先秦性别角色研究》，东北师范大学博士论文2005年5月，第27页。
⑤ 《春秋左传注》（修订本），第499页。
⑥ 《春秋左传注》（修订本），第803页。
⑦ 《国语集解》，第256页。
⑧ 《国语集解》，第494页。

语下》载:"夫阖庐口不贪嘉味,耳不乐逸声,目不淫于色。"①《论语·季氏》载:"少之时,血气未定,戒之在色。"②色与德、义对立,如《论语·子罕》载:"吾未见好德如好色者也。"③又《晏子春秋》记载有人讥晏婴妻老而无容时,晏婴回答说:"婴闻之,去老者谓之乱,纳少者谓之淫,且夫见色而忘义,处富贵而失伦,谓之逆道,婴可以有淫乱之行,不顾于伦,逆古之道乎!"④不过战国中期以前的作品,还只是以单独称"色"居多,而战国后期的诸子作品,"色"进一步与声、食、犬、马等物类组合起来,"声色"成了玩物丧志的标配。《孟子·告子上》载:"食、色,性也。"《孟子·万章上》载:"好色,人之所欲。……人少,则慕父母;知好色,则慕少艾;有妻子,则慕妻子。"⑤《孟子·尽心下》载:"口之于味也,目之于色也,耳之于声也,鼻之于臭也,四肢之于安佚也,性也。"⑥《庄子·盗跖》载:"今吾告子以人之情,目欲视色,耳欲听声,口欲察味,志气欲盈。"⑦《荀子·非十二子》载:"酒食声色之中,则瞒瞒然,瞑瞑然。"⑧《荀子·王霸》载:"今君人者,急逐乐而缓治国,譬之是由好声色而恬无耳目也,岂不哀哉。夫人之情,目欲极色,口欲极味,鼻欲极臭,心欲极佚。""故人之情,口好味而臭味莫美焉,耳好声而声乐莫大焉,目好色而文章致繁,妇女莫众焉。"⑨《荀子·乐论》载:"姚冶之容,郑卫之音,使人心淫。绅端章甫,舞韶歌武,使人心庄。故君子

---

① 《国语集解》,第525页。
② 《论语译注》,第176页。
③ 《论语译注》,第93页。
④ 张纯一:《晏子春秋校注》见《诸子集成》第6册,上海书店1986年版,第171页。
⑤ 《孟子译注》,第207页。
⑥ 《孟子译注》,第333页。
⑦ 《庄子今注今译》,第779页。
⑧ 《荀子集解》,第65页。
⑨ 《荀子集解》,第137、141页。

耳不听淫声，目不视女色。口不出恶言。"①《荀子·性恶》载："生而有耳目之欲，好声色焉。顺是，故淫乱生而礼义文理亡焉。"②《战国策·楚策四》说得更加直白："妇人所以事夫者，色也。"③色就是指妇女生理上的性，这种生物属性就是妇女的价值，它满足了男人传宗接代等需求，同时也成为需要防范的对象，是女祸的代名词。这种生物属性，与犬、马等其他生物属性的所有物放在一起同称，反映了妇女附属于男人不完全人格的进一步物化。

---

① 《荀子集解》，第 254 页。
② 《荀子集解》，第 289 页。
③ 《战国策新校注》，第 553 页。

结语

综上所述,性别首先是指生理性别,为了保证正常的两性关系,社会通过制度、教育、礼仪、规范等种种方式建立起男女有别的性别制度,这是性别制度的第一个层次,也是人类文明的基础。正如《礼记·郊特牲》所说:"男女有别,然后父子亲;父子亲,然后义生,义生然后礼作,礼作然后万物安。"① 在生理性别基础上,建立起属于男性的社会性别和属于女性的社会性别,前者可以用"外"概括,后者可以用"内"概括,这是性别制度的第二个层次。但是外和内的划分并不是出于自然,因此为了使妇女恪守属内的家庭角色,传统社会采取了强制和激励的双重办法,通过强制将妇女固定在家庭领域内,而父系的继承制度使男性控制了主要的生产资料和家庭财产。妇女不论是在父母家还是丈夫家都处于依附地位,她们经常被剥夺接受更高层次教育的权利,以及参与、管理公共事务的权利,对有机会接触政治的上层妇女则通过"后妃不得干政"等祖宗规训加以限制,与之相应的是在意识形态和性别观念上,树立男外女内和严防女祸的正统观念维护现有的性别制度。在强制的同时,也通过激励机制使妇女认同自己的家庭属性,儒家在"天尊地卑,乾坤定矣"的基本格局下,倡导尊妻孝母,强调妻子作为内助在传宗接代、相夫教子中的重要作用,

---

① 《礼记集解》,第708页。

并通过夫妻一体、尊卑与共的方式，建立起夫妻命运共同体，丈夫和儿子的利益就是妇女自己的利益，从而使妇女被剥夺的社会权利通过丈夫和儿子的成就得以补偿。男耕女织的家庭经济、一夫多妻的婚姻制度、男外女内的政治规定、男尊女卑的性别观念，这些相互适应的社会因素共同构成了一个规范男女行为的社会制度——性别制度，这一制度滥觞于先秦时期，后世虽表现出历史变化和时代不同，但在近代之前性别制度的基本格局没有根本改变。

因此，在性别制度下，男女不是仅仅作为一个生物种类的成员存在，而是作为两个社会范畴的成员而存在，每当他们以所属范畴的名义创造社会生活时，他们就成了与另一个范畴的成员不同的另外一些人。这种积极而又极具优势的社会干预，作为关系与组织原则，开创了对资源、事务、责任和权力的分配，性别不平等就是在这种情况下发生的。同时也应该看到，传统的性别制度塑造了中国妇女的温柔善良、和顺谦让、勤劳节俭、识大体顾大局等优秀品德。她们相夫教子、含辛茹苦、任劳任怨、无私奉献，为操持家庭、子孙繁衍、社会发展默默地贡献力量。从男人的角度看真正发挥了贤内助的作用，至今妇女在家庭中的作用仍然至关重要。近代以来，传统的性别制度已经无法适应时代发展和社会进步的需要，性别平等渐成趋势，妇女走出家庭走上社会，显示出巾帼不让须眉的个性才华。中华人民共和国成立后更是以宪法的高度确保男女享有平等权利，妇女广泛地参加社会劳动，与经济社会同步发展，为国家富强和民族振兴做出了重要贡献。如今，中国发展进入了新时代，正如《平等　发展　共享：新中国70年妇女事业的发展与进步》白皮书所说："在更高水平上促进男女平等和妇女全面发展，既面临机遇，又任重道远。中国将在习近平新时代中国特色社会主义思想指引下，始终坚持在发展中保障和改善妇女民生，不忘初心，接续奋斗，促进妇女全面发展，引领亿万妇女为实现'两个一百年'奋斗目标和中华民族伟大复兴的中国梦建功立业。"

参考文献

[1] 司马迁. 史记[M]. 北京：中华书局，1982.

[2] 班固. 汉书[M]. 北京：中华书局，1962.

[3] 范晔. 后汉书[M]. 北京：中华书局，1965.

[4] 陈寿. 三国志[M]. 北京：中华书局，1959.

[5] 萧子显. 南齐书[M]. 北京：中华书局，1972.

[6] 沈约. 宋书[M]. 北京：中华书局，1974.

[7] 房玄龄. 晋书[M]. 北京：中华书局，1974.

[8] 魏徵. 隋书[M]. 北京：中华书局，1973.

[9] 欧阳修，宋祁. 新唐书[M]. 北京：中华书局，1975.

[10] 杨伯峻. 春秋左传注[M]. 北京：中华书局，1990.

[11] 孙希旦. 礼记集解[M]. 北京：中华书局，1989.

［12］王聘珍．大戴礼记解诂［M］．北京：中华书局，1983．
［13］胡培翚，段熙仲．仪礼正义［M］．南京：江苏古籍出版社，1993．
［14］孙诒让，王文锦，陈玉霞．周礼正义［M］．北京：中华书局，1987．
［15］徐元诰，王树民，沈长云．国语集解［M］．北京：中华书局，2002．
［16］孙星衍．尚书今古文注疏［M］．北京：中华书局，1986．
［17］陈立，吴则虞．白虎通疏证［M］．北京：中华书局，1994．
［18］刘向，刘晓东．列女传［M］．沈阳：辽宁教育出版社，1998．
［19］李昉，等．太平御览［M］．北京：中华书局，1960．
［20］欧阳询，汪绍楹．艺文类聚［M］．上海：上海古籍出版社，1982．
［21］诸子集成［M］．影印本．上海：上海书店，1986．
［22］缪文远．战国策新校注［M］．成都：巴蜀书社，1987．
［23］韩婴，许维遹．韩诗外传集释［M］．北京：中华书局，1980．
［24］孔颖达．毛诗正义［M］//李学勤．十三经注疏．整理本．北京：北京大学出版社，2000．
［25］何休，徐彦．春秋公羊传注疏［M］//李学勤．十三经注疏．整理本．北京：北京大学出版社，2000．
［26］郭璞，邢昺．尔雅注疏［M］//李学勤．十三经注疏．整理本．北京：北京大学出版社，2000．
［27］孔安国，孔颖达．毛诗正义［M］//李学勤．十三经注疏．整理本．北京：北京大学出版社，2000．
［28］袁康，吴平，俞纪东：越绝书全译［M］．贵州：贵州人民出版社，1996．
［29］陈顾远．中国婚姻史［M］．北京：商务印书馆，1998．
［30］陈东原．中国妇女生活史［M］．北京：商务印书馆，1998．
［31］王书奴．中国娼妓史［M］．上海：上海书店，1992．
［32］鲁迅．中国小说史略［M］//鲁迅．鲁迅全集：第9卷．北京：

人民文学出版社,1981.

[33] 费孝通.费孝通文集:第2卷[M].北京:群言出版社,1999.

[34] 费孝通.乡土中国 生育制度[M].北京:北京大学出版社,1998.

[35] 胡厚宣.甲骨学商史论丛初集[M].石家庄:河北教育出版社,2002.

[36] 常金仓.周代礼俗研究[M].哈尔滨:黑龙江人民出版社,2005.

[37] 金景芳,吕绍纲.周易全解[M].长春:吉林大学出版社,1989.

[38] 周积明,宋德金.中国社会史论[M].武汉:湖北教育出版社,2000.

[39] 岳庆平.中国的家与国[M].长春:吉林文史出版社,1990.

[40] 刘致平.中国居住建筑简史:城市、住宅、园林[M].北京:中国建筑工业出版社,1990.

[41] 苟志效,陈创生.从符号的观点看:一种关于社会文化现象的符号学阐释[M].广州:广东人民出版社,2003.

[42] 叶孝信.中国法制史[M].北京:北京大学出版社,1996.

[43] 林惠祥.文化人类学[M].北京:商务印书馆,2002.

[44] 童恩正.人类与文化[M].重庆:重庆出版社,1998.

[45] 朱炳祥.社会人类学[M].武汉:武汉大学出版社,2004.

[46] 周星,王铭铭.社会文化人类学讲演集[M].天津:天津人民出版社,1997.

[47] 周蔚,徐克谦.人类文化启示录:20世纪文化人类学的理论与成果[M].北京:学林出版社,1999.

[48] 邹勤.无声的交流[M].成都:西南交通大学出版社,1992.

[49] 汪宁生.文化人类学调查:正确认识社会的方法[M].北京:文物出版社,2002.

[50] 杨国章.美洲印第安人与伊女伊人探密[M].北京:中国国际广播出版社,1990.

[51] 严汝娴,宋兆麟.永宁纳西族的母系制[M].昆明:云南人民

出版社，1983.

[52] 宋兆麟. 最后的捕猎者 [M]. 济南：山东画报出版社，2001.

[53] 曹大为. 中国古代女子教育 [M]. 北京：北京师范大学出版社，1996.

[54] 杜芳琴，王政. 社会性别：第 1 辑 [M]. 天津：天津人民出版社，2004.

[55] 杜芳琴. 妇女学和妇女史的本土探索：社会性别视角和跨学科视野 [M]. 天津：天津人民出版社，2002.

[56] 王政，杜学琴. 社会性别研究选译 [M]. 北京：三联书店，1998.

[57] 杜芳琴，王政. 中国历史中的妇女与性别 [M]. 天津：天津人民出版社，2004.

[58] 佟新. 社会性别研究导论：两性不平等的社会制度分析 [M]. 北京：北京大学出版社，2005.

[59] 李小江. 女性/性别的学术问题 [M]. 济南：山东人民出版社，2005.

[60] 李小江，等. 历史、史学与性别 [M]. 南京：江苏人民出版社，2002.

[61] 王子今. 古史性别研究丛稿 [M]. 北京：社会科学文献出版社，2004.

[62] 卢建荣. 性别、政治与集体心态：中国新文化史 [M]. 台北：麦田出版社，2001.

[63] 高世瑜. 中国古代妇女生活 [M]. 北京：商务印书馆国际有限公司，1996.

[64] 宋瑞芝. 中国妇女文化通览 [M]. 济南：山东文艺出版社，1995.

[65] 裔昭印. 古希腊的妇女：文化视域中的研究 [M]. 北京：商务印书馆，2001.

[66] 刘文明. 上帝与女性：传统基督教文化视野中的西方女性 [M]. 武汉：武汉大学出版社，2003.

[67] 郭沫若. 郭沫若全集：考古编 1 [M]. 北京：科学出版社，1982.

[68] 陈梦家. 殷墟卜辞综述 [M]. 北京：中华书局，1988.

[69] 睡虎地秦墓竹简整理小组. 睡虎地秦墓竹简 [M]. 北京：文物

出版社，1978.

［70］王震中．中国文明起源的比较研究［M］．西安：陕西人民出版社，1994.

［71］北京大学考古系古教研室．元君庙仰韶墓地［M］．北京：文物出版社，1983.

［72］王仁湘．中国新石器时代人口性别构成再研究［M］∥王仁湘．中国史前考古论集．北京：科学出版社，2003.

［73］中国社会科学院考古研究所．宝鸡北首岭［M］．北京：文物出版社，1983.

［74］河南省文物研究所，长江流域规划办公室考古队河南分队．淅川下王岗［M］．北京：文物出版社，1989.

［75］陕西省考古研究所．龙岗寺：新石器时代遗址发掘报告［M］．北京：文物出版社，1990.

［76］青海省文物管理处考古队，中国社会科学院考古研究所．青海柳湾：乐都柳湾原始社会墓地［M］．北京：文物出版社，1984.

［77］中国社会科学院考古研究所．山东王因：新石器时代遗址发掘报告［M］．北京：科学出版社，2000.

［78］山东省博物馆，山东省文物考古研究所．邹县野店［M］．北京：文物出版社，1985.

［79］中国社会科学院考古研究所．胶县三里河［M］．北京：文物出版社，1988.

［80］山东省文物管理处，济南市博物馆．大汶口:新石器时代墓葬发掘报告［M］．北京：文物出版社,1974.

［81］山东省文物考古研究所．大汶口续集［M］．北京：科学出版社,1997.

［82］恩格斯，中共中央马克思恩格斯列宁斯大林著作编译局．家庭、私有制和国家的起源［M］．北京：人民出版社，1999.

［83］摩尔根.古代社会［M］.北京：商务印书馆，1997.

［84］迭朗善，马香雪.摩奴法典［M］.北京：商务印书馆，1982.

［85］希罗多德.历史［M］.北京：商务印书馆，1959.

［86］罗维，吕叔湘.初民社会［M］.上海：商务印书馆，1935.

［87］塞弗林，周水涛.消亡中的原始人［M］.北京：东方出版社，1989.

［88］弗雷泽.金枝［M］.北京：中国民间文艺出版社，1987.

［89］德拉维加，白凤森，杨衍永.印卡王室述评［M］.北京：商务印书馆，1993.

［90］马林诺夫斯基，王启龙，邓小咏.原始的性爱［M］.北京：中国社会出版社，2000.

［91］米德.萨摩亚人的成年：为西方文明所作的原始人类的青年心理研究［M］.杭州：浙江人民出版社，1988.

［92］斯特劳斯.忧郁的热带［M］.北京：三联书店，2000.

［93］约瑟斐，贾士蘅.美洲印第安人的文化［M］.台北：商务印书馆，2004.

［94］柯斯文，张锡彤.原始文化史纲［M］.北京：人民出版社，1955.

［95］布留尔，丁由.原始思维［M］.北京：商务印书馆，1981.

［96］布朗，潘蛟.原始社会的结构与功能［M］.北京：中央民族大学出版社，1999.

［97］莫斯，卢汇.论馈赠：传统社会的交换形式及其功能［M］.北京：中央民族大学出版社，2002.

［98］托卡列夫，魏庆征.世界各民族历史上的宗教［M］.北京：中国社会科学出版社，1985.

［99］莫里斯，周国黎.宗教人类学［M］.北京：今日中国出版社，1992.

［100］鲍伊，金泽，何其敏.宗教人类学导论［M］.北京：中国人民大学出版社，2004.

[101]哈维兰,王铭铭.当代人类学[M].上海:上海人民出版社,1987.

[102]莫斯科维奇,黄玉兰.反自然的社会[M].天津:天津人民出版社,2002.

[103]哈里斯,黄晴.文化的起源[M].北京:华夏出版社,1988.

[104]普洛格,贝茨,邓勇.文化演进与人类行为[M].沈阳:辽宁人民出版社,1988.

[105]斯皮罗,徐俊.文化与人性[M].北京:社会科学文献出版社,1999.

[106]达维逊,果敦,程志民,等.性别社会学[M].重庆:重庆出版社,1989.

[107]汉克斯,何开松.历史中的性别[M].北京:东方出版社,2003.

[108]帕特曼,李朝晖.性契约[M].北京:社会科学文献出版社,2004.

[109]中华人民共和国国务院新闻办公室.性别平等与妇女发展状况白皮书[R/OL].2005-08-24.

[110]中华人民共和国国务院.平等 发展 共享:新中国70年妇女事业的发展与进步白皮书[R/OL].2019-09-19.

[111]吕美颐,郑永福.性别制度与社会规范[J].郑州大学学报,2009(2).

[112]刘巨才.中国古代的社会性别制度及传统妇德[J].山西师大学报,1998(4).

[113]王海华.1996—1997年中国古代妇女史研究概况[J].中国史研究动态,1999(2).

[114]常金仓.周人同姓不婚为优生说辨[J].山西师大学报,1996(4).

[115]陕西周原考古队.陕西岐山凤雏村西周建筑基址发掘简报[J].文物,1979(10).

[116]张淑一.周代女子的姓氏制度[J].史学集刊,1999(2).

[117]阎明恕.礼教与中国古代妇女的地位评述[J].贵州师范大学学报,1998(2).

[118] 刘启益. 西周金文中所见的周王后妃[J]. 考古与文物, 1980（4）.

[119] 孟昭燕. 谈女祸诗[J]. 华夏文化, 2004（2）.

[120] 孟昭燕. 再谈女祸诗[J]. 华夏文化, 2005（2）.

[121] 费涓洪. 我国农村改革与两性劳动分工[J]. 社会科学研究, 1994（2）.

[122] 汪宁生. 中国考古发现中的"大房子"[J]. 考古学报, 1983（3）.

[123] 李友谋. 仰韶文化与中国古代文明[J]. 中原文物, 2002（3）.

[124] 甘肃省博物馆. 甘肃景泰张家台新石器时代的墓葬[J]. 考古, 1976（3）.

[125] 甘肃省博物馆, 兰州市文化馆, 兰州七里河区文化馆. 兰州花寨子"半山类型"墓葬[J]. 考古学报, 1980（2）.

[126] 甘肃省博物馆, 兰州市文化馆. 兰州土谷台半山：马厂文化墓地[J]. 考古学报, 1983（2）.

[127] 南京博物馆. 江苏邳县刘林新石器时代遗址第二次发掘[J]. 考古学报, 1965（2）.

[128] 昌潍地区文物管理组, 诸城市博物馆. 山东诸城呈子遗址发掘报告[J]. 考古学报, 1980（3）.

[129] 赵清. 关于龙山文化的考古学思考[J]. 中原文物, 1995（4）.

后记

2008年本人的博士论文修改后由社会科学文献出版社出版,书名是《中国古代性别结构的文化学分析》,这是当时该社编辑的"性别研究丛书"所收作品中的一种。该书承蒙李小江女士之不弃,认为仍有一定的学术价值,希望能以华夏性别制度为主题重新修改。在李小江女士的促动下,我对原书开始重新思考,删掉其中与性别制度关系不大的"摩尔根理论"的章节;由于时代在发展,在"新中国妇女发展部分"增加了2019年9月19日中华人民共和国国务院发布的《平等 发展 共享:新中国70年妇女事业的发展与进步》白皮书;对其他章节反复琢磨,以期与性别制度的主题充分契合;文字也做了很多精简,力求文从字顺,说理简洁。学术总在不断发展,性别制度越来越成为妇女史研究的核心概念,因此这次修改出版,也是我自己的一次学术增进。在此,对李小江女士以及陕西师范大学出版总社致以深深的感谢!

作者
2019年11月7日